U0928511

凸凹
文集

01·杂著

岁月留痕

凸凹 著

北京日报出版社

图书在版编目（CIP）数据

岁月留痕 / 凸凹著. -- 北京 ：北京日报出版社，2017.5
（凸凹文集）
ISBN 978-7-5477-2452-1

Ⅰ. ①岁… Ⅱ. ①凸… Ⅲ. ①中国文学－当代文学－作品综合集 Ⅳ. ①I217.2

中国版本图书馆CIP数据核字(2017)第041606号

岁月留痕

出版发行：北京日报出版社
地　　址：北京市东城区东单三条8-16号东方广场东配楼四层
邮　　编：100005
电　　话：发行部：（010）65255876
　　　　　总编室：（010）65252135
印　　刷：廊坊飞腾印刷包装有限公司
经　　销：各地新华书店
版　　次：2017 年 5 月第 1 版
　　　　　2017 年 5 月第 1 次印刷
开　　本：880 毫米×1230 毫米　1/32
印　　张：13.75
字　　数：360 千字
定　　价：58.00 元

目录

叙事

抒 情

游 记

自序

这部文集之所以定位为“杂著”，是因为它是多类作品的合集，其中包括旧作、诗作和游记。

旧作，即早期作品。上世纪八十年代初，我在北京农职院（那时叫北京农业学校）开始文学创作，练笔之作写满了两个十六开的笔记本。我四处投稿，均如泥牛入海，直到 1984 年 12 月 14 日，才在《京郊日报》（当时叫《北京日报·郊区版》）上第一次公开发表作品——微型小说《香儿和表姐》。从那时起到现在，我的创作生涯已三十余年了。

早期创作，主要是微型小说。从 1984 年到 1990 年，短短的五年内，写了近五十篇作品，主要发表在报纸副刊上，几乎每份带“中”字头的报纸副刊上都能见到我的作品。由于“悔其少作”，我从未认真对待这些文字，因而也就没有集中编入自己的作品集。因为这些旧作被“湮没”，故给别人的印象，好像我的创作起点很高，从一开始就写出了成熟的作品。

现在翻检，发现自己的早期作品虽然稚拙，但不乏认真的态度，无不传递着时代的气息和生活的真实消息，读来亲切、自然、清新，颇多回味。而且也不乏探索的痕迹，让人能看到来路，是“个人文学史”的序篇，自有珍贵的价值静静地呈现在那里，是大可以敝帚自珍的。

从旧作可以看出，一开始，我就注重选材，注重形象的描绘和语言的磨炼，努力写得精致，不放任笔墨。突出的一点，是我特别喜欢女性题材的书写，且笔下充满了感情，可谓善解人意，处处体贴。女性的善良、妩媚、可爱，均娓娓道来，让人感到欢悦和温暖，这一点，与孙犁和汪曾祺差相仿佛。

所谓诗作，指的是诗，来自我从文三十年的漫长积累，虽数量不多，且样貌参差，但也爱若珍宝。

我对诗歌作品有强烈的阅读嗜好，在我的藏书中，古今中外，只要是以汉译形式出版的诗集，均悉数收藏。虽然我主要从事小说、散文、文学评论写作，但每要动笔之前，都要找一部喜欢的诗集耽读一番，以邀灵感和激情。久而久之，自然技痒，有了写诗的冲动。我自知不备诗才，不敢妄称创作，平时提及，言之为戏作。虽说是戏作，但也并非不端正的笔墨游戏，而是虔敬下的尝试、练笔，表达的是诗心不死的意绪和对世道人心诗性的思考。

至于游记，那更是特别的存在。由于耽于书写，常年待在书斋里，便胖大了身子，懒了心性，惰于游，因而很少远行，对四时不敏，没有写游记的冲动。即便是写，也是身心受到了触动，有了强烈的内在感觉之后不得不写。所以我的游记文字，不注重山川颜色和大地景物的客观描写，而立足于记下在天地间行走时的生命体验和被山水风光所激发的主观思考。这正如王国维的“境界”说，是“有我的境界”。“我”之情与“客”之景相依相融，浑然一体，“景语”即是“人语”。

既然是“景词皆我”的文字，便区别于一般的游记，它是感情的依托、思想的容器，在“个人精神史”上，它有不可或缺的位置。

总之，这是一部颇有来路的文字，效仿沈从文的雅意，分别署以“叙事”“抒情”“游记”的雅号，合集付梓。

是为序。

2016 年 3 月 30 日草

9 月 9 日修订于北京石板宅

叙事

香儿和表姐

从汽车站走出两个女子。

一个，红黑的皮肤，浑圆脸；走起路来，紧身的水红绸衫束不住青春的活力，高耸的胸脯一上一下地跳动着；雪白的西服裙，长及膝盖的肉色袜，“丁”字皮鞋踏在路面上咔咔响。这是香儿。

一个，瘦削的肩上挎一只玲珑的乳色皮包；雪白的皮肤里泛出淡青色；眉毛修得狭长；浅黄连衣裙，腰带掐得很深；也许红漆皮凉鞋的跟儿太高了，走起路来，剧烈地扭动着腰肢。这是表姐。

表姐：我的这个表妹穿着入时；铿亮的“永久”车着实让人羡慕，万元户嘛！咔咔的皮鞋声，傲气十足，看不出，表妹还真有点“帅”劲儿，可惜皮肤太黑！那个地方跳得太厉害，没束胸。农村人就是有点俗气。

表妹：我的这位表姐还是那么板啊！都三十的人了，连表姐夫也不找，挑花眼了。姑姑托妈给她介绍西头的柱子，人家万元户呢，表姐硬是不同意，说乡巴人不懂精神生活。咳！

到家了，香儿把表姐让到自己的屋里，妈上果园去了。一个姑娘家，一个人就占了两间西配房，真有点摆谱儿——表姐心里说。香儿洗了满满一铝盆苹果、满满一铝盆葡萄招待表姐。农民一有了钱，就显示自己物质生活的富足，也太容易满足了——表姐心里嘀咕。要下雨了，香儿突然说："表姐，你自己先坐着，我去收一下砖坯。噢，要是闷得慌，就听听录音机。"转眼间，一条红影消失了。

书桌旁摆着一架落地收录机，还真没注意。嗬，好多的磁带啊！得有几十盘。表姐兴奋地翻着：有抒情歌曲；也有贝多芬的《英雄交响曲》和何占豪的《梁山伯与祝英台》……往上看，书架上，《贝多芬传》《肖邦传》《怎样识五线谱》《练声法》，各种音乐书籍。怎么，表妹要当音乐家？她的心有些发颤了！

表姐要走了。

香儿来不及换衣服，就从砖厂跑来送她。只见香儿宽大的工作服罩在身上，背上有几处汗迹；一双长腰胶鞋沾满泥浆；裤腿挽得高高的……这还是那个表妹吗？真像个粗剌剌的汉子！

表姐问香儿："你想当歌唱家？"

香儿脸红了，但很大方地说："歌唱家不敢想，但我想当一名歌手，农村不能没有歌啊！"她又贴着表姐的耳朵："给我保密，年底我想买台钢琴。"

表姐默默地看着香儿。香儿那逼人的豪放的目光中，又透出一股压不住的秀气。

一星期后，表姐从城里来信，要香儿再到西头柱子家，通融通融。

1984年12月24日

风波

说实话，我本不是写小说的材料。一来年少阅历浅；二来脑袋木了叭叽的，聪敏不起来。而且我性格内向，愚讷，不善言吐。每当到了该辩个你是我非、要火候的时候，我倒一个字都吐不出来了，好心人见了都要憋气。我的她，干脆骂我是从八辈子的窝囊坑子里硬扎出来的窝囊秧子。

猛地让我这个闲不住的乡巴佬到公社里坐机关，坐久了，心里实在感到别扭。同办公室的其他几位善侃，一边喷烟吐雾，一边聊山聊海。因为愚讷，怕被别人抓住笑柄，受那难堪的耻笑，这点生活乐趣也是和咱不沾边的。我的位置是个被人遗忘的角落。有时真寡味极了，就从楼前的邮局里，买几本新小说杂志。这一看不打紧，清风扑面，颐神爽目，大长见识，方知中国文艺的新和妙。后来竟然心里也痒痒，不知天高地厚地写起小说来。

也许愚人有憨福，我的第一篇小说居然发表了。接到杂志，那个高兴劲儿，真恨不得找编辑给他们磕俩头。“丁零零……”电话铃响了。电话里她下来一道指令：必须、马上、一定、赶快到她那儿一趟（忘介绍了，我的她就在机关电话室里插话塞子，真格儿的有优越性，小手只要一捏，一百五十斤的大老爷们就得动动身）。

见到她，本以为要给特殊奖赏。可一看她那派头：小脖子颈梗着，下眼睑垂出阴影，烫了梢的小辫儿撅上了天。不好！这分明是红颜大怒了，就差嚷出“姑奶奶不是好惹的”了。

“你老老实实地坦白，下乡的时候又看上哪个女的了？不然没完！”“这从哪儿说起呀？怎么……”“甭怎么，你说吧，小说里的女模特是谁，观察得可倒细。”我被惊得瞠目结舌：“我的模特是一大群人，这里有个文学作品和现实生活的关系问题。”“少给我玩馊的，你既然写出来了，就有那个人在……”我说不出一个字，汗流到嘴里，味是涩的。

原来，当人们看到这篇小说时，就嘁喳起来：这小子够不正经的，人写得那么细，不定盯上哪位了。瞧，专写女人的胸，就注意这些……是啊，小说里触犯了人们最忌讳的东西。风波就从善良的人们嘴里掀起了，你一口，我一句。平时，在机关里我是个不苟言笑的人，无可指责；人们就猜疑我在乡下如何如何。我的那位，就是拿了这些根据向我质问的。

我气恼极了，辩而无能，将杂志撕成了碎片。人们为什么偏要自己制造那么多偏见和禁忌啊！

“我交不出女主人公的模特，具体的她，我从哪个旮旯也拽不出来！”我愤愤地说。“以后，咱们不写那个了，省得人家说闲话。”我的她，话软得就那么突然。我理解她，她有她的苦衷。但我有我的难处，我害怕待在那被人遗忘的角落里。在那里待久了，人要长毛了、发霉了，就更窝囊了。社会的改革内涵要比人们理解的深得多，它的外延也大得看不到边际啊！这是我无力的感叹吗？人们会理解的，我的她也会理解的，而且是最理解的一个。

唉，我这个人，没辙，又犯木脑筋了。

1985年1月15日

良心

卫汉青刚二十五岁就当上了清河乡农工商总公司榆树村分公司的第一任经理。也难怪，卫汉青是清河乡有数的几个能人之一：高中毕业，精明强干，并且还有满肚子的新名词、新道道。这次农村机构改革，由他掌握几百户头的经济命脉了，卫汉青踌躇满志，自信能干出一番事业来。

他上台后第一件事，就是把集体所属的一直亏损严重的板房厂下放——让村里的有志之士承包。条件是承包者每年交利润五万元。榜已贴出三天了，仍不见人揭。卫汉青有些着急了：是价码太高了吗？那就落到三万五。他刚要换榜，有个叫李二楞的壮汉却一把撕下了红榜："交五万就交五万，我包了。"卫汉青一阵欢喜，立刻和他签订合同，先规定了双方的责任和义务，当要把处罚条例也写上合同时，李二楞一把将卫汉青握笔的手给攥住了："吔！怕我完不成怎的？我老李，碟子不浅，又在外混过几天，见得多了，大可不必！再说，我老李的良心还不坏，也绝不会赖账！"卫汉青虽觉得有些不妥，可拗不开情面。再说，好不容易有人敢接这个烂摊子，太较真儿了，黄了可怎么办？他就坡下驴不再坚持，搁笔按章，一笑了事。李二楞走后，卫汉青拢了拢很有派头的青年式头发：就凭咱，还治不了个小厂子？再说，这榆树村上千口人还真没有昧良心做事的，没问题，出师必胜！

包出板房厂，就像甩掉个重包袱。卫汉青感到浑身轻快，就乘兴又搞了小饭店、小旅店、小卖部等几个小摊。虽说这样的小摊不来钱，但还有板房厂这个大户头背着呢！他仰在躺椅上暗忖：这乡镇企业没什么不好搞的，甭听报上说得那么玄。但刚过了半年平安日子，就有来报：板房厂仨月不发工资了，职工意见大啦。卫汉青想，板房厂和公司是承包关系，发不发工资是他们内部的事，管他呢！过了几天，又有人来报：板房厂用料费、做工粗，产品积压，再不管就要蚀本了！卫汉青又想：搞企业整顿是他李二楞自身的事，我又何必插手？公司就等最后拿“干鱼儿”吧。又过了几天，几个陌生人来到经理室，张口要钱，卫汉青一愣：我不欠谁的情也不欠谁的债呀？等几个人纷纷拿出板房厂的借据，他才生出一丝不安，但还是说：“你们去找板房厂，这和公司没关系。”可几个人偏不买账：“这借据上不明明盖的是‘榆树村分公司板房厂’的大印吗？你不管谁管？”卫汉青哑然无语，只好答应催办。他再也不在躺椅上优哉游哉了。他倒不担心板房厂的外债，而是担心那五万利润。他急唤李二楞，李二楞拍着胸脯发誓：没问题！他李二楞是说一不二的，要不，就扒他的房好了！卫汉青觉得好笑，你老少八口才住三间破砖房，不为这，你才不斗胆包厂呢！不过，李二楞除了愣点外，人也还老实，心眼还厚道。这样，卫汉青怀着不放心的放心，又靠他的躺椅去了。

年终该较真儿了，李二楞却躲起来了。卫汉青发动全体干部找了半天，才好不容易把喝得醉醺醺的李二楞找回来。“李二楞，给钱吧！”“没钱！”“哪儿的话？”“不信你自己找！”李二楞把板房厂的账簿扔给卫汉青。一查，卫汉青愣了：板房厂一年收不抵支，未赚分文。卫汉青急了：“当初怎么说的？”“交利五万！”“不交咋办？”“合同没写！”“那你年中又怎么说的？”“扒房。”“那好，你就扒房卖料兑现吧！”“敢！谁扒我跟谁拼命！”卫汉青恼羞成怒：“你小子，不是人，还有没有良心？！”“嗐，论经济的事，讲什么狗屁良心，该怎么掰扯就怎么掰扯”“那你认罚吧！ “不认罚。”“打官司去。”“打就打，不怕！不过，得说明白，让我讲良心，你们就不讲了？这一，怎么罚，合同上没写；这二，合同上明明写着公司要协助板房厂搞职工教育和企业整顿，帮助解决困难，可你们都死哪儿去了？谁过问过？！还跟我讲什么良心，问问你自己吧！”

“这……”精明的年轻经理一阵语塞，这时他才感到舌头尖上的良心是多么一钱不值，而对工作极端负责的那种良心，自己这一阵飘飘然的，的确是把它失落了。

1985 年 6 月 6 日

邻居

一阵飓风似的暴雨把山梁的土刮下一层，千万条细流骤然间攒汇一起——山洪暴发了。刘三婶的新房被洪水三涮两涮，塌了。

第一个知道三婶新房塌掉的是她的邻居二婶。二婶被巨大的响声从梦中惊醒，糟糕！她赶紧穿上小褂，要出门查看一下。

山里的房屋不像城里或近郊那么拥挤、摩肩接踵的。说邻居是个相对的概念：三婶离二婶起码有五十步远。二婶三婶的两所房子相互对应着，煞是好看！可按山里的习惯，两所房子不能挑在一个水平线上，就是娘老子、亲兄弟也不成！如果在一个水平线上，就会形成一种分庭对抗的形势，两家的生命和生计就会受到妨碍——这对追求平稳安宁的山里人来说是一种禁忌。

三婶大动土木的时候，二婶就极力劝阻过。道理很简单：这一，村里种地跑生计都得从这儿走，堵死了，缺德！这二，这儿是个泄水沟，一到雨季，那水流得哗哗的，盖房危险！二婶说得直，三婶一脑袋的不爱听，嘴儿向下一撇："二婶子，我都不怕，你怕？笑话！！"二婶爱面子，被三婶这么一驳，脸儿有些挂不住劲了："甭美，有你好瞧的！"说完，扭扭地走了。三婶的房子很快盖起来了，论质量全村第一。

温居的时候，三婶还邀请二婶，二婶不来，说："你甭气我！甭给我示那个威！"三婶逢人就说，二婶眼馋，爱嫉妒……

二婶打伞过来，把滚成泥蛋子的三婶拽起来："摔着没有？"三婶不答，只有泪。见到宫殿似的房塌得只剩两扇窗子，二婶心里也酸了一下。可嘴上却溜出这么一句："那玻璃还真给你留下两块，不赖！"三婶的脸一下子青了，一晃脑袋，把满脸的泪珠子扔到了地上："你甭解气，咱还不到死的那份儿呢！"说着，噼里啪啦，她自个儿把那几块玻璃砸了。这回，又轮到二婶抹不开面子了："你这人，吃亏就吃在不容人说话上，谁爱搭理你？"转身去了，耸着肩，吊吊的。

冷雨把三婶打得直机灵，她心眼儿活动了一下：死，活不了；活，死不了。干站着也没用。地是分了，但大队干部没都烂绝根了，找他们去！路过二婶的院子，灯亮着，屋里传出咯咯的笑声。三婶的肺都气炸了，一脚丫子踹开了门，站到屋当中："缺德不缺德？人家遭灾，你倒乐得开心！"

二婶身边有厚厚的两叠钱。她不紧不慢，抿着笑嘴儿点着。"一十，二十，三十，……怎么？不值得笑啊！这钱，哪儿有现在这么经点过。"二婶挑了三婶一眼，"甭跟棍似的戳着，坐炕沿上，炕沿暖和。"

二婶把数完的两叠票子往三婶手里一递："拿着，我知道你现在等用。现在，该笑还得笑，我陪你掉俩眼泪豆子顶屁事？过去咱没辙儿才兴这个。"

"那，大妹妹就先用着。"三婶不客气，把钱往怀里一掖，没说一声"谢谢"。没几天，三婶的房子又盖起来了，楼房——这是三婶的脾气。一群妇女围着楼转，二婶笑得最响！

1985 年 9 月 18 日

搓澡

我爱孔师傅：不光敬重他的搓澡技术，也敬重他周正的为人。正因为我爱他，所以我才痛苦，——他也在“开后门”。

一天，一个老干部模样的、有着一蓬雪白的羊毛胡子的老者来到浴池。他背着手，脚步沉稳，腰杆挺直，没有走一步退三步的“老头相”。猜不出他的身份，也猜不出他的年龄，只是他的目光是黯淡的，幽深处透着冷冽和凄迷。

孔师傅见老者进来，撂下搓了半拉的顾客，径直朝他走来，他眼里放出一道强烈的亮光，能把人照化。孔师傅把老者让到屏风背后，安置到店里唯一的一张靠背沙发上，沏上了托人好不容易鼓捣来的“毛尖”……孔师傅踅到我身边，低声吩咐：“去把我那半拉活儿收拾收拾，跟顾客道个歉，给他退一半钱。”顾客点名要孔师傅搓澡，贵点不怕，要的是那份享受。我连忙给那位顾客道歉，生怕顾客有怨言。但顾客挺通情达理：“没什么，小师傅。谁还没有个有事需要照应的时候。”话虽是这么说，但我心里终究有一丝不安。

给顾客搓完澡，见孔师傅引老者向池内走来。在池的东角上，还给老者铺上一个厚厚的海绵垫子，垫子里充满了热水，皮肤沾在那上边既滋润又熨帖。老者随着孔师傅那细妙的按摩，匍、靠、侧、倚，怡然自得：双眼轻轻地合着，嘴角款款地笑着。那笑，恰似苍枝上的一朵梅花，在寒冬里给人一抹春意。等孔师傅送老者回来，我悄声问："高干？""过去是。"回答得简练，连个话缀都没有。师傅的事不好深问，扭身待我的顾客去。

这以后，老者每星期都要来一次，同样的时间，同样的表情。只要他一来，孔师傅都要撂下手中的活儿，像待贵宾似的侍候他，毛尖、铺垫、细妙的按摩，一样不少。孔师傅的神态像在做一件神圣的事，既庄严、神秘，又不可思议。这澡堂子进进出出的够级别的头头不少，孔师傅都像对一般顾客那样招待，没见他巴结过谁，所以我十二分敬重他。可这山羊胡子老头？我开始怀疑：这主儿官小不了，不然也与孔师傅有什么瓜葛；不然，那"余热"也散不到这儿来！看来，孔师傅的信条也不是牢不可破的，除非永远没有合适的"酵母"！

澡堂子门口的意见簿上几乎写满了对孔师傅的意见。说孔师傅"搞特殊化""为少数人可以牺牲大多数人的幸福"，有一条更尖刻："不正之风像蛆一样钻，就连不起眼的一个破澡堂子也兴开后门。国家，危乎！"我真替孔师傅担心，最后这种担心"升华"到痛心，这不仅是因为他年底的"先进工作者"将要泡汤，更重要的是打碎了他在我心中的偶像形象！孔师傅却淡然处之，像卧佛寺里那无心的"笑佛"。

正赶上孔师傅到"华清池"开行业现场会，那个老者又姗姗而至。在屏风后等了好一会儿不见人来，就问："小师傅，老孔呢？""孔师傅不在！您有事可以留下个字条，没事，洗澡自个儿洗。要搓澡啊，您哪时闲您就哪时来。今儿个不成，没人手。"话还算客气，却有芒。老者的脸抽搐了一下，"唔"了一声。等我给顾客送毛巾回来，他已经走了。

有好几周那老头不来了，眼见得孔师傅心里不踏实。终于他问：

“老人怎么不来了？”“让我给晾走了。”我很想说“赶”，但嘴上却修饰了。孔师傅的双眉陡地蹙成了峰，雷霎地从那上边滚了下来，结了厚茧的大手往桌上一拍：“你小子，好缺德啊！”装茶叶的桶滚到了地上，毛尖撒了一地，浑黄浑黄的。

“他是高干，十二级，可早离休了！他早年死了老伴儿，两个儿子又都在老山前线牺牲了，他是个孤老头子。他没别的乐子，就喜欢洗个热水澡，觉得心里畅快，可你……”

痛苦真的降到我的心上了。

1986 年 1 月 6 日

小筐秀

一

中午。县贸易货栈。

收购室的小窗刚关上，就有人笃笃地敲。

小吴很不情愿地打开窗门。刚要发作，见一张红红的小嘴唇妩媚地一笑："对不起，打扰了，我要卖筐哟！"

"得，认了，谁让你是个女的。"小吴嘟囔着，门也就开了。

拖拉机开进院里，她就上前和他搭讪。她穿着一条很时髦的连衣裙，高跟鞋在地面上轻轻地抖着，抖出的是几个漂亮的舞点；两条腿很颀长柔软。

小吴被感染了，情绪陡地好起来。

拖拉机手走过来："同志，卸完了，请您定一下价吧。"

小吴走近一看，惊呆了。在拖拉机前，小筐很规整地摆了三趟；那一只只小筐，一样的大小，一样的成色，筐身溜溜的圆；筐口一绺一绺地拧着花儿，极精致！他提起一只筐，使劲一掼，筐"砰"地弹起来；摆好一坐，硬挺挺的，一点也不走形。好久没收到这样地道的筐了！

他给定了一水儿的一等价。

她在边上挺自信地、眯眯地笑着，笑得他心里直发痒：这女子也倒真有几分姣好！可嘴上却说："这筐的确不错，并不是你来才定这个价。"眼下，女的搭车好搭，卖东西好卖，男的也太贱。小吴心里说。

"就是，你也不问是谁编的！"她一点也不饶人，眼里迸出来的是一团傲气。

"是你编的？！"看着她那双又白又嫩的手，他不相信……

二

她又送了三趟筐，那筐每次都是那么好。

站长对她的筐也赞叹不绝，小吴就长了心眼儿：何不下去查对查对，总结一下那编织技术，在全县推广？

他问她："这筐既然是你编的，肯带我走一趟吗？"

她爽快地答应了："编筐有什么好瞧的，不嫌道儿远，你就去！"

走了几十里山路到了她家。进了家门，她并不沏茶，而是在里屋把裙子换了，穿上一条长长的筒裤。然后从柴棚里把荆条扛出一捆来，放在脚下就选。她麻利地把粗的、细的荆条分开了，不顺溜的，就用那把月牙形小镰把枝杈打去。完了，往蒲垫上一坐，打起筐底来。

她打筐底用粗条，打得飞快，像一把灵利的梭，三把两把就打到了半截腰。这时，她明显地放慢了速度，不慌不忙地理出腰花来。待到收口时，她将挑出的细条一把一把攥成缕，然后拉匀了劲儿往一堆摽。两只小指很好看地翘着，像姑娘细心地梳辫子。

他不禁叹奇：编筐在她手里也跟弄花儿似的，既轻松又高雅。

半小时不到，那筐编好了。她把筐往他脚下一滚，竟溜溜地转个不停，比卖的要超出几分。她平和地笑笑，朝他直瞥。他受不了这挑衅的眼光，便朝别处望。不知什么时候，她把小桌搬出来，那上面不但有茶具，还有录音机。她给他倒完水，就打开了录音机：挺舒缓的曲子，并有匀称的节奏。

她居然伴着这节奏跳了起来。那是轻柔的慢三步。那长长的筒裤，亭亭的双腿，把农家小院跳活了，把山村跳满了诗。

这女子，不但编一手好筐，还跳得好舞，活脱脱一个山妖！

小吴也站起身，伸出手——他相信她不会被拒绝。但她却收住了舞步，那录音机也关了。

小吴尴尬地坐下喝茶。

她又闷头编起了筐。

他终于发现了一个秘密：当她摽紧了那荆条辫，努力把筐口收得又紧又光溜时，她的一双腿正死死地夹住筐身，扭曲成两张弯弯的斜弓！

——对姑娘来说，这一双腿要保持颀长而美丽，是要倍加怜惜啊！她却毫不犹豫奉献给了编织。

1986年3月8日

涓流

水滴“叮叮咚咚”地从岩缝里挤出来，在光滑的井台旁汇成一泓清清亮亮的涓流。水流得缓缓的、悠悠的，轻柔如穿衣声，让人看了、听了，直生出无限的爱怜。

荣荣悄没声儿地坐在井台上，脱去那双黑条绒的布鞋，把脚伸进温温的水中，轻轻地搓弄着。一缕隐隐的笑意，挂在那张苍白而忧郁的脸上，平添了很多生气。她猫下腰，用一条雪白的帕儿串着指缝，把十个纤纤的脚趾擦得干干净净。然后，把脚小心地翘在两块异常光滑而洁净的鹅卵石上，那一双修长的大腿，分明在颤抖。

她打开身边一个方方的盒子，小心地把里边的皮鞋取出来，平托在掌上细细地瞧。那是一双极普通的襻带中跟皮鞋。对村街上那些自家姐妹来说，那款式也早不时兴了。但鞋面上那油闪闪的颜色，仍撩得荣荣眼花缭乱。她贪婪地嗅着那奇异的油漆味，心里微微地醉了。

她有个好哥哥，从小拉扯着她和弟弟。哥哥的形象很琐碎，像《智取威虎山》里的栾平。为此，哥哥受尽了人们的奚落。哥哥从没有沮丧过，皱巴巴的一张脸总挂着温和的笑。所以，她很爱哥哥。弟弟考上了重点高中，到百里外的城里住宿。人回来的时候少，但花销却很大。

哥哥没门子赚大钱，临时工也做不来，就砸河床里的石头，卖给村口的道班做路碴。砸碴赚得很少，他就耍蛮劲儿，披星戴月。她看不下去，几次谢了媒，跟哥哥一起干。兄妹俩过得很清苦，雪白雪白的馒头，只就几根黄黄的咸菜。晚上，东邻西舍电视哇啦哇啦响，兄妹俩的鼾声如雷；凌晨，山村静如处子，河床里却响起了兄妹俩的锤錾之交响。她的一双布鞋早就磨出了指头，就背着哥哥买了双新的。哥哥见了，大大地发了通脾气。直见妹妹哭得有些气短，他才偃旗息鼓。东边大婶劝荣荣："闺女，赶快嫁了吧！都什么年代了，吃喝玩乐都来不及，还跟他受那份洋罪？"她嘴唇咬出血来，扭身子就走，把好心的大婶弄得尴尬，"好一对犟种！"

弟弟终于不争气，大学到底没考上。老师对来接他的哥哥说："亏了你这憨憨厚厚的大哥了！你弟弟别的能耐没有，对象搂得倒早。"一句话差点没把哥哥噎背了气。他怒狮一样朝弟弟扑，像要把他嚼碎。回到家里，黯黯的土炕上，两条汉子，东卧一个西卧一个，哭成了两团，呜呜咽咽。她噙着泪，走到东边对哥哥说："哥，你别气了，这也好。妈临终前不是嘱咐过你吗，要你给弟弟娶媳妇立门户，他自己找了，你也就省心了。"又踱到西头对弟弟说："小弟，哥哥也是恨铁不成钢，你已然是有对象了，就正正经经处，别胡来就是了。"……

于是，采石场上，就有了兄妹仨的阵势。

从此，不爱说的荣荣就更不爱说了。低头砸她的石头，埋头做她的饭菜。但隔三差五，给哥俩调理盘花生豆，让两个男子汉喝两杯酒。

哥哥多贪了点儿，脸红得像煮熟了的蟹。敲着桌子对弟弟说："小子，听着，明儿进城一趟，给你姐买双皮鞋回来。"她急急拦挡："小弟，不用去，我的鞋还好呢！"说完抬脚让弟弟看。弟弟正犹豫，哥哥把酒杯一砸："这家，我说话还算数不算数？！"

弟弟进城拿哥哥的钱买了双很时髦的皮鞋，拐了俩弯，送给了他的对象；把对象那双不可心的旧皮鞋打了油，换了垫，拿回来给他的姐……

荣荣小心翼翼、恭恭敬敬穿上皮鞋，在井台上挺庄严地走了两步；那咔咔的脆响，像浪花敲打着山石。她的脸上倏地有两朵红云在飘。

她猫下腰，拿起那双布鞋，慢慢摆弄着，似有无限眷恋。终于一狠心，向井台下的沟坎扔去。

似有人声应了一下，哥哥一闪从沟坎下上来，光脊梁上搭一条湿毛巾，手里提着她扔的鞋。

荣荣的脸变得煞白!

哥哥刚要发作，忽觉拇指搓捻处有异样，一看，鞋底竟透了！妹妹的鞋，面子虽好，底子却磨得薄如纸。怒脸刹那间变圆了，嘿嘿一笑："是该扔了！"

荣荣却呆呆地站着，只听到心底轻柔的涓流突然声大如鼓，咚咚地敲……

1986 年 6 月 7 日

童心

我觉得我美，美得别致：肩是那么润，腰是那么柳，脸是那么俏，腿是那么修长；一身湖绿色的绲边绉裙把全身诗一样的曲线衬得显山露水，天也为我醉了。不信你瞧：夕阳是那么红，闪闪烁烁的，像彩工涂上去的一层釉！

我是县报记者，驻村部快一星期了，也该到村上走走，风光风光。美，藏得太久，就白白淹浸了！

踅到一堵矮墙下，一声好听童音："妈妈，有个伯伯要换麦子！"我好奇，足尖踮着，伸脖子瞧。

一个打扮得鲜亮的少妇从屋里蹀躞出来，张口问："大哥，换麦子哟？""啊，换，换的！"一个中年男子，一手捏着布袋，拔腿朝院里走。看装束像山里人，但拿不准。眼下，打扮这玩意儿，欺眼！

"换多少？"

"啊，本想多换点儿，可粮票搞得少，不够长脸。"

于是，少妇就往那中年男人的袋里装麦子。院里就是晾台，酥脆酥脆的麦子把院子摊个满。

一个小女孩在边上看。她的脸蛋儿和夕阳一个颜色；睫毛长得从侧面能一根一根数；小腿胖胖的，像清晨刚从水里剔出来的两节藕，嫩嫩的，要滴水；黑黑的长发用白纱绾着，一呼吸，发梢都颤颤的，像小溪里的涟漪；一身小衣裙，轻轻的，翘翘的。白得透明……她浑身圣洁，圣洁得让玛丽亚圣母的孩子都嫉妒！——乡下很难有这么好看的女孩儿！

“妈妈，为什么不给伯伯灌满？”小女孩眼尖，看见那袋有一半空着，就用手指点，表情是极认真的。

妈妈看一眼女儿：“伯伯没那么多粮票，只好灌这么多。”

“我们的麦子够多的了，让伯伯灌满吧！”小女孩攀着妈妈的手，头仰得高高的，向妈妈恳求。

“小娃娃，你舍得？”伯伯逗她。

“舍得！您快装，好赶路呢！”她要用手给伯伯捧麦子，妈妈赶紧抓住了她。妈妈怕女儿弄脏了那双葱白样的小手和那鲜亮鲜亮的衣裳。

“好，给伯伯装。”妈妈真的扬簸箕。中年男人不解，伸手收口袋。妈妈笑笑，俯身对他说了什么，他也笑了，口袋也就装满了。妈妈很爱女儿，不愿女儿流泪，尽管那泪也是清亮清亮的，挺动人呢！

看着伯伯远去的背影，小女孩得意极了，背着手，挺庄重地点点头。妈妈看着笑。

我刚要转身走，见那女孩朝院门走，腰一弯一弯的，捡着什么。少妇见了，忙问：“捡什么？”她伸手让妈瞧，见那胖乎乎的小手心儿里有几粒麦子，黄黄的，灿灿的，似金。妈妈佯装生气：“不要捡了，就几粒麦子，小心弄脏了衣！”

妈妈刚进屋，小女孩又去捡：一粒一粒地捡，像捡拾着外婆讲的那些故事，像捡拾着她梦里的那串珠，像捡拾着爸爸妈妈失落的什么……小手心儿装不下了，从指缝往外滑，她重捡，又滑，再捡……

麦粒都捡完了，她嘘着气，手背揩了揩额头的汗，手就用衣裙去擦——她忘了她那漂亮的裙儿！小女孩朝屋里跑去，扭扭的，跳跳的。那衣裙上的一双小手印儿，墨黝黝的，像两只快乐的小鹿儿，像两瓣极美极美的梅花！

我久久地站在墙边，眼睛湿湿的，心里也跑着一汪泉。夕阳落山了，夜色很快黯了我的衣裙，黯了我的……但那天使般的小女孩却极清晰极清晰地站在我的面前，像那屏幕，愈站得暗，愈看得真！

1986年7月2日

雨中

到市区开会不止一次了。

然而，这次竟赶上了雨。乡下的雨是我的“母亲雨”，而城市的雨呢？

我怀着好奇和急于感受的心情走到街上，让雨丝肆意又温柔地打到我的身上。

好熙攘的城市雨啊！

人们不停地从我身边掠过，纷纷撑着闪闪发光的五色伞——城市是一个流动着的花园。

我的眼睛突然被前边的一个姑娘，确切地说，是被姑娘那一双小腿攫住了。那姑娘穿的是一条米色的大斜裙，走路竟一跳一跳的，灵巧而矫健，似敲打一串串湿漉漉的音符，她的一双小腿如凝脂般白，腿肚的肌肉浑圆而紧实。雨滴溅到腿上，像油一样浸润，那腿感觉像一张拭镜头的纸，柔软而坚韧……我的心一阵张皇，身子也暗暗地蠕动着一股股的热流。

这是一对美的精灵，在绵绵细雨中她们活得好水灵哟！

我紧紧地跟在姑娘的身后，放纵我的贪婪！

我大学时有个恋人，人长得很白，但绝不美丽。她拘谨得发皱，让人爱得踏实但也爱得可怜。最后一个暑假，她居然答应了我的要求，款款地跟在身后，到十渡“瞜”风景。同去的同学五男五女，是一个美妙的组合。我一路埋怨她，埋怨得她眼泪汩汩地流成小河——因为她竟不穿裙子！我跑了好几个大商场，挨了几大把白眼才买到的一条柔姿裙，竟被她羞涩地塞箱底了，同学三年多，没见她穿过裙子，我理解她，她毕竟是从农村考上来的姑娘。然而要毕业了，又要到大自然里去了，她竟还把枷上得那么牢………

要知道，没有裙子就没有女人啊！

到了十渡的天然游泳池，那四位女同学，雀儿一样欢叫。在几棵小树间，把野餐用的几块餐布往枝杈上一挂，就换上了泳装。那四条雪白的影子，在软软的沙滩轻轻地袅娜着，袅娜出我无限的遐想。我期望着她也能到水里去嬉戏，我还从没有透彻地审视过她，她给自己包裹的东西太多了！

我相信，她的身体一定是很美的，美得我不敢睁眼看、美得那四位女士从别处悄悄地爬上岸去！

可是，可恨的可是，她竟不顾我的一再请求或称哀求，扭扭捏捏地往山上踅，一勾一勾地采那小不点儿的野花。

我在那四对的嘲笑中，愤怒地走上岸去，把大家分配给我背的十几瓶饮料，潇洒地砸在光滑的鹅卵石上，决然走上独行者的道路。

暑假后一开学，同去的一位哥们儿就对我说，在我走后，她竟在那几个女生的要求下，也下了河。“嘻嘻，你那位，那身条儿，没治了！”我嗵地砸了这家伙一拳，砸得他懵懵懂懂一生。

于是，我写了绝交信。

在学校幽深的甬道里，她勾着我的脖子，抽抽咽咽地倾诉她的感情；而我则站成了一根冷冰冰的柱子，伟岸、光彩而辉煌……

我紧紧地跟在姑娘的身后，放纵我的贪婪。

我暗自感谢这场小雨——这样美丽的小腿儿不会太多！

她蓦地刹住脚步，转身，怒视着我，那一对儿涂了淡淡口红的唇片分明在颤抖。突然，她的眼睛一亮：

“是你！”

也就在同时，我也认出了她——我那大学时的恋人。

血瞬间胀破了我的理智，我猛地向雨雾深处逃去：

——啊，人生，有些，是多么靠不住啊！

1986年7月16日

同事

硕夫近两年发表了几篇小说，在小小的蔬菜站就有了些压抑。不时抬起头来，直直地瞪着前方，硬是把对面那老实本分的老刘瞪出惊愕来。

第二天早晨一上班，老刘便把一捆蔬菜杂志放到硕夫的桌子上，满脸通红地支吾着："硕夫，你可千万别忌讳我，我思磨着你是蔬菜专业的大学生，比咱高出一截，怕你把咱的饭碗给挤兑了，就把属于站里的有关蔬菜实用技术的书自己掖起来了。你既然知道了，咱就见半分半地用吧。"老刘满脸透着羞惭和哀怜，可硕夫却满面的苦笑：这从哪儿说起呀！

从此，老刘就对他恭恭敬敬，每天早早地来，把蔬菜站的两壶水打满（事实上，蔬菜站就硕夫和老刘二人）；并且，还要用自己的茶叶给硕夫泡上一杯。硕夫一上班，提包还没放下，老刘便说："硕夫，喝水吧，杯里沏着呢！"

以后，老刘就常下村，把两人的下乡任务一个人包揽了。留下硕夫，安安静静、踏踏实实地写小说。等到月终，下乡报表上，硕夫的下乡次数比老刘的多。老刘却对硕夫说："这样，领导会相信，符合规律嘛，年轻的总比年老的能跑。”

但硕夫却愈来愈觉得气闷：文章不断发表，蔬菜站的小圈子却怎么也跳不出去。他不停地在蔬菜站的小小方寸中徘徊踯躅：一手捻烟，一手叉腰。那气派是要把鲁迅先生气死的！老刘用惶惑的眼光看着踱来踱去的硕夫，觉得自己不复存在了。他努力检讨着自己：自己究竟哪些地方把硕夫得罪了？

老刘几次想写请调报告，想调到别的科室去。但他不敢写，他怕失去自己的专业。虽然他没有文凭，但钻研蔬菜技术却是他的乐趣和寄托。于是，他对硕夫说：“硕夫，你今年二十三了，该搞对象了。这你甭发愁，我妹妹是正经的文科大学生，毕业分在文化馆工作，人称‘馆里一枝花’。如你不嫌弃，咱回头给你说说。”

硕夫喜出望外，拍拍老刘的肩膀：“这话当真？”老刘见硕夫露出了笑容，心里也就轻松了许多：“咱不会骗人！”于是，第二天硕夫就和老刘的妹妹见面了。紧接着，硕夫天天晚上都要约会，隔天一上班就打瞌睡。老刘便在桌子上留个纸条，把门锁上，再贴一张纸条，兴冲冲奔他的实验地了。那桌上的纸条写：“硕夫，好好睡你的觉，门我已经锁上了！”门外的纸条写：“蔬菜站的人下乡了，有事请明天来！”

硕夫高兴得不得了，唰唰地写起情诗来，眼前的世界不知宽阔了多少！临了，攥一叠诗稿，陷入深深的遐想。

试验地里，老刘跪着身子，仔仔细细地量着蔬菜的株高、叶宽、茎粗……用自制的计算卡费劲地算着每个试验的参数。他心里不喜不悲，只觉得安稳和平静。

一天，硕夫第一次给老刘倒水，人变得突然拘谦起来。最后终于叫一声：“大哥，春节让我们结婚吧！”老刘一听，脸唰的红了，人更显得张皇：“我没什么，你们瞧着办吧！”

一天，老刘把一本权威的蔬菜杂志给硕夫，难为情如童子：“看，咱们的论文发表了。”硕夫一愣：“什么？”夺过来一看，竟有自家大名在老刘前面。

年终，市蔬菜研究所来调人，硕夫因为有文凭，理所当然地被选中，终于跳出蔬菜站那小小的圈子。

临走，硕夫突然觉得该对老刘说些什么，但等车开动了，也没说出合适的词句来。只是握着老刘发抖的手：“大哥，常来，常来。”

不过，从此再也没见过硕夫的小说。

蔬菜站仍是老刘一个，他死活不让添人！

1986 年 7 月 23 日

雾河

河西就是他的家。

但水生却撑着篙在河心发愣，硬是犹犹豫豫地不肯靠岸。

空气异常沉闷，河上喑了流水声。大团大团的雾从两岸压来，把水生、船和那河裹进了一个混沌的世界。

以往，在清幽幽的小河里，她把两节雪白雪白的小腿儿晃荡在船帮上，砸得水面“叭叽叭叽”响。水生的小船儿也跟着颤悠悠地动。嬉游的鱼群被她咯咯的笑声惊得远远地逃；扯上的渔网虽然空空如也，水生也乐得直摇头。水生的爸爸，水生爸爸的爸爸……追溯几代人，都把生命拴在了曲曲的河湾儿上了。哼哼几首古老的渔歌，温馨和希望就变成一支水锈斑斑的竹篙，撑起了几间土屋和自己心爱的女人。

荒山中的庄稼汉都嫉妒得眼红。

于是，爸爸把竹篙交给他时，庄重地叮嘱：“你小子要争气，在你这代，别把船顺水漂了！”

从此，水生就兢兢业业地干他的水上事业，很快便在十里河堤成了一名打鱼的能手。

她便常从岸上趔到船上，钻他的船篷。最后，终于坐成了她的老婆。他就更卖命地打鱼，用鲜鱼和鱼干把女人养得又白胖又鲜润。

不知从什么时候起，河东那条冷清的马路上，车流突然密起来。让人吃惊的是，荒山中的庄稼汉竟把汽车、拖拉机从山外开进去了。进山时，是满车满车的青菜布料。出山时，是满车满车的乌金一样的烟煤。就连河东那一片抠抠搜搜的邻居，也在自行车后架上挂两个圆圆的大筐，把车铃铛摇得山响，趸豆腐、卖猪肉，把一张张皱边的大票塞进信用社窄窄的小窗里。

更令水生不忍的是，往年的年关，左邻右舍都要拥到他家里来，恭恭敬敬地说着奉承话，下里下气地向他求鱼，水生便顺理成章地在人前摆谱。每晚，呷着人家送来的好酒，待到醉眼蒙眬时，抚着老婆的一双白手："你跟着咱，就享福吧！"可如今，那些人家宁可从城里买那奇贵的大头鱼，也不登门拜他的细而嫩的白鲢！

老婆到河东的几家串了几次，回来每晚都要在炕席上折饼。昨天，居然带回来一件轻薄莹亮的丝衫。老婆穿在身上，扭着腰肢，在他面前摆。嗬！老婆的胸脯在半透明的衣料下一跳一跳的，竟撩得他眼花缭乱，水生连和自己生活了多载的人儿都快不相识了！

他问："你买的？"

老婆白了他一眼："怎么，不准？"

他嘿嘿一笑，既憨且羞："倍儿好看！"

"好看就掏钱，这是跟人赊的。'

"多少钱？"他问，脸上有些张皇。

"才十八。"老婆说得轻轻松松的，可他却骇得跳到凳上。"就一个几根丝的破褂子，就要我半个月的下河钱，退回去！"

"怎么，这就心疼了？人家的女人，一件呢子大衣就要三百多！"话刚落，泪却委屈得晶莹莹地滴下来了。

"不是不准你臭美，那钱哪儿找？"话虽硬，但毕竟还有丈夫的柔情。

“你去挣啊，去做买卖啊！”

他的脸一下子变得煞白。他的心被伤害了！把祖辈的小船顺河溜了，这还成？！他从自家女人身上扒下那晦气的闪着贼光的物件，攥成一团，扔出窗去，在河面上打了个旋儿，就被水冲走了。

“跟着我，有河就有吃穿！”

老婆呜呜地哭着，冲出门去，攀上河涧的吊索，奔河西娘家了。望着她摇摇晃晃的身影，他蒙了！这是嫁给他后，老婆第一次过河不坐他的船……

1986 年 7 月 30 日

夕阳

风停，雨住。西边，一轮夕阳似火；东边，一架彩虹如弓。

清石溪上不见了跳石。来往行人不知深浅，便在岸上踅。

终于，有人被那夕阳坠得心焦，寻着石形舞过河去。

最后，只剩了两个人。

她扯起裙的两角，一双肉色的丝袜直伸向大腿里侧，那是两条修长又不失丰满的腿。配上那张好看的脸蛋，疑是仙女下凡。

她脱下丁字口皮鞋，刚要褪那丝袜，便觉身后有些异样。回头，见他痴痴地冲着她。深色墨镜隐去了一双眼，她却觉得镜片上有幽幽的光射来。她甚至想象出那是一双什么样的眼睛。

她恼红了脸，狠狠地瞪他。那人索性没了面皮，探着脖子看。她怒极，骂一声：“流氓！”却连自己也吃了一惊。

她看见那人颤了一下，左右环顾。

她忽地感到了恐惧，顾不得那身俏美衣裳，懵懵懂懂往河对面跑。上得岸去，便乏软地倒地。吸进股股草香，才平稳了一颗剧跳的心。羞便藏不住，恨也就隐隐。

慢慢地便觉得事怪：除却哗哗水声，仿佛其他一切皆已消亡。

于是，坐起，回首那边。

那人仍呆呆地立着，夕阳隐在身后，灿灿地发光。

她愈看愈不解，渐渐地生些疑惑。

终于，他开始动了。但第一步就没踏住跳石，“咚”地水起，身子慢慢倾斜……她心里咯噔一下，嘴里便惊叫了一声。她飞快地往回跑，两次几乎倒下。她拉起那人。

他早已浑身湿透，眼镜也让水掠了去。他，是个盲人。

水珠间多了泪珠：“我扶你过河。”她说，泪珠滚出一脸愧色。

“谢谢。”他，竟笑了，甜甜的。

于是，他们相扶着，稳稳地走过河去。

身后，一轮夕阳似火；前方，一架彩虹如弓。

1986 年 8 月 6 日

情动

“我瞧不起他！”妹妹仿佛一下老了许多。

我的心一惊：“你不是很爱他吗？”

妹妹像看生人一样，用那撩人的目光，在我身上扫了一遍，仔仔细细的，一丝不苟。然后，两片薄唇向下一撇，意思是：你什么都知道还问，多余！

我也觉得不该问，是我欠了她的情。千不该万不该我和她一样都长得如花似玉，像两串熟得饱满欲滴的紫葡萄——他都想摘。

爹非常爱他的两个眼珠子似的女儿，所以，他豁老命在地里耙拉了五年，栽了五千多棵“巨丰”葡萄。那葡萄个大、皮薄、籽少、汁多，在阳光下光闪闪透出清香，招惹得满街都沸腾了。不久，这个葡萄专业户就成了万元户，女儿的身价果然像他盘算的那样陡然升起。

他是乡里果林技术员，中专生。他帮爹建起了葡萄园，也盯上了爹的两个女儿。说实在的，我喜欢他，不光是他有学问，还是那天在葡萄架下，葡萄叶儿挡住爹和妹妹的眼睛时，他凝视着我的眼睛，好看地一笑：“小梅，你真不像农村姑娘，那么沉稳，那么闲适，像谜一样让人着迷！”唉！那么乖巧的话儿，怎不叫姑娘的心热呢！

不过，有一天妹妹像金丝雀儿似的蹦到我的膝上，勾着我的脖子，把口红亲了我满脸："姐，你得祝福我！"

"有什么好事？看把你乐得那个颠儿！"

妹的脸唰地变得通红，头像浸足了朝霞的一朵栀子花儿，颤颤地向下垂。"他，他说他喜欢我，说我像在檀木枝上跳跃的金丝雀儿，活泼、爽利、有灵性儿！"

"他是谁？"

"那不嘛！"妹妹那一节好看的指头翘得兰芝瓣样指着墙上的镜框。那是一张大彩照，照片底下写着：乡果林技术员林增楠在指导葡萄专业户使用新技术。那是县文化馆的摄影家马福拍的，县城大街上的橱窗里也有。

"姐，他好吗？"妹的眼睛清澈，问得也清澈。

我的心像坠了一块铁，把那镜框子猛地翻了过去——我怎么也不相信，他那么瘦津津的一个人儿，能一下子装下两个水灵灵的大姑娘，他小子野心太大了！

"姐，是不是你也喜欢他？"妹妹鬼样精，心跟针尖儿没两样。我没理她，脸上凉飕飕的，准挂了霜。

"姐，那你就把他让给我吧！你读书多，开通！不像妹妹，光会野。"求得真诚，眼里的泪花也晶莹。我的泪也虫子似的往下钻，那不是酸楚，那是恨：恨妹妹，更恨自己，恨我们对他太热情，太放心——尊重知识是尊重知识，尊重人是尊重人，二者应该分得清楚，可现在，已经晚了！

我不能阻止她去追求，她的心太纯洁、太娇嫩了。再说，劝也是劝不来的，姐姐也爱着，怎能劝妹妹？一劝，妹妹准要怨嫉姐。这是个敏感区，姑娘容易想扭了、想出圈。

我心里暗暗为妹妹祈祷，但愿他真爱她……

果然，不到半年，“我瞧不起他”就从妹的口里出来了。我猜他准是不爱她了：妹妹像小河汊的水，虽然清亮但很浅，她不能永远吸引他。莫非是他对我……想到这儿，心里不干净，像我碎了妹妹的梦。“姐姐对不起你……”

“哎——姐看你说哪去了！”由于不耐烦，声音像皮筋一样被拉得很长。

“那……”

“姐，他也不爱你，他又搞了一个，人儿都住在乡里了！”

我晕得懵懵懂懂，想去骂他，更想跳村前那条“贞女溪”。

中午，爹从乡里回来，捎来了他的信。爹笑呵呵地说：“小林子的对象真招人喜欢，这一对儿，真正的好马配金鞍！”姐俩一齐瞪他，爹下边的话被“呃”回去了，只抽烟，抽得吧嗒吧嗒响。

那信上写——

“……小梅，小菊，她是我农校的同学，我们早就恋上了。明天我俩结婚请姐俩来吧。不要多想！你俩的的确确是一对好姑娘。葡萄美可以夸，姑娘美就夸不得？！……”

妹瞪着我，我瞪着妹，呼啦一下抱成一团。

“姐姐！”

“妹妹！”

爹在一边看愣了。女儿大了，小心儿里的秘密您就猜不着了！

1986年8月12日

梅朵

梅朵是个女子的名字。

而梅朵本人却远不如她的名字响亮。

梅朵的脸挺白，戴着一副梅村人都讨厌的眼镜。她的眼不是天生就近视，起初是很明亮的，到后来硬是把爹看成了娘。爹将梅朵拽到县上的医院，医生说："给姑娘配副眼镜吧，没大事的。"梅朵戴着镜子，觉得周围是一片新异，看人时就很专注，在太阳和灯光下就有两道亮光在人前一闪一闪，胆小的婶子、大妈就被看得发毛："这妞，怎跟鬼似的？"

梅朵走路蔫蔫的，脚下总像有怕踩怕踩的宝葫芦之类。梅朵说话时声也极轻，并常伴有撩人的喘息，若都市人用气声唱流行歌曲。淘气的后生就常逗她讲话，或乘其不备时弄出些奇异的声响，逗出很甜蜜的微嗔。梅朵很笨，村姑那一切眼上的、嘴上的、手上的、脚上的功夫她都学不来。梅村的姑娘和年轻的婆娘都去了喧闹的集市或拿不少工资的村办厂，她却憋在屋里，不声不响地淘米做饭、侍鸡喂狗，不悲不叹，让爹妈直生出奇怪来。梅朵因为柔弱，父母让她多读了几年书。大学是考了两次的，眼镜徒然增厚了许多。她回到村里时，那些原来对她嫉妒得要死的姐妹却蹬了高跟鞋，挺洋气地进了她的家门："梅朵，想开点儿，大学那玩意儿值不了几个子儿，进咱们的'姐妹弹花厂'吧！"梅朵挺平静，笑得两排细细的白牙如银般璀璨："不哟，俺娘老子让俺看家呢！"出了梅朵的家门，姐妹们齐说："梅朵，梅朵，她可真惨。"

几年光景，和梅朵一茬儿的姑娘仔都觅了婆家，急得梅朵的爹娘四处托媒。梅朵对爹娘说："爹、娘，俺哪都不去，就在梅村了。"娘老子听了，七窍冰凉："妞儿呀，你那么怪，村里谁敢娶你？对付对付，走吧。"梅朵的一张白脸唰地成了一轮红红的太阳，她把家里的一对藤椅摆好，用手一指："爹、娘，你们坐好了，闺女俺要哭你们！"梅朵的爹娘把两张老脸相觑了好久，沉迷间，身子早塞进了吱吱作响的藤椅。"爹、娘，你们听清了，让西头的柱儿来娶我，他准不嫌俺！"虽没有听到骂声，但爹娘却吓了一跳。娘伸出一双枯手，捂梅朵的嘴："使不得，他是个偷儿！""俺就嫁这三只手。"梅朵乜乜地笑，笑得爹娘发麻，爹抡巴掌要打，却见梅朵那笑绽的眼角，分明有泪在滚……

梅朵的婚礼挺冷清。梅村人站满了街，看戏一样，看一对新人从东头走到西头。那天没有太阳，梅朵的眼镜再也不晃眼。人们发现，眼镜后，梅朵那双眼忒好看：长长的睫毛，水蒙蒙的眼光，似谜，似雾。柱儿在前面走，把辆木轮小车推得咯咯响。车上是一摞一摞五彩的书。风吹过，翻开了书页，那书页雪白雪白的。

村里可怜梅朵，答应柱儿进了村铸造厂：三只手再能，还偷那乌兮兮的生铁疙瘩吗？！

梅朵则照样淘米做饭、侍鸡喂狗，不悲不叹，闲时就一页一页地翻书，脖颈勾勾的，似要从中淘出金来。

柱儿问："你在娘家都咋过的，怎那么神秘？"

梅朵摇摇书："这不明摆着。"

“怎么不写？”柱儿听人说，小说看多了就能写。

“写不出。”轻轻一声答，竟无羞无恼。

“那怪可惜了！”

“……”

梅朵嫁了柱儿，两三年也不见个娃娃，屋里也没个带响儿、带影儿的。柱儿下了班，扎屋子不再出来，两口子不知憋什么宝。屋墙雪白雪白的外坯脱落了，好久好久不见补补。梅朵爹后悔不迭：“这哪叫过日子的人家儿！”气未消，却拿抹子把墙给补了。正端详间，柱儿推车进院来，车座上竟又是一捆有姑娘大腿或男女勾手疯癫的花花绿绿的书。柱儿想跟岳父说话，岳父却几步冲出院门，留给柱儿的是一瘸一拐的背影。

梅朵和柱儿翻书翻得昏天黑地，夜深竟未进食。那些花花绿绿的书上，居然有梅朵写的文章。柱儿猛然记起，来了句念白：“娘子，晚饭吃还是不吃？”梅朵嘻嘻一笑，拍了两下书脊，转个梅花步：“任官人发——落！”娇憨憨两个稚拙的顽童！

久久，街谈巷议就有了如下内容：

“可惜了柱儿了，挺活泛个人，蔫兮兮没了灵性！”

“怎的，还要三只手不成？”

“那也比当下强！”

……

于是，梅村便有了两个梅朵。两个梅朵便成了梅村的话题。

1986 年 8 月 18 日

走窑女

山陡陡的，却有一家私人小窑如同眼一般在那里眨。二十几条走窑汉，乌兮兮、懒兮兮地往窑底挪动着。尾随在最后的，竟是一个窈窕的女子。她叫吴静。

吴静是外乡人，随妈改嫁到山里。后爹是独苗，便把热烘烘的期冀往妈身上嵌。命运太会开玩笑，一连几年，竟不见妈再有娃儿落地。在冷清清的屋地上，后爹焦躁成一团愤怒；鞋声橐橐，久久回荡，把母女的心碾得一惊一乍。妈便加了十二分小心，把吴静也调理得温温驯驯。

吴静没考上大学，爹便催她下田。妈在一隅把泪珠子拨得噼叭响，吴静便依了爹。下田她不是好手，爹就把活计定了量，分斤掰两地甩给她。于是，每天她都要晚晚地回来。进门见爹早把一双泡眼喝得桃般红肿，便蔫蔫地吞下两小碗饭，蔫蔫地进里屋，怕一句话不中听，招出谩骂与打。爹喝罢便嚷困觉，灯线啪地就拽断。里外屋仅用薄薄的纸隔了，门缝呲进来的风，竟打得那纸墙吧嗒吧嗒响；外屋，爹妈总弄出些嘶嘶咧咧的响儿，黑洞洞的房间，像演一出嘈嘈切切的杂剧。吴静缩进被筒，把自己缩进一个更黑更闷的茧。一只小手电明明地照了，一行一行地复习功课。看书看得天昏地暗，日久，便不得不戴了眼镜。于是，她受尽了后爹的数落。

吴静要到山外的中学里去补习，但那一笔不算少的学费爹决计不给。她把一把把眼泪很轻地甩了，背了一个吊吊的小包裹，爬上山，进了小窑。

小窑的窑面上，没有多少女人干的活儿，她便狠了心下井推煤罐。那煤罐重重的，山一般立在那儿，她便埋了头，拼命地推。罐一丝未动，她的胸却闷闷的，喘不上气来。迷漫了整个巷道的是一片黑暗，崖滴叮叮咚咚地平添了无限疑惧。她把眼睛紧闭了，两耳在轰轰作响，绝望似要把心胸整个地吞食。她沉闷地叫了一声，狠狠地奋挺了一双柔弱的肩膀。于是，那窄窄的轨道上，便有咯咯轧轧的歌唱出来。终于看到了巷口那道白光，喘息便热浪般涌。她激动得嘤嘤哭泣，像经磨砺后得了解脱，彻底而沉酣……

不久，她便能把煤罐推得飞跑，且调皮地耍几句娃娃调儿，让身后的罐夫于惊叹中，把尿在裤裆里撒了。走上窑去，汉子一样用黑手抓白馍，汉子一样蹲在地上大嚼。乌油油的眉眼，乌油油的脸蛋儿，只有那蠕动的嘴唇殷红殷红的，似一簇火苗在瞬动。

她终于能下山了。把厚厚的一叠票子，紧紧地塞进背包。将进窑便没再戴过的眼镜，一丝不苟地擦了，端端正正架上鼻梁；执一盏最亮的矿灯，下了窑。她要把小窑好好看一看，让这枚记忆牢牢地别在胸际……脚踩在轨道上，每合上眼，居然有走罐时踩上的那股感觉，酥酥地，从脚掌感应到心上。最让她吃惊的是，那柳木的窑柱上，竟有一抹一抹的嫩芽，在那里兀自地绽放着……

进了家门，吴静那蓬勃的兴奋，却倏地跌落了。破败的炕上，爹在一角跄蹴着；妈在地上拾掇，一条腿竟甩甩地瘸了——爹打的。吴静进山后，妈闷极，就到隔院瞭电视；爹便火大，痛打出手。于是，爹妈间就有一堵墙，赫然而立。

吴静到城里，把那笔学费花了，买一台电视回来。等那方寸之宽的小框上，有贼溜溜小人儿跳出，爹那张冷峻的脸竟也有两行泪光，一闪一闪。

吴静的心有喜喜的舒坦，就又去走窑。等再拿到一叠票子，去山外的中学，老师竟说——吴静，可惜了，你年岁超了。

吴静的确怔了半刻，但她很快就笑款款地向老师道了谢，扭扭地上了街。让那老师站成了一柱惊讶！

她将那本梦中都想买的书买到了，且买了她早就渴求的那心爱的裙子和时兴的皮鞋。她仄身进公厕把那裙和鞋穿了，抖擞地把脚下的路踩出一串脆响。

她想到了光光的窑柱上，那一抹抹倔强的嫩芽。

1986 年 8 月 23 日

老婚

某干部老奉有个最大的不满意，便是他的老婆。

闲来几个人开玩笑，他总是说：“下辈子他妈的再娶老婆，年龄要小，脚要大。”老奉是身边少数几个未离职的三八式干部中的一个，老婆是从山里带出来的，比他大三岁；脚裹得尖尖如锥，仅半拃长。

问他原由，他竟不忌讳，说：“年龄大，嘴碎，是事对你总不放心，婆婆妈妈地似老娘；脚小，走路像母鸭，屋里搁着倒绝对放心，拉得出去吗？！”

人说：“老奉当初可不这样，都是当官当的。”

去年，老奉的老婆得了绝症。一向对老婆不满意的老奉，竟也仿着脸子，在病人身边守，不挪跬步。

老伴终于要去了，翻着白眼儿定定地看着他。老奉一阵心酸，将一颗白发苍苍的头埋在老伴怀里：“你他妈的就不能多活几天，等等我吗？！”说完，便哭得嘤嗡如歌，童子一般。

老伴吃力地说：“你跟我他妈的一辈子，临了也……也……也改不了那个脾性儿……”说完便逝去了，但嘴角却紧抿着一抹笑。周围人极惊讶。

老奉终究是个豁达人，不出半载，便没了丧妻后的那团沉闷。与人见面时，便又开他善开的玩笑。

“老奉，不再娶一个吗？”有人问。

“是该娶一个。晚上睡觉半张床冰梆老硬；呷两盅，连他妈个温酒的都没有。”老奉说。

于是，有人便给他寻了一个当教师的寡妇。

见面的头一天，老奉极认真地问媒人：“比我大比我小？”媒人一笑，“比你小。”老奉又问：“是大脚还是小脚？”“当然是没裹的脚。”老奉便啪地将大腿拍出脆响：“妈的，人不用见，定了！”

洞房花烛夜。

老奉极殷勤地端来一盆热水：“洗洗脸吧。”便洗脸。老奉又说：“不洗洗脚吗？”新娘便倏地脸极红。老奉一笑，转身将盆端走了；但又很快踅回来，将盆在地上放了。“新换的，洗吧！”

“下午刚冲过澡。”一个低低的声音。

老奉仍坚持：“还是洗洗好。”便只好洗。

果然是一双天足：小巧、美丽而舒展。

老奉看呆了！

那脚缓缓地搓弄着，老奉的心却怦怦欲出。他突然将那脚高高捧起，放在耳鬓边急急地摩挲，且喃喃出一串模糊的句子。

教师便极惊惶，骇得屏了呼吸。

他将教师抱上床去，唰地就撕那衣扣。教师说：“莫这样！”

“害他妈的哪门子羞，你我又不是小母羊串圈——第一遭。”老奉嘿嘿地笑，手脚仍动作。

久久，便从帐子里传出低低的抽泣和极粗重的鼾声。

天一亮，便有上司及下属去拜访。

老奉便极气势地指使：“快弄几个菜，大家要喝一喝。”女人便蔫蔫地进厨房，很快就成就了一桌好酒菜。老奉拍拍老婆的肩：“他妈的，还真成！”喜悦是自然的，便领导大家喝。

酒到酣处，老奉便吆喝：“屋里的，给大家满一满酒！”

那女人竟待在厨间久久不出来。老奉便催：“快出来，莫叫大家久等。”仍不见出来，便张扬了喉嗓：“你他妈听见没？”

果然就出来了。眼圈虽红红，仍还是极温驯地一杯一杯地斟了。

一星期后，老奉哭丧着脸上班，竟将一页便笺叫大家看。上写：

奉×长：

我们还是离了好。我以为当领导的一定是谦谦君子，不想，竟也这般……真让人想不通！我的文如（女教师的前夫）虽是个凡人，但待我很好，说话总是柔声细语地好听，更甭说……这几天，我眼前总是晃着他的影子……

“他妈的，老婆子跟咱一辈子都没怎么着过，她才几天！”老奉极气恼，颈间青筋愤张，若蚯蚓。

大家便齐声说：“就是。”

1986年8月28日

山路斜斜

炊烟斜斜，日影儿斜斜。

几只短尾巴山羊，回归在斜斜的垭路上。爷爷则促促磕磕地在后面追。汗在那蓬白胡子上缀成珠串，背后的柴捆却仍不安分，扑嗒扑嗒起落，弄得老汉行步艰难。

爷爷索性往边上的山石上坐，却哎哟一声喊起——那石尖如锥，老汉的臀却瘦瘦。他扫了一下四遭，终于有一处平滑石面让他落座。望着远远跑在前头的几只山羊，一张多皱的脸愈加沟壑纵横了。粗气吁吁，胡绺儿飘飘，他有几多气恼：怎会这样？以前在垭路上跑累了，单寻石尖打坐，石尖硌在酸酸的臀瓣上，痒痒的，极舒适。

爷爷是跑山的老山羊倌子。他一人赶一两百只一群的山羊，满山遍野跑。虽每天都要跑出上百里，但他极欢畅，喘气均匀，步调盈盈；随手还采出青青绿绿的野菜，煮出清芬、煮出香郁，惹邻人嫉妒。并且，每逢过年，他总会挑几只肥肥胖胖的山羊，交队上杀了，让整个村庄飘满香味。于是，酒后老汉的梦，便也悠长悠长。

几年前，地分了，羊群也分了，那颗结实的心就疲软如泥般。分羊那天，他死死地守在栅边，嫁闺女似的看人们把羊牵走，那眼圈红红，那双唇抖抖。他一声不吭，阴沉骇人。分得只剩属于他的几只，便颠扑入栏，把一张张羊脸朝人脸上摩挲，婴儿般嘤嘤哭泣。

以后的时日，他仍早早地起床，紧紧地打好绑腿；仍在打开羊栅时，打一个响脆的鞭花，眼神灼灼地看羊儿哩哩噜噜地出来。等稀拉拉几只山羊上路，他才猛地醒悟，眼神倏地黯下去，不情愿地迈出脚去，懒懒地爬那熟悉的山。

分过的地，猛的肥沃起来，庄稼出奇的疯长，乡亲皆欢喜有声，孩童也啦啦地捡拾丢弃多年的山谣。但三两结伙的山羊却满地里跳蹿，噼啪地扑搓那吐穗的苞米，啃噬出户主的大呼小叫和一声声叹息。于是，爷爷便又兴奋起来，盼能把羊们再轰成群，再悠悠地甩他的羊鞭，再悠悠地节日般生活。

年关到了，村子里到处是豁豁的磨刀声，不时有羊们的哀鸣，极尖锐地朝爷爷的耳畔灌。爷爷偎在炉边，搂定了一只紫砂酒壶，竟咕咕地把长长的口涎灌出来。爹把爷爷拖上炕去："您老该舒舒坦坦过几天了。"

"狗屁！"爷爷竟漫天漫地骂了起来，直骂得一家人惶惶恐恐，羞恼屈辱兼容。

来年的春天，满坡的青草被太阳烤出阵阵诱人的香味儿，但却听不到羊们曲子般咩咩的叫声，只有一个趑趑趄趄的老汉偶尔从草丛中晃嗒出来，捡坡上的干柴。不远处，几只羊偎在一起晒太阳，懒懒的，动都不愿动。于是，赶几只肥饱而孤独的山羊，捡几捆透干而无轻重的山柴，便成了老汉的日课。

这以后便无故事。

但不久的节日，村上竟成扇成扇地从垭外买羊肉，哗哗地把大票一张一张地点出来，也只咧嘴笑笑，无事一般。倒是婆娘心细，发现那肉扇上，竟没工商所盖的蓝蓝的大印，便薅过商贩的称杆，像八路审探子般盘查那商贩。商贩敌不过婆娘的厉嘴，便如实交代：“大嫂，肉真的是好肉，从隔岭老王那儿趸的，希图卖个好价，便就近卖了，不曾到镇上交税。”

于是，女人便骄矜地大笑，笑过便嚷嚷压价。

商贩无奈，便压下一角。女人仍不饶，若猫戏老鼠：“再降一毛！”

“再降，就亏本了！”商贩双手合揖，如鸡啄米，如僧早祷。

“不降就拉你到镇上，看哪个合算！”女人便更泼，丧尽山人温厚。

爷爷远远地看见，浊浊老泪溜溜转。几只山羊先他而奔街，蹄瓣噼啪似雨过，惹几个孩童啾啾地在后边追。

小贩停了手中的秤，婆娘们射出去的竟是一道道贪婪。

爷爷跟爹说：“翻山去买种吧，你再轰起一群羊来。”

爹不睬，久久才说：“地还种不完呢。”说完便嘿嘿笑，他知道瞒不过爷爷，几亩山地，老娘儿们就拾掇得极利落了。爷爷再催，爹便撩帘子出门，半夜方归。第二天，爹竟上山走小窑，挣硬钱去了。

于是，那斜斜的垭路上，爷爷那促促磕磕忧伤的身影，就再也抹不去了。

1986年9月1日

寂寞

宁儿的丈夫是挣大钱的人，带着几十号人，常年包工在外。

宁儿便极寂寞。

丈夫就把装农具的东屋弄利落，拿折子取了一些款，给她置备一爿小店。走时，丈夫说：“不图你赚个什么，图有个营生弄弄，免得你不耐烦。”

小店不久就有了营生，常有稚童和老人到店里踅，买去一些油盐酱醋、烟酒类。宁儿在柜台后面弯腰拿货、抬头算账，忙得好开心。月底一结算，竟赚了不小的一个数。宁儿极兴奋，小小一爿店，不仅使她少了愁悒，还不再吃闲饭。她便感到，眼下的世界，还是挺好活人的。

宁儿早八点开门，晚六点关门，中午也要关一次门，她要香香地睡个午觉。

村人便说：“宁儿，店是你这样开法吗？像机关干部坐班。”

宁儿就嘻嘻笑：“不都羡慕干部坐班嘛，咱就也坐坐吧。”

但村人并不顾及她的秩序，常有一些莽汉在午间和夜里将她的店门敲得当当响。宁儿极不情愿地打开门，对来人说：“还让不让人睡，正时候不来，诚心捣乱是吗？”

来人说："宁儿，家里客人闹酒，准备的几瓶都光了，不找你找谁？"便只好卖人家。

好梦被人扰了一遭，再要睡去，便难了。在床上翻来辗去，平生好多烦恼，便气气地在院门上挂出木牌：中午和晚六点以后恕不开门。

村人倒不与她计较，觉她一孤身女子，确有诸多不便，随她才好。

每到月初便进货，宁儿全照丈夫走时给她进货的单子来，横竖是那些货色。村人便提出些建议："宁儿，别净进那老熏醋，也进些米醋吧，老头高血压，米醋泡蛋是个好方子。"

"宁儿，弄些好烟吧，几毛钱一盒的'红缨'，烟丝一天比一天差，再没抽头了。"

"……"

你说，他说，说得宁儿不耐烦了，便气鼓鼓地说："大商场里东西多，不断胳膊不断腿的，去买呀！"

村人便哑了声息，沉吟久久，说："也是，也是。"

后来，到宁儿店里买东西的人竟一天比一天少了，几个行动不便的老客户也是规规矩矩地买了东西，悄没声儿地走出店门，绝不说一句多余的话。以往，村人从她店前过，总要亲热地打声招呼；如今，人们或低头走过去，或是将胯下的车加了码踏。宁儿便感到乡情冷峻，生出厚重的压抑。丈夫回时，她极委屈，不停地抱怨："不就是开了一爿店嘛，招谁惹谁了？倒活得不自在了！"

丈夫笑笑，极体贴地说："没啥，本来就没指望什么，既然这么惹你不快活，就关了吧。"

宁儿便将店关了。

再走在村街上，果然就又有人与她极亲热地谈些什么，但回到家中，她感到比开店前还要寂寞。便考虑，那店是不是还要办下去。

1986年9月6日

灵芝

潭柘寺旁的石墁上，摆摊的农人在尽情地吆喝，卖一些山里的核桃、毛栗和枣。

唯独你，盘腿静坐，微合双目，任山风梳理你的白发。你面前摆着几块大小不等的灵芝，发着幽幽的褐泽。

我观察了许久，发现并没人靠拢你。你是一个被冷落的生意人。

你竟没有些许的惶然，唇际仍紧紧地抿着，像把持着一个信念。

我想：世人知道灵芝的很多，见过并懂得灵芝的却极少。你要卖给真正的知者，便只有等待。

终于有人走近："真灵芝吗？"

你倏地启开双目，露出极清澈、极温和的光，坦然一笑："能假吗？"

这低沉的反问，很有厚味，买客便被问杳了声响，蹲下身来，在灵芝身上轻轻摩挲。

买客选定了一株大如熊掌的芝，边掏钱夹边问价，有极诚的买心。

你并没有一丝喜色，轻轻说出："五十。"

那买客极吃惊："老人家，太贵，太贵，三十可以吗？"

你毫不争执，只是乜乜地笑着。

买客终于失了耐性："四十五。"

你仍含笑不语，仅用那清澈的目光柔柔地在那灵芝上抚摸。

买客有了怒意，豁地将身站起："再长三块，不卖拉倒！"

你终于笑而低语："地道的山野本色，买不买由您。"

买客拂袖而去，甩下一串微词。

你表情没一丝失落，仍盘腿静坐，双目微合。其情态之安然，若保全了一桩神圣。

我极受感动，觉你厚朴古道，善极。便疾步上前，拜而谒之："老人家，高寿？"

你抖了抖如雪蚕眉："不老，七十有二。"

我说："您极像一个人。"

你惊警地一颤："像谁？"

"像我的祖父，搞《易经》注疏的史可齐老人。"

你爽声大笑，洪亮的笑声若古寺的老钟敲响。

于是，我便甘心依在你身边，帮你卖那不该被冷落的珍奇。

我放声叫喊："买灵芝啊，地道的山野本色。这位长老寻觅经年，方收庶几，不买，便失了好机会！"

果然就有众人紧紧围了一遭。兴致之下，我便说："这位长者是古寺的住持，因耻于言利，宝物便久不脱手，请诸位慧眼识真。"

人群中便涌出诸多买客，挑中了各自要买的那一株。我便依你出的价码，依次收了那些买客的银两。

应该特别提及的是，那株被第一个买客遗弃的、大如熊掌的灵芝，竟被我熟识的小说家王向臣买到。他津津地笑着："偌大的一株芝才50元，值！"

我问他用途，他说："绍棠大师新近中风，送他正好。"我便与他同乐，觉这礼送得妙。

向臣用锦盒将芝装了，偕我同去医院。绍棠大师支起身子，捧抚灵芝，热泪横流：“难得诸君一片心。”话未落，抚芝的手却倏地停住：“向臣，不对呀，这芝像假的。”

到中药店一鉴定，果然言之不误。

我便撇下向臣，远远地逃遁。

到家便给向臣写信，然泪眼模糊，字总也写不下去。

我并不恨你，那古寺旁仙风道骨的老者。我只是感到极迷惘、极委屈：那卖芝的，为什么偏偏是你呢？

1986 年 9 月 12 日

夜路

下了火车，小站寂寥的人群，便很快散去。其实，小站边的每棵树下，早有惴惴的人儿倚车期盼着，一旦发现熟悉的影子，就呼地扑上去，将人载上车架，便朝夜幕里那近处的村落扎，留下一串温馨的铃声，在山谷里响脆。

这站离她的家还有曲曲折折的三十里山路。山路边上，野枣花吐着清清爽爽的香味，但那暗影里的针刺，却趁你不防时，顽皮地划破你的皮肤。我极踌躇。她那张在星光下闪烁的脸，一下子让我看出黯淡来。其实，那张脸是很俏的，有很嫩很白的质地，很难让人看出那是一张山女的脸。这孤孤的山坳里，竟有她这样一枝美美的花朵。不然，名川、名岳之外，很难让我走到这一爿旮旯。

她已经默默地走到前面去了。山路上，她的脚步沙沙地轻响着，若将要潜入母亲的梦境。那鼓鼓的背包里，有她那双白色的皮鞋。那双鞋在舞厅里很不安分，能橐橐地踩出溜溜好的舞步。下了火车，就见她换了鞋子，那鞋是她照母亲描的鞋样做成的极普通的襻带布鞋；圆圆的鞋面上，绣着两只雪白的、欲跳的兔子。

我只好跟在她身后，踢踢踏踏把石子踢进路边的矮崖。脚掌钻心地疼，隔着厚厚的皮鞋底，那石子竟也这般厉害，如锥如芒。更恼人的是，那石子竟把人磋磨得趔趄，走起来，心总是提着，如履薄冰。

她走一阵，便站一阵，等我艰难地跟上。但她和我那段距离却始终还在。我巴望她能停下来，哪怕倚在路边，陪我站一会儿。别再走了，愈走我的心愈空落。

但她依然停停站站地走。我落在她身后的距离愈远，她停下的时间愈长。我愈来愈不愿走路，便慢慢地在后边磨；她也不催促，耐着性子在前边等。待我一挨近，她就又沙沙地朝前走，很是无情的样子。其实，在大学里，她的那一份热情是极火烈的，是只有山里人才有的那种。

山枭咽咽地叫着，风使树抖得喧哗，行程便愈觉孤寂。我喊她停下，她只是怔一下，回头看看，就仍低头赶路。她并不是对我存有什么戒心，她早就把那很甜的吻给过了我，对我，她少的是羞怯，多的是信任。然而，在山路上，她却久久地保持距离。我已很不情愿走路了，脚下的石子愈来愈多，路边的荆丛也愈来愈密。

我的脚一阵阵钻心地疼，已打了不少血泡。几次险些跌倒，踉跄中，脚心的泡蹬裂了，锐痛如盐浸。我一屁股坐在路边，对她有些隐隐的恨，从衣袋里摸出香烟，一明一灭地吸着。远处那黑黢黢的山，有些狰狞。

对这门亲事，母亲是反对的，说山里自古是“山穷水穷女儿薄命”。我和母亲吵过了，下决心当那个插门女婿，随她去山村中学，默默地，也是神圣地栽桃育李。当我把这个决定很兴奋地告诉她后，她却异常平静，平静得有些冷漠。她说：“你还是先到山里走一趟再说吧。”

抬眼时，她已消失在山背后了。我更下劲地吸烟，吸进一团团烦躁。我把皮包枕在头下，索性躺倒了——好折磨人的山路啊！

久久，耳畔传来沙沙的脚步声，她又回到我身边来了。她静静地注视着我，依旧不说话。我躺了很久，她站了很久。最后，倒是我再也忍耐不住，又跟在她身后，在山路上悻悻地走下去。

此时，我的心变得很滞重，脚疼得近于麻木。我只渴盼也有一双布鞋，替下那双倒霉的皮鞋。但来时把一切都想得那么简单，不曾有这种准备。前面，那条影子执拗地朝前晃着，不容我多想。

就这样走了一阵，隐隐的不快被渐急的喘息排挤了，只想多吸几口清爽的空气。我拼命地喘着，山谷里也喘着嗡嗡的回声。抚胸前看，见她也越走越慢了，且不时在路边的石头上歇一歇，不时也传来低低的喘声，那声音是极力控制着的，让人听了就更觉得不好受。

我明白了，接受我的那份爱情，对她是多么的不容易啊。

1986 年 9 月 18 日

石棋恋

在山沟里长到二十二个年头后，倒生出寂寞来。

二十五户人家像北归大雁拉下的屎，稀稀拉拉，落在缓缓的一条山脉上。

往日，山根那老皂角树上那口生满绿锈的大钟“嗵嗵”一敲，懒懒散散的老少男女就出溜下坡来，聚在树下听老队长派活儿。等人的空当儿，大家总要寒暄一番：或是喂鸡喂狗，或是打情骂俏；上日留下嘴账的老爷子，又要续茬儿逗；互不服气的后生便掰腕子、扭胳膊、撅了臀子比试；小媳妇扎堆儿骂男人野，大姑娘则无缘无故地笑得前仰后合……刹那间，冷清的山村似袭来一股热流，沸腾了旷野，也热了人们的心。

如今却有些异样。地分了，人散了，东一个姓张的西一个姓李的；家里电视愈来愈多了，人们碰头的机会却愈来愈少了。尤其是当“压寨夫人”的女人和出不得门的大姑娘，像坐窝的鸡，闲得无可奈何，闷得无可奈何。

妈去世得早，爹和一群汉子到隔岭走私窑，我在家里侍弄二三十只长毛兔，看着盛满电视、沙发、组合柜，富丽而空落的家。爹隔些日子要去一次县城，每次回来都要照电视里的样子，给我捎回几件时髦的衣裳来。一条乳白色的连衣裙，穿在身上，往大衣柜的镜子前一站，直看出个仙女来。用小说里的话说，那曲线要比城里姑娘挺拔多了！越看，那忐忐忑忑的心越自然，最后竟生成无限的羞涩和幸福。

爹在旁边嘿嘿乐，把烟袋吧嗒得直响。可惜，这美的枝杈太短，随着爹身后“砰”的一声门响，就被严严实实地关在门里了。爹拿上他心爱的石棋到山脊中腰的兰子家和兰子爹下棋去了。每次爹从窑上回来，都要找兰子爹下两天棋，直杀得昏天黑地。吃饭时，唤，唤不回来，请，请不回来。我只得在寂寞的灯影里嚼妈妈生前的话……爹又出去了，一点温馨也出去了。我一阵懊恼，把裙子稀里哗啦地剥下来，团巴团巴，扔到桌上，把桌上簇新的一圈酒杯也砸得稀里哗啦响——做山里的女儿太窝囊了，没人谈体己话不说，连美都美不出家门，更甭说开心！

两天后，爹回矿上了，把那盘棋埋在米仓里。临走时嘱咐：“闷了看看电视，闲了听听录音机，见黑别出门。”我挺气恨爹，没心思答应。爹带着满怀的疑惑走了。

第二天，兰子来串门。进门就嚷：“娟姐，俺伯那副棋呢？”

我不解地问：“找它做啥？”

“玩呀！”

“女子家玩那叫啥体统！”我瞪了她一眼。

“那有什么，许老爷子解闷就不许咱解闷？”兰子没一丝难为情。

“那你会玩？”

“怎不会呀，俺爹和俺伯在俺家里下棋下急了，老要水喝；俺就给沏，沏完了就在边上看，煞有意思哩！”兰子一脸的天真。

兰子这么一说，倒引起了我的兴趣。

我把爹的棋从米仓里挖出来，在桌上摊开。用眼一看，直让人生出敬意来：一张从化肥袋上裁下来的塑料布上，用钢笔画满了精致的棋格；棋格的左右边上写着两行字，字虽拙劣，但透出满怀的真诚：友谊第一，比赛第二。棋子有二十五颗，全是石质。其中一颗漆黑如墨，个大如银元，剩下那二十四颗则颗颗皆白，小到如二分硬币。二十五颗棋子，清亮光滑，用手摸时，似有爹留下的体温。

我问："兰子，这是甚棋？"

兰子弹弹我的脑门："哟，娟姐！上了几年高中，连土腥味都忘了？这不是小时候柱子、二旦他们常在石板上玩的，二十四狼吃一虎吗？"

我恍然记起。了不起呀！那粗陋的石板上的玩意儿，竟被父辈艺术化了！

我摩挲着这光亮的棋子，一种新奇感油然而生：

"兰子，教我几招。"

兰子说："好学，好学。好学得如纳鞋底、攥锄杆。"说罢，潇洒地撩撩头发，噼噼啪啪摆好棋，讲得手舞足蹈。

果然好学。几盘下来，还不到半小时，那些要领就记得有八有十了。

我兴趣愈下愈浓，可盘盘皆输。我盯着棋子，心里异常地紧张。天不知不觉地黑下来。"哎呀，还没给俺爹做饭呢！"兰子一声惊呼，扔下棋盘转身就走。

"眼见我要赢了，怎么就走？"我拽住她不放。

"不成，不成！俺爹是个死倔头，不回不成的！"

我见拦不住，便央求："明天，你一定要来啊！"

兰子走了，我把桌上那半盘棋原封不动地摆着，愣愣地盯着棋，盘算着明天接着把这盘棋下赢。我晚饭没吃，竟趴在桌上睡了。

梦见和爹下棋。

第二天，我真的赢了那盘棋。

我高兴地像核桃树上飞蹿的花脸小松鼠，蹦跳着，歌唱着。最后居然忘乎所以地穿上了那件使我懊丧的连衣裙。我在地上飞快地旋转，转成了一朵洁白的山丁花。

兰子在边上把嘴张成了一个大大的感叹号！

“哎呀！娟姐，你可真没治了！”

我第一次听到家乡的姐妹对自己的赞誉，我兴奋得紧紧地抱住兰子：“这辈子，咱们姐们儿，铁了！”

从此，兰子和我被石棋胶结成了一个人。那寂寞的时光变得如诗如歌如画：诗是一首古朴而清新的诗，歌是一只流水行云似的慢板，画是一幅绵长幽深的风景。

到后来全村的妇女都到我家看兰子和我下棋。津津的棋趣，让婆婶和姐妹们生出嫉妒来。她们开始破坏兰子和我的平衡，在棋盘前，竟轮番替换我或兰子。有一天，二婶和三婶居然把我和兰子都拽下场来，占据棋盘一占就是大半天。

兰子终于发了火：“真讨厌，要玩，自己也做呀！”

山里人一贯把新奇和欢乐掏出来和大家一起品，没想到兰子竟……二婶和三婶都涎着脸，从棋桌上退出来，蔫蔫地退出了门。

一句话，竟破坏了古朴的村风！

兰子倚在门框上，望着和二婶、三婶一起悻悻离去的一串背影，呜呜地哭了……

但是，没过几天，那棵大皂角树下，就搭起了十多个石台；一对对妇女开始在那上边慢条斯理地下棋。当我和兰子加入皂角树下这个奇特的行列时，二婶和三婶还是把一脸的微笑递了上来。

于是，欢笑和吵嚷便把那老皂角树的枝叶弄得窸窸窣窣抖。

不久，我便成了山村“棋坛”上的冠军。

不久，我便在山脉间大大方方地穿起了那雪白的连衣裙。我捋着连衣裙上雪白的飘带庄严地宣布：谁能把我杀败，我就嫁给谁！

那些在外边挣钱挣野了心的后生，那些跑单帮跑装卸跑得快失去故乡意念的后生，那些夜晚憋在屋里昏吃闷睡的后生，那些裹紧了牛仔裤踢踢臺臺在大街上猎奇的城里的后生……都往老皂角树下奔。那稀里哗啦、噼里啪啦的棋子声，彻底埋葬了那口锈钟留在人们心中的记忆。

然而，生活并不都尽如人意。窑场的一次事故中，爹竟去了。临终前，他让我把那盘石棋给他。他抚摸着石棋，浑浊的老泪从眼角慢慢地滚落下来。

“你妈死后，它跟了我半辈子。让它……它……跟……跟……跟我去吧。”

我点头答应了爹。

但从墓地回来，我却把那棋又揣了回来。

这是我平生对爹撒的唯一的一次谎。

原谅我，爹……

1986 年 9 月 23 日

分居记

一

家乡是老区，多山。几年前，家乡有“三多”。

一是虱子多。裤裆、腋下，衣服的皱皱褶褶，补丁缝以及头发的丝丝绺绺都是虱子的王国。每到晚上，把衣服扒下来，拿到昏暗的灯光下，就见那小东西自动着，对人是不睬的。这玩意儿除也除不掉，怪恨人的，恨得人直发痒。情急之下，牙齿就顺布缝咬下去，听着“咔叭咔叭”的爆裂声，心里也就有了几分惬意。

二是身上的席花多。那时被子少，两三人扯一块，至于褥子铺垫之类是决不敢想。当时最值得骄傲的是有资力多换几次席。每家被换掉的席子都戳在柴棚里。谁家旧席多，谁家就高一些身份。睡觉前把炕烧得倍儿烫，然后赤条条地躺下去，一声呼喊，透心儿的舒服！早起，见同被窝的两个弟弟身上印满了席花儿，密密麻麻的，煞是好看，就笑。正笑间，两个弟弟同声说：“哥，你别笑我俩，你的更多呢，你的后脊梁大。”

三是一炕头上睡的人多。几年前，爹妈还不满四十岁，除妈整日里烟熏火燎有些见老外，爹还是蛮年轻的。晚饭刚吃完，妈就焐被窝。炕是南北向的：爷奶在北，爹妈在南，我们小哥儿仨居中——人讲“四世同堂”，我家讲“三代同炕”。灯拉得太早，哥儿仨睡不着，嚷着要起来耍。奶奶拉长了声音：“睡吧，孩子！这叫‘穷忍着，富耐着，睡不着瞎眯着’。”躺下以后，爷奶是从来不吭一声的，跟死了一样。小哥儿仨不安分，你摸我一把，我挠你一把，咯咯地笑，腾腾地踹。妈讨厌我们，巴掌总是打得“稳、准、狠”，“还不赶紧歇着，闹哪门子，遭瘟的！”早晨越来，见妈的眼圈红着，爹的眼圈也红着——当时我想：这夜可真神，竟练就了两双红眼儿！……

二

算我命好，考出来了。毕业后分了个不错的单位，说了一房好媳妇儿。

前年年关回家，把新娘子带回去了。妈刚瞧一眼，泪就下来了，说媳妇儿像一朵放光的花儿，把眼照花了。饭菜是极丰富的，不渲染，只公布几个数字：猪杀了一头，山羊宰了两只，野兔打了四双，野麻雀和鸽子不下百只，等等。媳妇儿也不做起儿（矜持），吃得满嘴流油；妈挺骄傲，劝媳妇儿多吃，说媳妇儿太瘦，过了年会长几斤。

晚上，凑热闹的乡亲都走了，也到了熄灯时分。

妈看了一眼那条无遮无盖的大土炕，叹了口气。两个弟弟鬼样精：“妈，你愁啥？老羊倌被闺女接去过年了，我们到他那儿睡就是了。”妈直点头，眼里是感激的目光。

妈从箱底翻出一红一绿的两床八成新的被子，放在土炕的北头，又从柜里扯出一条有些发灰的白布单，抖抖，就朝炕上铺。边铺边絮叨：“你奶奶太抠儿，俺结婚时就给置备了两床破被，炕皮连个苫的都没有。我一气之下，把两床被锁箱里了，抻过你奶奶的黑被子就盖，反正是土炕滚，要什么好！”

跎蹴在炕边的奶奶乜乜地笑着，每条皱纹都在颤动。

“你猜你奶奶怎说？”妈并不看奶奶，还接着说：“你奶奶说，闺女，给俺留着那破被子吧，老人味儿太浓；我箱里还有一床几成新的，那是俺婆婆给的。”妈只管说，觉得有趣儿，哈哈大笑。

灶边的奶奶却再也受不住了，肩膀在抽动，几滴老泪顺耷拉的脸颊流了下来，浑浑的。“这辈子我认了，”奶奶小声地嘟囔，看一眼孙媳妇儿，“就瞧你们的了。”

妈听出个中味儿来，狠狠瞪了奶奶一眼。

媳妇儿翻弄着被角，表情是极复杂的。

妈理解得太快，但想得也太邪：“他嫂啊，咱家被子是旧点儿，可虱子虮子都绝根儿了，放心睡就是了。”“妈，看您说的……”媳妇儿的脸上闹了个满堂彩，红得不是色儿，手也不知往哪儿搁，很尴尬。

总算睡下了。我们小两口占了爷奶的位置，爷奶就睡中间了。老两口很快就“睡”着了；可炕两头却像刚放上砝码的天平，上下晃，不安稳。

妈想跟媳妇儿再拉拉未尽的话头，可又不好意思张口，就捣鼓爹。“老公公怎好跟儿媳妇儿黑灯瞎火烂搭讪，要说你说。”爹拒绝。妈又急又气，伸手去掐爹的肩头，爹给掐疼了：“啪”地一巴掌打在妈的手上。这一声脆响吓得媳妇儿直打机灵。窸窸窣窣一阵拽被声，接着便是死一样的寂静。

媳妇儿头埋在被里，气都不敢大出一口。本来就不习惯睡热炕，再加上身上内衣内裤绷得紧紧的，汗也就蠕蠕地下来了。汗一下，浑身痒。她用手戳我的胳膊，意思是叫我给她抓抓；但我不敢，怕抓出声来。于是，她就瞪我，夜里，那眼光是蓝的。

好不容易挨到三更天，蒙蒙眬眬要睡去，又听到地下有声响，侧脑袋一瞧，见奶奶在地上满世界踅，惶惶恐恐的。最后终于找到一块什么东西，蹲在地上使劲擦。一会儿，便有一股异味隐隐地袭来。媳妇儿刚要动身，被我一把摁住了——奶奶见了孙媳妇高兴，多贪了几嘴，闹肚子了。

“啊哼！”一声痰嗽，妈还没睡。“这哪是人睡的地方，还不如……”可能是碍着媳妇儿的面，那半截话咽下去了。

奶奶一阵慌张，蹲旮旯老半天不动一下。

第二天，爷奶便自己搬到柴棚里去睡了。

早晨，孙媳妇儿像麻雀一样蹦着去叫爷奶吃饭，推开柴门愣住了。柴棚里的火不死不活地冒着一股白烟儿；柴堆被推平了，上面铺了一领破席。爷奶就蜷在那席上，围着那团破被。此时，爷爷正给奶奶捶腿——她的眼睛立刻被一层雾遮严了。

“孙女儿！”奶奶叫。

见孙媳妇儿没应声儿，老人就哆哆嗦嗦站起身来，一瘸一拐地往门口挪。爷爷要搀她，被她用力甩了。

孙媳妇儿转身奔屋了。

“妈！晚上让爷奶进屋睡吧，我们去那儿，怎能让老人冻着?！”她进门就冲妈嚷。

妈那张疲倦但还喜兴的脸“唰”地变得苍白，扭身出门，半天没进来。

“妈本来心里就够别扭的了。你还……”我不禁有些埋怨。

“早知道山里人事儿这么多，不如不来！”她身子一仄，倚在门框上。那张挺文静的脸儿，阴阴沉沉的，要拧出水来！

爷奶站在边上，抖抖的，不知怎么好。

事后，我惊奇地发现，婆媳之间亲情如故，但却有一种隐隐的不自在。过了春节，好东西没少吃，媳妇儿却也没胖起来；并且，妈也瘦了许多！

三

今年七月，妈来信说爹病了，要我们回家看看。我只身回到家乡——媳妇不愿来，心中有茬口。

妈见只我一人回来，声音也就哽咽了。

她拽我出门，指着房前的一排新房："你们怎就这么小看人！外边的天地大是吧。你爹和人搭伙开了一孔煤窑，房子还换不了几间？！"

"您写信咋没说？"

"我怕的是你们眼里没有这个家，果然……"妈说不下去了，但很快又恢复了平静，"也难怪。"她嗫嚅着。

我跟着妈围房子转了一遭。一排房子一拉溜五间，石头加心砖贴面，山圪针围墙；墙脚是两间用瓤秸泥抹顶的鸡舍，两只刚下完蛋的鸡，正咯哒咯哒叫得欢呢。

妈说，新房盖成了，家里三代人就分居了。爷奶一间，两个弟弟一间，也给我们两口儿留一间。爸妈仍住老屋，随时检查检查粮食生虫没有。

乍分开，爷奶心里发慌，到晚上奶奶就找两个弟弟，让两个弟弟和他们一起住。两个弟弟嘴一撇："我们才不呢，自己屋里做作业多清静，省得惹您心烦。"奶奶唏嘘作叹："这日子怎么越混越单绷了！"两个弟弟做完作业，就在屋里折腾，拳打脚踢，震得天花板直颤。奶奶就又感慨不止："这俩兔羔子，幸亏没把他们招来！"

奶奶白天没事就拾掇屋子。爷爷在屋里编荆筐，总要弄出些碎枝烂蔓来，她就叨叨爷爷："怎么就没个利落劲儿！"她心里有算计：往日一起过，不显山不露水儿，分开就显了。她怕让街坊邻居笑话。

一天，她让爷爷把妈扔在柴棚里的两只旧柜搬屋来，擦来擦去，竟把尘封的花纹给擦出来了。阳光下，那两个柜黑漆漆，油亮油亮的，透出古气。妈上过两年学，一看柜子上的字号，是前清二十年。没想到这两只破货却是宝，妈心里痒，要用两只新柜和奶奶换。奶奶说："不换！""您有什么东西可装的？"妈问。"装好东西！"奶奶说完，晃着两只白薯脚出门去了。回来，见妈走了，就把所有的旧衣旧物，包括爷爷也不穿了的几双"踢死牛"大包头，一股脑地塞进柜里，然后往柜上一坐，摇搭着两条腿，狡黠地一笑："就装这个。"

晚上，奶奶拉爷爷到爹妈的屋里，像小姑娘似的不好意思地笑着："旦儿（我的小名）他妈，趁旦儿在家人多，咱玩两把孙儿糊（山里人自制的手牌的一种玩法，似纸牌的"打三先"——作者注）。爷爷说："都这么大把年纪了，还这么不正经。"奶奶不饶："整天跟你在一起捧两双老人脚，腻歪！就会咧咧几句什么：大锔子钉了三百六，小锔子钉了二百双，剩下一个锔子没地方钉，就钉在王大娘的脚后跟上。那才老不正经呢！"说着，把手牌在方桌上摔得叭叭响……

奶奶哟！您原来可不敢这样，是事儿要看媳妇儿的脸儿。一阴，就得赶紧到一边蹴着；惹了话茬，您就得半宿在炕上折饼子！……

第二天，我进奶奶屋。见精致的一盘小土炕上铺着一层厚厚的炕被。一条藕荷色的人造棉床单舒舒展展地铺在炕上。屋里的摆设没多少，但显得非常干净、爽利，就像奶奶刚刚梳过的那一头雪白的、一丝不乱的头发。

奶奶光着膀子（一到夏季，山里中老年妇女有光膀子的习惯），正掸那墙角上的土。那瘦瘦的脊背上印着一层密密的席花儿。身子一动，筋皮被牵动着，那席花像一簇簇迎风的山茶花。

"奶奶，您身上的席花儿？"

奶奶脸一红：“旦儿呀，奶奶睡惯了那土炕，往席上一躺，冬天热，夏天凉！”……

原来，奶奶床上的床单，是白天里铺给别人看的，一到夜晚，她还是睡到了光光的土炕上。

1987 年 2 月 12 日

妹妹

妹妹长到十九岁，就美丽得令人忧愁：山里娃子，她无一看得上眼。姐妹们都预订了婆家，都去婆家的短篱矮墙下唤鸡吆狗了，她却整日里偎在母亲身后，影子一般无声无息。

于是，母亲便颇有一怨，怨她当初想太简单了，若随那教书匠去了，如今也一准落在了那小镇上。小镇上有镜子般的大马路，有殿堂般的影剧院，当然也有那女孩子的标识：过膝的薄裙子。那里像一泓流动的水，女儿若走在那街面上，便是一尾活灵的鱼！

但女儿偏生在山里，又极美丽，便是山般绵亘的遗憾，便是树般渐长渐肥的忧愁。

那日，母亲极认真地对我说："你整日里往城里寄稿，就没一个半个熟人吗？"

我一怔："认识是认识的，光在纸上见过面，他叫叶罡。"

母亲霎时眼亮了："这多好，这多好！眼下城里缺保姆，烦他给你妹寻个主，俺是豁出去了。"

我明白母亲的苦心，望一眼妹妹，她正倚了炕沿抹泪。

那位编辑叶罡是个热心人，个把星期便回了信。说他邻居是个工人，有一个老母亲无人照顾，正要雇个保姆。我很疑惑，写信问叶罡，你说的可当真，一个工人也能雇得起保姆吗？叶罡回信：你还信不过我吗？他是个拉脚的，风里雨里常在外，对母亲却极孝敬——那没什么，只要他付工钱，什么拉脚不拉脚的。

妹妹走那天，我把哭哭啼啼的母亲挡在屋里。我替妹妹背着包，往车站送。

我对妹妹说："到城里，严谨些，别给我捅娄子！"

妹的脸唰地就红了："哥，你别糟践人！自己的妹妹，你还不清楚？"

我又嘱咐她："别枉花钱，除给爹妈买点稀罕物，回来时给我捎两本好看的书就行了。"

妹妹先就急了："哥，别的啥都成，俺不识几个字，不会买书。"

我很失望："得了，得了！常回来看看就成了，别太野了！"

妹妹就这样融进了城里那一泓水，变成一条渴求太多的鱼。

妹妹一去竟半年不回家。那阵子广播里也常报道小保姆被人拐骗、被人欺辱的事，母亲便慌得很，常到村口去眺望。我托叶罡问过，妹妹过得蛮好。那老太太待她如亲女儿。母亲却兀地哭了："人都说闺女性子属水的，在身边亲得邪乎，一流出去，就再也不回头了。"

我呵呵地乐，只要妹妹好，任母亲哭吧，有哪个母亲不渴望女儿过得好呢？！

迫近年关了，仍不见妹妹回来，不用说母亲，我首先便急了。正要筹措筹措到城里探一探，却收到了妹妹的一个邮包。那邮包上的字极拙劣，但一笔一画涂得重重的。打开一看，却是十二本琼瑶的书：《在水一方》《月蒙眬，鸟蒙眬》……书里飘出张纸片：

哥：

问爸好妈好你好！

我挺好的，叫妈别电（惦）记着。

给你买了几本书，不知好不好。

哥，有空来看我。

妹

我很觉蹊跷，她怎么会买琼瑶的书？该过年了，仍不回家，疯得不得了！

第二天，我便登车进城了。

先到报社找到叶罡，二九十八拐，才找到那个破胡同。叶罡喊了一声，出来的正是妹妹。

见妹妹瘦了许多，但却很白。她见了我，叫一声哥，便哭了。她倚着我，引我们进屋。妹妹还是那么娇气，但却散发着甜香甜香的脂粉味儿。

进屋见那老太太疲软地倚在高高的被卷上，两眼却透亮。

“大妈，俺哥瞧您来了。”妹妹扶那老太太坐起。

那老太太一下子捉住了我的手，死死地握住：“接她回去呀？！接回去住两天，可要再给我送回来啊，她做了我女儿啦！”

我的心，一下子变得很热，屋里静得如止了风的夜。

妹妹赶紧搭话：“俺跟哥说过了，他同意了。”妹妹急切，怕我说漏了什么。

我看了叶罡一眼，他马上转过头去。显然，他把许多都向我隐瞒了。但我却敏感地觉察到，这里有一种很微妙的依存关系。于是，我只好点头。

老太太终于嘘了一口气，便重重地躺倒了。她太虚弱了。

叶罡的家离这儿不远，三人就到他家说话。

叶罡说那小子叫肉头，块儿憨足憨足的。父亲早亡，母亲靠捡破烂将他拉扯大。他有极强的孝心，三十未娶，靠拉脚养活他母亲。他每天起很早到北京站，洋人国人全拉。票子没少挣，母亲却瘫在炕上受罪。晚上他一边替老太太揩屎尿，一边嗷嗷地哭。正巧你来信，小妹便来了。活儿是脏些，但人靠得住。

小妹说，肉头虽肉，但心却细。挣的钱除了开我的工钱，全贴在家里的伙食上了。黑洞洞的屋堂里，连个电视都没有。他对我说："小妹，对不住你，咱只好凑合了。"晚上，老太太早早将我拢到身边，将肉头赶到隔壁煤棚里。他蔫蔫地退去了，大气都不出。夜里，从他的房里传来腾腾的响声，我便抓紧了老太太的枯手。老太太说："莫怕，他心里憋得慌。"我看到老太太那深深的眼窝里，晶晶地闪着光。我替她擦，果然是泪。于是，我的心便抽紧了。

那日，他回来得比往日早，车把上晃晃地挂着一捆书。他把我叫到他屋里，背着身解那书捆的纸线。转过身，见我远远地站着，便说："过来呀，我不吃你。"见我仍不过去，他捧着那书走过来："小妹，看书吧，省得白天孤单。"他有些发颤，嗓音咕噜咕噜的，"我拉车路过书摊，见人都买，就也给你买来了。"见我仍不接，他眼圈竟红了。我只好收下。他高兴得很，晚饭时提两瓶郎酒走了，找伙伴畅饮了。夜深时才回来，"咚"一声摔在他房里。那声音，特重。

那书我看不下去，男男女女的忒腻烦，便想到给哥哥寄回去。等他回来，见书没了，便急急地问我。我说寄给我哥了，他便一阵唉声叹气。之后，他又给我买来一堆化妆品；夏日的裙子也买了好几条，我一条也穿不出去，压箱底了。

有一天，我睡得正沉，觉脸上麻酥酥地，似被玉米叶刺过。猛睁眼，见老人正用那干裂的手抚摸我。看我醒来，她居然难为情地乐了。

那嘿嘿的笑声却像在哭。她凝视着我，眼珠久久才眨一下。我拥在她怀里，任她将我抱得生疼。她真的呜呜哭了。妈可从没这么哭过。

我突然觉得我也离不开她了。当这个念头一闪，我吓了一跳，悄悄地流泪。唉，到底为啥呢。

听妹妹一说，我觉得不该让妹妹出来。她负担得太多了！我想把她接回去，但一想到那瘫软在床上的老太太，又说不出口。

叶罡在厨房里嗞嗞啦啦炒菜，我和妹妹枯寂地坐着。心里都有话，但都说不出。

"叶老师，叶老师，听说我哥来了！"一个胖墩墩的车轴汉子闪进门来，见了我稍一愣，又满脸堆笑，"嘿，嘿，您就是哥吧。"妹妹对我说："他就是肉头。"我站起来："下班了？"

他使劲抓头发："嘿，嘿，干咱这行，哪有个上班下班的，自己估摸着该回就回了，没准时候，没准时候。"他忽然想起了什么，从兜里掏出烟来，地道的"三五"牌。他唰地撕开，"哥，吸烟。"接着又极麻利地打火，打完火，就又不知所措地拘谨于边上，可劲儿地抓头发。

叶罡很快把酒和菜上了："肉头，陪你哥喝两盅。"他用牙嗑开了酒瓶盖，满满地给我斟上："该陪，该陪。"

酒喝了有七八成，肉头猛地连干几杯，那红脸膛便红得发紫。他双手合揖："哥，您今儿是来了，兄弟借酒放胆了，"他扫两眼妹妹，"小妹是百里挑一的好人，我想和她好，早就想了！"他又伸手抓杯，叶罡把自己的杯递给他，他仰脖而尽。"我原想跟她说，怕她受不住，让哥儿们说我欺负她。今儿您来了，我敢说了：咱家就这么个烂摊子，只要咱身体好，有小妹吃的穿的喝的！不然，咱哥儿们就立个字据……"他滔滔不绝地说着，泪跟着潸潸而下。

我只觉得头嗡嗡响，怔怔地看着他。

肉头红肿的一双眼也死死地盯着我。我知道，那里是一团火，火里烧着渴望，也烧着绝望。我真是束手无策，紧张地思考着。

“哥，我求您了！”他嘤嘤地啜泣着，屈身要跪下。只见妹妹倏地跨上前去，用那瘦小的肩头，死死地把他撑住了。

我一下子明白了：妹妹，在城市这泓流水中，看来你已做不成那轻松的鱼了。你将要变成一条船，一条负重的船，吃力地驶向彼岸！

这次，是妹妹送我，送到车站，她将一兜化妆品挎在我肩上："哥，姐妹们准骂我，骂我眼子高，巴结城里人。替我说说，我不会忘了她们，再进城，尽管到这儿吃饭、喝水、歇脚。”

就这样，我向这个喧哗的城市默默地贡献了我那微不足道的妹妹。

叶罡很痛苦，因为这样的题材，他竟无法报道。

1987年2月16日至18日

舅舅

舅舅年轻时做错了一件事。千不该万不该动手打了娇气的舅妈。舅妈含着眼泪，打好包袱，一跺脚："就稀罕你？"跨出家门，就再也没回来。

舅妈是个使四十里坡岗都眼红的俏女人。娶进家门那天，一向热闹的舅舅的庭院，突然冷落了。舅舅挺蒙，只知道，坡岗内外，一个个精壮的汉子都扎屋里喝闷酒，酒杯把桌子砸得山响。舅妈出走了，舅舅在屋里喝闷酒，本以为会有几个哥们儿来，不期，仍是门可罗雀。

街口，两个玩石子棋的后生玩到酣处，把那话甩出来了："东头那主儿，灵芝似的一个媳妇儿，愣给打跑了，遭罪啊！"

舅舅大大地叹了一口气："人心不古啊！"

从此，他再也抬不起头来，闷闷地做事，闷闷地吃饭。人家遗忘了他，他也遗忘了人家。

后来，山里挖煤的多起来：几根窑柱，几尺窑口，竟挖出大把大把的票子来。舅舅喝多了酒，扛上薄薄的一床被和叮当可数的几件家什，摇摇晃晃进了山。进山后，贴人家的窑边"吭哧、吭哧"乱挖：光棍苦，光棍苦，苦死闷死，不如轰轰烈烈干一场！

那窑主是个黑汉子，过来冲舅舅嚷：“你这人忒过分，大宽的窑场你不挖，单摸人家的筋脉！”

舅舅很沮丧，怎么晦气竟带到山里来？挖个屁，再挖，鬼还不跟到窑里？！转身要走。

一个红衣女子，一跳一跳地朝他踅来。在黑黢黢的窑场，似一团灼人的火。“老哥，看你就是老实人，不过手生罢了。俺窑右边那道脊有煤，俺占上了，没人动得。你老哥要舍得力气，就挖吧。”

舅舅看了一眼那女子，生得并不动人：足大、臂粗、臀肥，那窄窄的一双眼紧眯着，眯出一片真诚。

舅舅的眼窝有点湿，忘了道谢，急急地就奔右脊。

一天挖下来，舅舅疲软得像条狗。看左边那窑上升起了炊烟，他也捡一抱山柴，准备熬些粥。无奈柴湿、风大，划去大半盒火柴，徒然沤了不少烟。舅舅一阵烦躁，直挺挺地躺下；干裂的嘴唇，叨念着满腹失望。

“老哥，俺爹叫你过去，一块呷两盅，他好闷呢！”红衣女子在他不远处站着，打着手势。舅舅的眼光一阵亮，接着，又暗下去了；抬起的身子又倒回原处。

“叫你呢，你个破挖煤的架子还不小！”声音尖厉。舅舅的心猛地跳了一下。这么粗个女孩，嗓子倒尖。他一个鲤子打挺，站起来，蔫蔫地跟她走了。

果然有好酒。那黑汉子正朝他嘿嘿笑呢……酒过三巡，耳根正有些发热：“老哥，搬过来合个伙吧，几间破土房闲也闲着，你老哥若不落忍，交俩伙食钱。”细而软的声音，似商量非商量，直把舅舅弄出无奈来。

那汉子拍拍舅舅的膀子：“过来吧，伙计！妞儿的话，连我也没有哟！”说完，哈哈大笑，直笑出泪来。舅舅没笑，却有泪，泪里有弃他而去的舅妈的影子。

煤就这样挖下去了。半年下来，钱已挣了若干，人也胖了若干。一个走窑汉居然身子拾掇得利索，衣服也穿得干净。人说，这是舅舅在“光棍堂”里“磕”出来的；而那红衣女子的父亲则发现，妞子到山泉边洗衣服的时间兀然长了，长得不止少许。

时间慢慢证实。

一天，舅舅花三块钱路费去城里踅。踅回来，把件血红的羽绒衣给了那红衣女子。女子说：“凭啥给俺东西？”舅说：“这，你还不明白？”女子脸一赧：“我不要，礼太重了。”说罢，扭身要走。舅舅那张青脸突然煞白如纸：“好，明天我搬出去，咱俩讫了。”舅舅把那羽绒衣扔到地上，用脚去踏，似要踏碎那颗火红的心。

那女子见了，一把从扬起的脚下把羽绒衣抢过来，愤怒的双眼紧盯舅；舅的一双眼也紧盯那女子。

最后，盯出了一双泪眼。

那女子骂一句：“犟种！”便把自家的身影朝那山坳里消失去。当然还有那火火的物件。

煤巷挖到三十四米深了。在漆黑一团里，单枪匹马就显得孤单，就显得软弱无力，就需要雇工。舅舅盘算着主意，嘴终是缄得牢牢。黄昏时分，舅舅从煤巷里回来，见那女子穿梭给一群人分汤。见舅舅吃惊，那女子说：“我找来十个伙计，明儿你领导五个，俺爹领导五个，你看中不中？”用调皮的唐山语。

舅舅大大一声叹嘘，一碗汤竟灌到鼻孔里，让那女子笑得人仰马翻。

——不谋而合即缘分；

——不谋而合即夫妻！

舅舅不知怎的，这样的念头倏忽地闪。

抬眼看时，觉得那女子的那一双小眼，竟灼灼地动人，再看时，心里生出惶恐和不安来……

从此，舅舅每天都要领五个人下井。在井下，虽然干的是“阴间”的活，但舅舅和伙计们有说有笑，那矿灯就像一盏不落的太阳。但只要一上得井来，舅舅就不自在，便把臀尖硌到大青石上想心事：

咱六张嘴，每张嘴都要吃那女子炖出来的肉。她只让咱买些粮和菜，家由她当。但她给咱当家，咱自己给自己挣钱；两个窑眼两个主人，是一家又不说一家——今世，人越活越不会活了。

负债感于舅舅愈来愈强烈，他想补偿，但又找不到最好的办法。一着急，面前又闪出舅妈那年轻的影子。他后悔，后悔不该一巴掌把自己的魂儿打跑了。如果她在，也做那女子的事，他该有多心安理得——老婆，老婆，做饭攒钱管一窝。看来，男人不能没有老婆！

舅舅想娶那女子，一娶就全都了了。

当初舅妈的老爹病在床上，没人没钱等死。舅舅救了那老头。舅妈非常感激，感激至极就把自己嫁给了舅舅。之后，舅妈觉得不再欠舅舅什么，便不再顺从，有骂则还，有打则奔，竟至真的跳出舅舅的家门，空把一腔幽怨、一生的凋零枯寂给了懵懂的舅舅。

于是，舅舅有些害怕，怕丢了对那女子的感激。他决心不再想那女子，但想毕竟要想的，还要娶吗？

这时，那女子又抱一木盆的衣服到泉边去，路过他跟前，朝他笑笑：“老哥，愣在那儿，又想嫂子不是！真想，去探个虚实，看人家嫁了没有，没嫁，厚脸子接回来吧！”说完，咯咯笑着跑了。

蓦地，舅舅的眼前出奇的亮：“唉，干吗非要报答？忘不了，也就够了！”……

他心里一阵透心的轻松。从青石上站起身来，哼着济公的小调，颠颠地奔窑了。

1987 年 2 月 22 日

飘拂的纪念

我大学毕业，并没有一下子分到好去处，工作也让人极懊丧。我的专业是蔬菜栽培，常叨念的是球茎、球根、维生素A类、维生素B类，却一下子被遣到二百里外的山垭，去搞山村经济开发。那里刚建起一个货栈，其招牌极堂皇：“广岭贸易货栈。”

所谓贸易货栈，仅一排五间石板房而已，不过是收些山杏、山桃、花椒、红枣类，兼之农闲时，老老少少编的荆筐、扰篮等。这等事宜，原本为代销店统管，但官商一收一卖只有死价，山民得的油水极少。曾于乡政府门前黑压压地吵闹过，硬磨下这一片货栈。摊位支起，却无人能经营，乡长便到县上乞求，直乞得眼鼻嘴角均挂满晶莹剔透物，方将对方那一颗冰冷的心抚得软化，站起身，将一支坤烟碾得稀烂：“得了，送你个大学生还不成吗？！”

于是，我便将簇新的一卷铺盖极委屈地塞上吉普车的后座，冲那极白极娇贵的她无力地招招手，悲悲戚戚上路。

于是，我便极委屈地当了那货栈的经理，手下只有两个社调工。乡长待我不薄，每周约一顿酒；手下人也极柔顺，心便安稳了许多。

货栈脚下是一所学校，白日里童音袅袅，极动听。且正值秋果硕硕，整日里辘辘的马车伴着脆响的鞭子，喧喧嚷嚷朝货栈奔，便让我于劳碌中，品出一丝甘甜。但货栈的晚间却极苦长。山民喜早睡，早早就将一盏盏晕红小灯关了。窄窄的垭口变得极宽阔。山枭不时呕几声，乌鸦竟聒得野，孤灯下的我便生出几多愁叹，便让黑色的孤独恣肆地啮那柔弱的肝肠。书竟读不出兴趣，便铺纸写写情书，情书仍写不顺畅，便把笔摔得远远，于桌前枯坐，听那山鼠啃山货，吱吱嗑嗑，极酣极痴。

那晚，雨哗哗地下，房前屋里皆汩汩的水声。我在被垛上仰了，呆呆地痴想。那盏灯则兀自亮着，尽着朋友般的殷勤。门竟吱的一声开了半爿，一只小小的人脑袋溜溜地探进来；一双小眼居然眨也不眨，透着惊警和诡谲。再看，那细脖颈上绞着一条细长的小辫，雨水正从辫梢上嗒嗒地滴。待我坐起身来，那人头却又消失了。窗外叭嗒叭嗒的一串足音骤然远去了。漫雨的夜晚，这便成了一个谜。

第二晚，我坐在桌前结账，两耳却极留意。果然有极细极轻的足音贴墙移近了。她刚推开门，我便倏地站起："进来！"她呲乜一笑，仄身便进。她并不害怕，直直地奔我来。我大大地吃了一惊：她小小的脸儿，小小的身坯，十二三岁的样子，竟腆着个大大的肚子！见我发愣，她竟极坦然，拍拍肚皮："这是我的孩子，挺好。"那声音竟也极恬适，且伴着隐隐的得意。她拉过一张木凳，离我很近地坐了，仍笑："忙你的吧，我只坐坐。"

我极惶惑，但扯不起话头同她聊，便忙忙乱乱地按计算器的键，糊里糊涂地算着数。她表现出极大的兴趣，快步移到我身边，且将头垂得低低。我的后颈便被一口一口的喘息嘘得又暖又痒。回头，见她极专注地盯着计算器，眼光极贪婪。我便拿给她，她却不敢接，仅用指头轻轻地摁一摁那键，便怯怯地将手收回去，将身子挪得远些，嘴巴张开若"〇"字。我告诉她，这叫计算器。她点点头，却不吱声。她回到木凳上，静静地坐了一会儿，便说："我该回了，明儿我再看你。"好奇怪，那竟像是对老朋友讲话，且像负着说不清的义务。

白天上班，我便问我的助手，关于那女孩。其中一个露出极端的鄙弃："那是个小淫妇！"另一个却连连叹息："可怜个孩儿了。"我极想弄清个中事由，便差前一个去山里催货，单留下后一个清仓。后一个极聪敏，等伙伴一走，便说："经理，我知道您想知道，咱就跟您汇报汇报。"

那女孩儿叫臭丫儿，由于家贫，父亲便去了小窑上，当走窑汉。母亲常到窑上找丈夫，给丈夫缝补连缀。走窑汉中多光棍，便嫂子嫂子叫得甜，求她帮衬帮衬汉子们做不来的针线活计。临了总要极大方地掏给她几张票子，慷慨地报答她。久而久之，母亲竟得了不少实惠，觉和一帮汉子相混极惬意，便很少归家了。

那窑上极冷僻，母亲却不知何时极力打扮起来，笑也妖冶了。父亲便整日担忧。果然，那日父亲去当夜班，夜深时，母亲便钻了一个后生的被窝，弄出几多奇异的声响。那屋子东西南北连那后生睡着四条汉子，听到声响，另外的三条汉子便啪地拽亮了电灯，母亲便吓得蜷在后生的被窝里抖。临了，心一横，竟赤条条跳到地上，扭摆摇荡，极尽妇人之诱惑。那三条汉子便于懵懂中极柔顺地就范，依次拥有了白日里叫得甜甜的嫂夫人。

于是，她母亲便理所当然地失了自尊，极不情愿地放任了，家里便也阔了。她父亲知道时，母亲已不可救药。一条硬汉竟满山环呜呜哭不绝。下井时，一阵恍惚，栽下一个阶坎，双腿便残了。她母亲便整日守着残夫，极清苦极羞辱地度日。那些汉子仍惦念她，隔三差五来会她。父亲奄奄地躺在床上，隔壁那一阵阵放肆的调笑刺穿了他的心肺。他已绝望，大脑混沌若泥沙，不日，便服毒身亡。

臭丫儿守着这样一个母亲，便整日抬不起头来，向晚便到空街上漫晃，吸一些清清爽爽的空气。她恨母亲，不愿与她亲近，极想找到倚身之处，一诉那童心之迷惘。她便早早地交朋友。那些“朋友”都比她大，也算体贴她。但都处得不长久，亲亲热热一阵风，过后，便抛布片般将她弃了。她当时念初一，孤独和放荡使她极焦烦，上课时便如坐针毡。同学们厌烦她，老师也不喜欢她。她的语文老师是个极刻薄的夫子，每见她表现出浮漂，便脱口说出一段顺口溜，极尽讽嘲。一日，雨点骤然而至，她突然想到家里晒的衣裳，而母亲正病在床上，便不时朝外张望。那语文老师便大声咳一声，摇头晃脑吟唱：

臭丫已有归家意，
家中早有俏郎中；
芳臀俨坐针毡上，
细雨纷纷阻我行。

吟罢，便兀自大笑。于是，一班学子也笑如涛起，此起彼伏。那一双双贼毒的小眼儿便如箭之攒涌，无遮无拦朝臭丫刺。臭丫儿哇地大哭，跌跌撞撞逃出教室，在密雨脚中疯了一般疾跑。跑了一阵，便再也跑不动了。她胸腹间骤然滞塞起来，呼吸也极困难。她蜷曲着躺了，在泥水里翻滚。久久，才有一息喘出，倚在矮墙边，拼命地咳，汗落如急雨。

她怀孕了。校长就到家中勒令退学。

失学后，她便在村街上游逛，迈着零碎的步子，幽灵一般。

但不久，村人便纷纷找她母亲抗议：“一窝妖精，大小孩子都让她给勾引坏了！再见你闺女上街，看不砸断腿！”她只好跟母亲一起，蜷缩在凄清的炕头，无诚无意地祷念自己的罪孽。夜深时，她出来数星星，赤脚在街心的石板上踏来踏去，那上面竟有太阳的余温……

助手讲完，久久不说话。我感到极压抑，喉间有块状物梗得紧。我与他便无言地对坐，拼命地吸烟。我突然感到，这货栈竟连着山民的命运，若一条栈道将古老的期待和失望极缓慢地朝山外输送；而这栈道是那样地脆弱，因恰遇了脆弱之吾辈。我惴惴然不安宁，将瘦津津的五指第一次攥出咯嘣咯嘣的山响。

晚间，她又来了，并没有探头张望，极坦然地把门推开了。她径直走到木凳边坐下，眼睛定定地看我。我扫一眼她的脚，果然赤裸着，且沾满泥污。我冲她笑笑，问她喝不喝茶。她一怔，惶惑地摇头。对我的过分热情，她感到不适。我并不想问她什么："你随便吧。"便又低头结我的账。

见我不再理她，她竟活跃起来，在货筐间踅：拍这儿动那儿，动作自由而古怪。我偷偷觑她，她也回头觑我。见我并不注意她，她便愈加自在了。最后，竟从筐里挑出一堆稍青的杏，咯吱咯吱大口嚼。我愕然望着她，她居然瞧也不瞧我。她哪儿来的自信，竟知道我不会怎么她？嚼够了，便又朝木凳坐了："吃你的杏了。"

"知道。"我说。

她的嘴角上沾着青青的杏汁，而我的心，竟比那杏汁还酸。坐了片刻，她终于要走："我明儿还来。"她说。

我抬头看看："知道。"

她竟嘤嘤哭起，嘴巴嗫嗫嚅嚅，欲说，却终于说不出。之后她将哭声住了，转身出了门。

之后，她每天都来。来了，便挑些她喜欢吃的山果，然后，静静地陪我坐一会儿，便不声不响地走了。我并不想同她说些什么，无话可说。便低头为我愈发红火的业务筹筹措措。

一天，她待到很晚仍不走，我便催她。她却走近我，脸上的笑也极奇异。她竟朝我肩上贴了，若吴牛般喘息，那眼睛则是两团燃烧的火。“你天生就长大胡子吗？好看得很呢！”她愈加贴紧了我，双手竟向我肩胛动作。我一下子惊醒，突然想到她身子不洁，猛地推了她一把。她摇了几摇，颓然倒在地上，身子颤抖，脸颊通红。我大脑轰轰响成一片，胸臆间充满愤怒，但望着惊惧一团的她，只轻轻叹一声：“你这孩子，唉！”她的脸刹那间又苍白如纸，拼命地咬嘴唇，终于哭出声来：“叔，莫撵我啊，莫撵我啊，除您这儿，我无处去了！”她拼命撕扯自己，直至昏厥。

第二日便没来。我将货栈的两扇门开了数次，期望见到她的身影，但终于是失望。

第三日听到墙根有窸窣的声响，忽东忽西地移。我猛地打开门，她已躲不及，便在我的注视下，极窘地搓那双赤脚。在黑影里，她的大肚子显得异常沉重，攫了我全部的目光。我咳了几声，她仍不言语，我便不再理她，回屋坐下，将外面的动静谛听着。果然她自己推门进来，红胀着小脸儿，颓然坐下。整个晚上，她都是那样颓然地坐着，房间里尽情洋溢了阴郁和沉闷，煎熬着人心。

之后，她每晚仍来，仍颓然地枯坐。我感到应该对一个“迷途的羔羊”尽开导的义务，便试图讲安徒生童话给她。《卖火柴的小女孩》刚开头，她便轻轻地摇头：“您别讲了，整本《安徒生童话》我都看过的，尽骗人！”我极惊骇，竟不知如何同她相处。我不明白，这么尴尬的关系她竟不在乎，走来走去，之后在极沉闷的空气中极沉闷地枯坐。慢慢地，她来来去去均成了她自家的事，我兀自做着该做的一切，她不过是我房里的一凳一桌，本该放在那儿而已！

那天，她咕咚一声跪倒在地上，急剧地抽搐。紧咬的嘴角泛出白色的泡沫。我去搀她，一下被她紧紧地抓牢了，那尖尖的指甲竟深深地掐到我的肉里！她终于哀哀地吟出声来，那是压抑而锐利的痛苦。我知道她可能要分娩了，便把她抱起，朝卫生院猛奔。在我的怀中，她竟不再挣扎，身子依然颤抖，面上却绽出一抹笑，极安恬。

孩子生下来，却是死胎。臭丫儿已无力哭号，摸摸那死婴的紫脸蛋，竟呵呵地笑起来。

她这一躺下，就没有再起来，身体极虚弱。医生查过，说她得了白血病。她母亲便整日里于床前厮守，憔悴的脸上氤氲着厚厚的一层哀楚，默默地喂水饭，默默地端屎尿。臭丫儿却终日不睬母亲：娘儿俩互恨着，互憎着，也互爱着。

臭丫儿也有极快活的时候。每当我提了水果去看她，她都欠了身子，努力倚稳被垛，眼睛灼灼地看着我。我被她看得极不自在，稍坐一会儿便告辞了。每走出屋门，都会听到屋里有什么器皿被砸碎了，尖厉的声音，直直地朝外扩散，我便极战栗。

据说臭丫儿的那一班“男朋友”依次去看她，且带去不少东西；她则拼命地骂他们，拒收那礼物。小子们便蔫蔫地退去，故意将礼物忘在她床上。她气极，手脚纷落，拼命砸床板，终于晕过去。母亲便偷偷将东西归敛了，让人捎回家去，留来日悉心享用。

治她的病需换血，但价钱极昂贵。母亲无处筹那么多的款子，便静等那死神的来临。我将货栈给的奖金如数给了她母亲，求她给女儿换换血。她母亲竟又把钱如数退回来，说：“俺臭丫儿说，为她花那么大的代价，忒不值！”我惊得连连踱步。臭丫儿已无可救药了，她已把自身看成一团罪孽，期冀早早烂掉！她才十三岁，但那颗心却太沉重了，应该由别的什么人匀一半去。

我再去医院，臭丫儿已昏迷不醒。她的腿和胳膊精瘦如柴秆，青白的皮肤下，那筋络也青青地绽着，蠕动若蚯蚓，令人不忍睹。她胸腔急剧地起伏，眼睛紧闭，焦干的嘴巴却不停地叨念，一会儿低声款语，如花前信步，一会儿又厉声吵闹，谑谑然若村妇。她母亲紧握了她的双手，试图让她放安稳，她则拼命地踢腾了双腿，双臂也极力挣扎。久久，竟陡地安静如处子——她终于彻底解脱了。

清理她的遗物，在枕下发现一红丽的塑料本。一翻，竟是一页一页的日记。我将它带回货栈，想静下来研究研究她之心灵。她的日记很奇特，隔一日记一日。日记的内容竟是虚幻的，描述了大段大段的梦境。那梦境被描述得绮丽而多姿，极空灵也极浪漫。在日记里，她整日里穿各种裙服，极飘逸地走在花间、走在城市的街头、出入于一个古怪的电影院，那电影院里放着一部总也放不完的影片。其实，那片子里只有两个人，一个是她，另一个则是一大胡子的男士。那男士有一副高傲而冷漠的面孔，但心地却极善良，也很爱她。她和他总在晚上约会。在一个古老的城堡里，她依偎在他怀抱之中，静静地消磨那梦幻般的时辰。她居然想象她是他盘里的一颗桃子：红红的，极光鲜，撩了他的目光，令他不能远去。于是，他轻轻地吻她的脚，轻轻地将她抱上床去，脉脉地凝视她，她极幸福……

不过，她将她的事迹愈写愈神，也愈来愈不满足了。而那男士的形象则熟得很，熟得令我惊讶，我怀疑那会是我！

她死前前一天的日记竟写着：我应该再去货栈，那人多威严啊，有一蓬好看的大胡子！我很想摸摸那大胡子，很想！

我的泪唰地倾下。我竟于不知不觉中，培植了她的虚妄。而这虚妄，却正是她生活下去的动力！我不可悲吗？！

事到如今，已数载，但那团阴翳仍于我心头重重地压，我生活得极不轻松。人类感情竟是这么幽秘而复杂，我失去了浮掠人生的权利！

那时，我的那蓬胡子是要装个人生落魄的样子给世人；今天这胡子却是极尽心修整的，为那早谢的女孩儿留一束飘拂的纪念，也为自己留下一个提示，极刻意的……

1987年2月26日至28日

金菊

金菊要上学了，跑到我家来，找我炫耀。那七彩布拼成的书包在她小小的肩上呼嗒呼嗒地荡着，把她荡成一株柔柔的柳。

于是，我哭了，在地上打滚，求母亲让我和金菊一起进学校。我一点也不愿失去这个小伙伴。母亲搪住我："上学，你还差一岁呢，老师不收。"金菊便搭腔："收的，我爸爸是支书，老师得听他的。"

多亏了她爸是支书，不但上得学去，老师还偏照顾。母亲就跟爹商量："是不是将金菊爹请来？"爹多颟顸，素日极少言，母亲向来做主，和他商量，其实是让爹出面请人，乐意不乐意均无关系。也是，山里有老理"汉子面上人"，非爹请不可，坏就坏在金菊爹是书记。爹极畏官，以往远远地见官来，便飞也似的躲藏。

我悄悄地跑出去，把金菊唤出来。"金菊，你爹是书记，人人都请他吗？"金菊说："请，都请呢，就你家了。"我说："凭什么请？"你上学是俺爹找老师说的，这就该请。"我马上把脸翻了："那回去跟你爹说吧，我不上学了！"金菊愣愣地看我，半天不言语。之后，竟有泪珠在眼眶里转。母亲急急地走过来，胸脯起伏如波涛，且伴有呼呼喘息。我抱住母亲："我不上学了，别再难为俺爹。"

金菊爹还是请了，我依旧去上学。在路上碰上金菊，故意把脸背了，鼻息也就不匀，呼出两团粗粗的仇恨。

因上学的屈辱，我拼命地用功。那时，山村小学多用滑石板。我的滑石板又厚又好，但独独使得费，两三天便一块，划出一片片童心的抑郁。

金菊几次走到我家窗前，脸蛋红红的，嘴巴也闭得紧紧的。在窗前转了又转，终是悻悻离去。小窗背后，也有一双通红的小眼儿，喷出渴望，也喷出犹豫，心儿如猫在抓。

期末下来，我得到一张很不错的成绩单，突然身后有尖尖的一声喊，回头见金菊。金菊把一只瘦白瘦白的小手别别扭扭地伸出："咱拉拉勾吧。"仔细一想，不过如此，便也把手伸出，使劲地勾她的手。她咯咯地笑，神采也飞扬。再一问，她也有一张同样不错的成绩单。于是，就觉这小丫头也不凡，将来一定也有出息。

金菊极有心机，总让我栽面子。在班上，我们既是朋友又是敌人。每次考试她总拿第一，我则屈辱地排在她后边，我便考虑怎么挽回面子。

升到初中时，我极爱玩篮球。铃声一响，就箭似的朝操场窜，没命地玩它十分钟；待铃声又一响，便又没命地跑回教室。老师单提问我，站起身来，气还未喘匀，便呼哧呼哧答题，竟答得蛮好。老师对我没脾气，便放任。金菊则没命地用功，课间午休皆占用，成绩仍平平。有一日，她偷偷地拽我衣角："你学习有窍门吧，能不能掏一点？"我极得意，得意得忘乎所以，啧啧咂舌头："金菊，诀窍有哇，谁让你是梳辫子的，这辈子是没治了！"金菊未出声，扭扭地往别处走，我怕她想不开，便在她身后跟，她竟倏地给了我一笑，笑得阴阴沉沉、神神秘秘，惹得我半天不安生。

中考刚结束，身心有极端的解脱，便飞飞跌跌朝河滩跑。几下子把身体脱得光光，哗地就往水里跳。再从水里钻出，见金菊在岸上，竟也慢慢地脱衣服。我大叫：“别下来，有老爷们儿洗澡！”金菊咯咯地笑，却把衣服脱得更快：“知道，知道有个小破孩儿！”她脱得只剩下短短的内裤和小小的兜肚，一步一步朝水里走，那兜肚红红的，映在水面若星星一闪一闪。她游得极悠闲，撩起点点颗颗碎金般的浪花。

整个夏天，她都忧忧郁郁。在村口碰到她，她要我陪她山上走。坐在山石上，她呆呆地对我凝视，让我颇不自在，徒劳地说着宽解的话。直到通知书寄来，她才欢跳如雀跃，叫我时，那声音也嘶哑的变调。她终于和我一道，考中了一所重点高中。

那日，在井台上洗我的脏衣服，她也不声不响地踅来，蹲边上，兀自洗着。终于，她把手伸过来：“让我洗吧，我洗得干净。”说得款而温柔，像细布在心上擦。“你真聪明，人也好。”金菊竟坦率地夸我。八年伴读，八年较量，金菊第一次肯这样说。我此时却无骄傲，更无得意，只感心里惴惴，似欠她许多。

那所高中，远在百里外的小城。临上路，金菊爹嘱托我：“你是好样的，到外边要多照顾金菊；家里尽管放心，有我。”登时，我心中有一股豪迈汩汩地蹿。金菊爹紧紧地握着我的手，那手掌竟也是粗粗砬砬。母亲在旁上流泪，幸福而满足。爹那弯弯的腰竟也直了许多，嗫嗫嚅嚅地张嘴巴，若有江河般的感情要倾泻。走到村口老树下，见一群参差龃龉的父老，竟一并儿招手，招出无限温馨。

走到路上，金菊紧紧地攥着我的手，津津的汗在相握中滋润，津津的情意在心中也漫漫地淌。

在学校，金菊如家姐，对我嘘寒问暖；我则如兄弟，对她温温驯驯，既尊重又相偕，常帮她补学业的缺、宽心中的愁。星期礼拜，外出春游，形影相随如一人，羡煞了一班男女。老师同学多友好，从不乱揣摩。一日，有家信来，说父亲病重，此时，班车已无，只好骑车跋涉。一百里山路，用尽了体力。骑到村口，腿竟木然无觉，站在地上如陷泥淖，沉重而不可拔。正此时，听身后扑通一声闷响，回头去，隔着夜幕，也看得清清，摔倒的正是金菊。把她搀起，她嘤嘤哭出声来："你骑得好快，怎么追也追不上。"原来，她听我家有事，慌忙中骑车走了，心也就腾地悬了，便拼命地追，想追出一片失落的安宁。我猛地将她抱在怀里，颤颤地叫她姐。叫得风都不动，星都不眨，只有一对青春的喘息。从金菊微微起伏的胸口喷出滚滚的热浪，抽动的鼻息，竟有一股温热的草一般的清香。这是我终生难忘的气息！

然而，在我上大学的路上，她却一步不曾送。望着相送的人群，我眼前是一片迷茫；再望，竟把密密的人群望成一片空白。她并未落选，上了一个不错的卫校。看着我那粉红的录取通知书，她哇地大哭，哭得莫名其妙，似塌了一片天。金菊爹邀我去喝酒，却喝得窝窝憋憋。金菊在地上拣菜，阴郁似幽灵。我心里好疑惑："她怎会这样？"

中专毕业，她分到乡卫生院。据说上任后，她极勤勉。区区中专生，中医西医，望闻问切，开方抓药，都干得极出色。乡里乡外，闻名而至，将她捧成红人。我始终思念她，且一日一日想得好苦。我曾数次到乡卫生院找她，终于人影杳杳。人说，每次见我登上卫生院的台阶，她便抖抖索索寻找遁处，院里同事无不称怪。后来，我干脆一封封地写信，满纸相诉，满纸泪痕。久久不见回信，熬煎复熬煎，凭空让我枯黄憔悴。单个金菊小女子，就让我遍尝尘世之艰辛，好个人间！

再见她时，她已有一胖胖的小子，丈夫就是那个混账而有福的院长。她本人也白白胖胖，红光满面，两人相见，相视无言，但两双眼里却都有极熟悉的情感恍恍惚惚地闪回。

儿子在她怀里依偎，眨着满满的两团不解。她解脱得快，迅疾把儿子推向前："快叫叔，他是你叔呀！"

孩子惊惊怯怯依旧不张口，满腔的热流却在我周身翻腾，我哈哈大笑，笑得突兀而响亮，竟让自己生出奇怪：我还能这样笑？！

“不，叫爹。”笑过，才觉心里有些许舒坦，把孩子揽过，戏弄孩子叫我。

孩子怔怔地看金菊，窘迫欲放哭。迷信母亲的，总是山里的孩子。

“叫他！”金菊竟如此大方，还乜乜地笑。

“爹！”待一声响脆的童音迸出，金菊早笑得前仰后合，双手直往腰间捣。

笑过，又是无边的沉默。

1987年3月3日

老仇

老仇把官做到一个县的政协主席，极不易：他农民出身，一级一级升迁，耗去了大部分时光。

他说："本来官倒不想做这么大，只想踏踏实实做些事；不期，官竟找到头上来，也只好做。"

听他这么说，我极不以为然，便冷眼瞧他。

首先来了解他的生活习惯：不沾烟酒，茶也喝得极淡极淡。他的身子竟极健壮，惹不少同龄老头羡慕。他的养生之道极简单，便是和老伴处得和和睦睦，且有时娇嗲之状过于青年。再者就是早早起床，踏着街边的水泥矮垛，一跳一跳地跑，行人走过，便交耳："这老头，抽风抽得忒匀适"……

老仇虽是一把手，却极少看报纸。年终订报时，他给各室开会："开支要尽可能压缩，各室除了订一份《人民日报》外，若多订，自己掏腰包。"

我颇不解。这么大的干部，居然不重视思想建设，久了，非有倒霉的时候不可。

机关里的人多有读报癖。每日下午一上班，便沏好茶看报。大大小小的十几张报翻过，便到了下班时分。走在回家的路上，便都觉得过得极充实，很对得起谁，脚步也迈得滞重而踏实。老仇将报纸一砍，便将干部们这种良好的自我感觉砍掉了，人们就生出怨怼来。这一切，老仇都知道，但他却一直不吱声。每日的下午，还若无其事地到各室转一遭。久了，便转得干部们极不自在起来，便搜寻一些可做的事，挡挡他的眼目。起初干部们是为了躲避，到后来却成了习惯，机关里的工作便被人们不自觉地做了不少。于是，我便知道了他砍报的用意。但总觉得，这种做法颇不可取。

政协工作与民主党派和各界知名人士接触得极多，礼仪便极重要。首先必须穿得得体，但他却极随便：冬天穿一条挽裆棉裤，膝上簇成大大的一团；脚上一双笨重的大头鞋，走起路来橐橐直响。他走到各界人士之间，于西装革履的艳照下，极像乡野的一只土鸭子凫到天鹅群中。他还颇自在，先生女士们却早早将眉头紧紧地皱了。于是，一有外事任务，同事们便都躲得远远，生怕被他拉了作陪。我有一腔书生意气，不愿让他感到凄惶，便主动站到他身边。他便将手在我肩上重重地拍一下，算是一种默契。但他颇有几次弄得我极尴尬：在杯盏交错的酒宴上，先生女士们竟将我当了主角，频频举杯相邀，把老仇晾在边上。后来，再随他出去，我刻意穿得极不入流，举止也掺几分拘谨和琐碎。但老仇终究潇洒不起来，加上不沾烟酒不食肉，那些本该红火的场面，便多是冷冷清清。

他几次找到组织部，要求给他换工作。组织部长是他的好朋友，竟死活不同意："老伙计，政协好歹是四大部门之一，接触面极广，是个肥差，好生经营为上！"老仇便摇摇头："非将我埋汰苦了不可。"

后来，他学会了扬长避短：自己到基层搞调查研究，搞咨询服务，招聘人才，引进项目……埋头干实事。机关里应酬的事，便让善交际、愿出头露面的同志干。久了，利用政协优势，实际问题解决得不少，对外活动也搞得极红火。政协的影响便日益大了起来，上级政协便到这里树了典型。但在外名气最大的却不是老仇，而是那个搞对外活动的主任，好像这个主任便是区政协主席。

我对他说："老仇，政协工作搞得不错，你的名气却极小，注意了没？"

他却嘿嘿地笑，笑得极诡秘。笑够了，却猛地刹住了笑脸："名气个屁，老子干得踏实就成！"

去年春天政协开全会，会上准备给每个委员发个皮包。这事他交给了搞对外活动的那个主任。主任除了买够委员的包外，还多买了不少机动包，依次给了一些老关系。这类事以往此主任办了不少，是为了维系他与政协的联系，老仇多是闭了眼睛听之任之。这次竟大动了干戈。在党组会上、机关生活会上，甚至在常委会上，都点名批评了这个主任，并勒令主任将包追回来。这个主任是个俏丽的女人，面子极薄，便受不了这压力，躲进办公室暗自哭泣。再出来时，便见她脸上的脂粉搽得极厚，白得发灰。于是，我便觉得老仇的骨子里极褊狭……

那日，组织部长找老仇。"伙计，小子要办婚事，政协的车多，出两辆接接亲可以吗？"老仇说："不成，我正在整顿我的机关，口子万不能开。"部长将烟蒂狠狠踩在脚下，笑笑："你那个主席不可靠，要你当你能当，不要你当你就得拉倒，全凭哥们儿一句话！"一下子，将老仇气得脸颊抽搐，久久不能平复。最后，他坐在沙发上，说："这么吧，我们掰个腕，你赢了，车派给你；我若赢了，你就只好认喽。"部长的脸便立刻生动起来。他是行伍出身，论手劲，老仇远远不如他。

于是，俩人便较量。

最后，老仇竟赢了。他拼上了全部身心的力量！第二天，他便住了医院，心血管破裂，险些将老命噬了。

我以为，老仇这么做是为了撑面子。他批评了那个女主任，惹了泄私怨之嫌。为了证明自己的清白，也为了维护自己人格的尊严，他便不得不孤注一掷。面子虽然保住了，但他付出的代价太惨重。但我总觉得这值。

去年夏天的一个极闷热的晚间，老仇主持召开常委会。会议室的门窗均打开了，两部电扇也开到最大档，但常委们还是喘不上气来。会议的气氛便极不安宁。有人小声提议，是不是搞些饮料来。老仇恰巧听见，马上就出去了。再回来时，竟和公务员一起抬来一个大保温筒。打开一看，是满满一桶凉白开。常委们便愣愣地看着那桶水，没人去喝。政协是民主团体，常委多是党外人士和名流，对给自己的待遇极敏感。见老仇这么做，便有人嘀咕："共产党就这派头吗？莫怪人说，政协，政协，凉水一杯。"

老仇先接了一杯，举一举："诸位，我特意叫人冰镇的，解渴得很呢！"说完便朝众人笑，笑得拧拧巴巴。于是，大家感谢老仇的真诚，依次将凉水接了，不声不响地喝，空气也和谐了许多。

但公务员却极冒失地进屋来，说："主席，楼上县委常委开会哩，刚才见小革（县委公务员）搬了两筐西瓜上去，说是给头儿解渴。咱不搬两筐吗？在瓜摊上，瓜我都挑好了。"

于是，刚建起来的和谐，便极脆弱地破碎，室内一片哗然。

老仇的脸便唰地变得铁青，朝公务员吼："你给我滚！"吼完就猛地冲出门去。不久，便从楼上传来他那激烈的吵嚷声。

很久，才见他回来。他进屋便将自己重重地扔在沙发上，话说得极无气力："楼上的人对我说，老仇，都什么时代了，莫抠儿，对党外人士更要讲一讲'宽松'，让他们吃好喝好把话说痛快，对工作不更好吗？"他费劲地啜了两口水："这么说来，便是我对不住大家了，请大家批评。"

大家默然。

“还要告诉大家，他们一会儿还要吃夜餐；至于我们，得罪了，我决定，免！”

又一阵极长的沉默。终于，一个委员说：“老仇，莫气，莫气，还是开会吧。”委员们齐说：“就是，就是……”

第二天，便有人在街上传，说党外人士将了党内人士的军。

这以后，老仇的政治生涯便一天比一天黯淡，竟至县里的一些该他参加的会议，也没人通知他。

于是，我便觉得，他除了爱撑面子以外，骨子里还有一个极本色的一个高度。这是多么重要的一个高度啊！

于是，我便觉得他值得爱戴，便决心接近他。

先将自己几年来发表的作品捧到他面前，极虔诚地请他指教。他却不太乐意看那些作品，且说：“我不相信文学，文人太不老实，才指甲盖般几粒小花开在脚下，竟说鲜花满地。”

我感到极尴尬，只好把那几叠纸页收回来，灰溜溜地跌出屋去。

我在自己的办公室刚坐定，就听吱呀一声门响，竟是他仄身进来，老远就堆着两团丰满的笑，连连拱手：“作家，把您的作品拿来让俺开开眼。”

我说：“主席，莫拿小人物取笑。”

他登时变得极严肃：“干吗你非贱了自己请主席指教，就不兴主席腆脸子向作家求大作拜读呢？”便只好给他：这人，忒让人琢磨。

自从他将头儿们得罪以后，政协的经费便极缺。请专家咨询只用三菜一汤对付。专家便以为在小觑他们，就变得极难请。老仇也就整日里将脸子阴沉着，让大家感到压抑。

那日，他找到我：“作家，求你当我的秘书行吗？”

我极吃惊。领导的秘书都是机关派的，哪有大头子自己求的？我便觉得他极看重我，便连连应允："巴不得，巴不得！"

但这个秘书很特殊，他在公开场合的讲话发言并不用我备稿，他有话则长，无话则短，无稿也能讲得极自如。于是，素日里我便极悠闲，看一看《百年孤独》之类，写几篇三流小说。

后来，他竟借政协联系面广，人才聚集之便，支持几个民营企业，开发生态旅游产品，频繁地搞起经济活动来。我便觉得他搞得不太对头，与政协"政治协商，民主监督"有悖，便颇为他的命运担心。

一天他找到我："作家，该劳你的大驾了，请你将我每一次的经济活动都立个档案，连细节都要记得详细。"

我便将时间、地点、人物、数量、金额悉数记起来。稿纸就极迅速的变厚。每次的记录他都要极认真地审核，并要我和当事人签字。我便觉得干这差事极委屈，小特务似的。

政协果然就有了不少赞助款项。教师节慰问，企业考察，穷村扶贫……政协再说话就极有气势，还请了不少一流专家，为县里引进了不少独家项目，成就了不少好事，对社会而言，政协便极具吸引力，以至文联主席也找上门来："老仇，咱区没钱筹办画展，给几个吧。"就真给了不少。

纪检会却也很快就下来了。走了一遭便又极快地撤去，是我记的那几叠厚厚的档案，极光辉地发挥了作用。

老仇便握紧了我的手："感谢你的劳动。"

于是，我在县里的文名便很快被湮灭了，而以"仇 ×× 的铁腕秘书"著称。这个称号其实是对我的一个威胁。因为，老仇除了得罪上司以外，他还太不懂交朋友。他可以和别人很好的合作共事，但决不发展私人关系，人家求他一些事，极正当的，也惹他心烦。他觉得，如今社会，每个人身后都有长长的一串关系系列，一旦搭上，便脱不开身，个人之独立，便也随之失去。后来，我问他："真不想交朋友吗？"

他说：“怎么不想，做梦都想，但敢交吗？谁都比我精，最后准被人家算计。”

对，他害怕！在这方面，他是个孱头。

由此，我觉得他成就不了大事，跟着他，前程便不会灿烂。

一次酒后，我对他说：“老仇，你的许多做法极不入流。在位，还有一帮人；退了，便连个讲知心话的人都难找。”

他一下子急了：“小子，你也配教育老子吗？！”吼完，就颤抖得讲不出话。

后来，他竟说：“我根本不需要人家来看我。我老婆是农民，屋前有一块园子，闲时，种点瓜瓜豆豆，正可怡情。”

我感到他极可怜：“种瓜点豆就不需要学问吗？”

他说：“你是园艺系毕业的，愿不愿意教老汉几招？”

于是，一有空，他便向我问一堆种菜的知识。我便觉得，自己除了当一个白白浪费掉的摆设外，终于还有一点用场，便极用心地指指点点。旁人见了，就说：“这是多好玩儿的一对儿！”

1987年3月20日至23日

乡村一富人

经济搞活，富了不少乡村人。然乡村最富的，或者是最有条件富的，除个别“倒爷”外，便是各色“包工头儿”。

内兄就是一个“包工头儿”——村里的建筑队队长。

跟他见第一面，是在一个风雪交加的黄昏。那日，我正在未来的“泰山老大人”家吃酒，门嗵地被人踹开，趺撞而进的，是一条车轴汉子。他浑身上下均被雪染白，一顶狗皮棉帽紧扎着护耳，面孔惨白如蜡。

我正迟疑着，岳母已斟满一盅老酒，嘶地点燃了，说：“这是你哥，当建筑队的头儿。今冬忒冷，他被冻昏过几次了，用酒醒醒，便无事。”言毕，噗噗地往他脸上喷酒。之后，用她那干枯粗砺的手在那张饱满的脸上慢慢地推磨。这场景极动人，我心里就噌地热起来，久久地注视着，冷落了周遭让酒的人。

久久，那汉子终于睁开眼睛，将脑袋晃两晃，打一长长的哈欠，若酣梦初醒。他一下子就望到了酒桌，兴奋地嚷：“有酒哇！”便连人带椅挪过来，将桌上斟着的两杯老酒一饮而尽。岳母拽一拽他的衣袖，说：“莫张狂，你妹夫在呢。”我赶紧站起，将他眼前的两个空杯极迅疾极谦谨地斟满："大哥，您请！"

他看了我两眼，脸上突然露出童子般的羞怯，嘿嘿笑两声，双手将酒杯捧得高高："妹夫，请！"二人便对饮。

他急忙给我斟酒，手颤抖得极厉害，酒不时被斟出杯外。那双手大而厚实，手心手背裂了纵横纠缠的口子，其惨不忍睹状，如土地遭旱劫。时至今日，那场酒的许多细节都已模糊不清，唯独记牢了他的那双手。

这竟是一双点过大把大把钞票的手！在我的意象中，这本该是一双锦绣万端、润致高贵的手啊！

与他第二次见面，是在他的工地上。那天岳母猝发急症，家人差我找他。

在工地上绕来绕去，终于在一间刚刚上完顶板的楼房里找到他。那间楼房的窗户是用水泥袋马马虎虎封死的，风从缝隙中挤进来，带着如笛嘶的锐音，屋中的一堆炭火，便被吹得忽明忽暗，游离于生死之间。屋中央放着一张三屉桌，桌上竟杂乱地堆着一张张图纸和数据。他则倚在桌前，紧裹着一件皮大衣，正极笨拙地摁一架袖珍计算器。

见我进来，他倏地站起，面带惶惑。

我问："就在这儿办公吗？"

他显得不太自然："莫见笑，咱摊小根弱，穷凑合！"

我说明来意，他竟不着急，让我靠拢炭火暖暖，说一会儿要来人。

那人不久就到了，穿一件极名贵的貂皮大衣，步子迈得太踏实，那长腰的皮靴便弄出一声声怪叫。

见了面，两人都在屋中心站着，各自的眼睛则死死地盯视对方，若有几世的宿仇。

"想好了？"来人终于打破了久久的沉默。

"想好了，就两大根（两万）了！"内兄从肋下掏出一个红包，狠狠地摔在桌上。

来人并不看一眼，仍盯着内兄那张发紫的脸，似要盯出紫色的汁液。

内兄终于被盯得没了耐性，低声吼："你他妈的积点儿德，莫太贪了！把哥们儿挤塌了骨架，拉你垫背！"

来人总算收了那鬼般的目光，朝四下睃。内兄便极迅速地递上一支烟，捏起一块火红的炭粒给他点。炭粒烧得皮肉嘶嘶响，他却像没有知觉。待来人缓缓地吐出烟圈儿来，才懒懒地将炭丢进堆里，那样子，殷勤谦卑而悲壮！

"两根就两根，算爷们儿可怜你。"来人终于说。待要抓那红包，瞟见了我，便激灵一下缩了那白皙的爪。

"我妹夫。"内兄小声嘟囔。那人便赧然一笑，胳膊的孤线闪一下，红包早没了身影。

送走那人，内兄点上一支又粗又大的雪茄："妈的，当官的没一个好人，吃肉不吐骨头！"

我并不想表示什么，只是催他快走。他竟干脆坐倒了，一大口一大口地吸他的烟，那烟臭便一大团一大团浸漫到头顶，久久不散开。那是一团团混浊的屈辱。

等到了医院，岳母早已脱了险境，周遭亲属已绽了不少喜丝儿。内兄却猛地攥紧了岳母的手，呜呜地哭起来。周围便劝："莫担心，无事了！"愈劝，哭得愈烈，终至婴儿般哭得淋漓。我竟也酸涩难耐，陪他泣。周围便一片愕然。

后来，他富殷实了，便和大多农村富人一样，盖座高级住宅，以光门面。

起初，他亲自设计了一座样子极别致的小楼，料也备得足足的。但要动工时，却变了主意：仍是盖几间常见的砖瓦房。唯一堂皇处，便是院墙筑得高大精致，且院门还做了几道极复杂的工艺。得空问岳母：“我哥怎又不盖楼了？”岳母说：“他身边眼红的人忒多，迟早要反他，他不想引火烧身，遇事总收敛些。”我问岳母：“他真有短吗？”岳母说：“我看不出。”后来我想，他为人属忠厚耿介型，又身为农民，土里刨食的人搞企业，不会没有失误。失误是一介雅词，是强者、胜者身上一道漂亮的斑饰；但于弱者，失误便是窟窿，若再有人从中作梗，窟窿便是陷阱，一旦跌进，非有特殊攀附不可出。岳母家世代平民，无一做官者；我虽身处官界，实一介狗屁书生，自身尚且难保。于是，内兄谨慎一点极好，既为己安，亦为人安。

内兄底下，还有五个弟妹，皆已成家（未婚妻排老小，除外），但人人都只能做些小工，无挣大钱者。内兄便动员他们：“都在我队上干吧，有我吃的，还能没大伙吃的吗？”他这样做，其实极犯忌。但他亲情之切，可化磐石，还惧担风险乎？！然而，弟妹们却都不响应，仍固执地干他们的小工，再与他见面时，话里竟多了一层冷漠。他知道弟妹们极爱面子，便咽下眼泪，作平安无事状。我便对未婚妻说：“可惜你是个小女子，若不，非让你到大哥那里干一番，也不枉了大哥那番情意！”未婚妻说：“也是，大哥为谁，哥姐们怎那样？！”

但富了的内兄，总想帮弟妹们做一些事，又怕伤了他们的面子，便将热情转移到侄辈身上，便于鞭炮齐鸣的节日给每人上千元的压岁钱，变相供侄辈们上学。小儿们天性稚诚，有如此慷慨的大伯，极觉荣耀，对大伯便亲如蜜饴，超过对自己的父母。正巧，内兄又在乡、村两级受奖，便颇觉幸福，无酒也陶醉。然钱连给了两年，侄们都淡了感激之情，以为大伯给钱乃理所当然。更有精明者，居然算出各家之间的差距：如老二有五子，加起来五千元；而老四仅一子，仅千元而已。于是，孩子们便觉大伯薄这家厚那家，是一个极不公平的人，便不再敬重他，且常把挑剔睥睨的眼光朝他脸上恣肆地瞟。于是，他便觉出：人愈有钱愈感人间冷暖，便觉活着少滋味，大量饮酒，醉生梦死。

一日，他买回一只德州扒鸡，正大口大口地饮着，岳母一拐一拐地踅进屋。他急忙撕下一条鸡大腿："妈您尝尝，味特正！"岳母连连推拒，老脸板得极严峻，且说："味儿敢情好，你有钱，吃呗。"岳母的话未落，咯地一声，鸡骨已梗了喉头，他的眼泪顿时泼洒如雨，脸青如锅。皤发老母恐极，落荒逃出。

出门正碰上我，颤着嗓音喊："快去，要出大事了！"

进屋，酒瓶及杯盏果然已绽成满地璀璨，他正欲抄身旁可摔之物摔之。我抱紧了他的臂膀："大哥，恁大个汉子，泼妇一般，好出息！"

他终于疲软如狗，趴在我肩头大口喘息："妹夫，连自己的母亲都嫌你有钱，这世道，不是毁了吗？！"

我说："母亲是怨你总喝酒，无他意。"他剧烈地摇头，但并不说话，似乎下面的话头太沉重，已无能力呼出。

待他平静了，我与他调侃："大哥，若要人家说好，办法有二。"他倏地专注了，听我说。"第一，莫给别人一个子儿，尤其是亲人，钱给多了，情谊便被挤了；第二，少吃肉，多寡淡，你看有嫉妒秃头老僧的吗？！"说完，我便仰天而乐，不愿有些许抑制。内兄被感染，也嘿嘿地笑，不停地搓他那双粗砺的大手，又露出我曾见过的那丝童子般的羞怯。

我说："你若真想替别人做些什么，图心里踏实，莫不如帮社会办个福利厂，让不好挣钱的人挣点儿钱，不好吗？"

他沉吟久久，竟说："妹夫，不说这还好，你一说，我就烦。"我不解："怎的？"他说："先不说这，你跟老兄串个门好吗？"……

两轮摩托跑了一个多小时，在城里七拐八拐，拐进一座高墙。墙内竟是一座西式小搂，楼前有几座椭圆形花坛，一些名贵的花朵正开得艳。主人慢慢地踱出来，竟是那日在漏风楼里那位。

他与内兄极亲热，相拥相揽进客厅。客厅极宽敞，四簇华贵的乳白吊灯，极柔和地漾着光芒。四周是依墙环设的几十个沙发，地毯中央那用金线绣的图案辉煌得叫人不舒适。四壁竟悬着几个巨型画框，框内是《眠熟的维纳斯》《泉》等著名人体油画。我是第一次进入这么浓郁的艺术氛围，便感到窘迫。主人又及时地开了组合音响，低沉忧伤的什么名曲便兀自在空气中流淌，我便更觉得窘迫，努力规矩了手脚，任主人发落。

一个娇艳的少妇很快上茶来，是上好的龙井盖茶。之后，又极迅速地上了两盘水果，一盘龙眼葡萄，一盘竟是南方的荔枝。我不敢擅用人家的水果，不知到了何等高贵的人家。

“吃，到他窝里不吃白不吃。”内兄低声说，说完，已塞了满嘴荔枝，饕餮如兽。

少妇在我对面坐下，那双亮得怕人的眼睛溜溜地朝我身上睃。

那位男主人便及时站起，介绍：“这是孩子的小姨，王小姐。”

内兄全无拘谨感，自己换了磁带，放出一支不缓不疾的舞曲。他极笨拙地跌倒出几个舞步，皮鞋的马蹄铁竟勾出两丝地毯的组织。少妇便瞟一眼那男士，秀丽的嘴角撇出无限睥睨。内兄分明已感觉，却仍兀自跌跌倒倒。脚下的那片大好疆土，便极有恙了。男主人并不吱声，说一声喝口茶，对内兄点点头：“我和王小姐跳一曲，让你小子开开眼！”说罢便跳，半百（因为他的头都白了）的糟老头子，竟跳出极青春的舞步，令人称羡。

内兄却露出不屑，息了鼙鼓专心吃喝。待盘中物罄尽，见那对舞人舞得正够意境，便将果皮悄悄抡到地上，嚷：“老耿，哥们儿有事，失陪！”那老耿仅侧过头来应一声：“好，请慢走，不送。”便仍沉入迷人境界。

我极纳罕：内兄与老耿的关系太不一般，隐约窥出一种变态。

出了门，内兄说：“瞧见没，妹夫，他妈的大使馆似的，你哥我这辈子拼死拼活也够不了这份儿！”

我问：“老耿做甚？”

内兄说：“××委的主任，这儿年我干的就是他的活儿。我拼力气养活着几十号人，他身不动膀不摇，吃回扣吃得不眨眼，肥了！”内兄嗝地咽下一团口液：“妈的，你真以为那娘们儿是他孩子的小姨？他把老婆轰老家了，那是他偷偷养的小婆子！”

若鱼骨梗喉，我说不出话。

内兄却极有说话的兴致：“你甭担心，他犯不了事，犯事的总是咱小人物。所以啊，咱吃点喝点，富裕给亲戚点齐了，莫炮仗不大，装大响！”

我胸中不禁涌来汩汩酸浪：一个微不足道的小小贪官，竟轻易地毁了良家百姓本分的子弟，悲乎？！痛乎？！

于是，内兄虽富，却是一个富裕了的窝囊人！

1987年3月26日至29日

妇女主任

石板房是个小村，三十户人家，很少出干部。但那里有两任妇联主任却是很有名的，村上的汉子们，便一边汗颜一边骄傲。

我采访到了那个村，像走进了脸盆的底儿。村部安在村中一个小高台上：三间石板铺顶的旧房，墙皮已剥落得不成样子。

进屋去，却是另一种景象：四面墙上，挂着大大小小的奖状，镜框擦得亮锃锃；一盘土炕上，被褥叠得异常齐整，棱角分明如刀切。一个姑娘趴桌上极认真地写着什么；炉边，一把大个的茶壶正嗞嗞冒出热气，一个利索的老妇人正一句一句地冲姑娘絮叨。

见我进来，那妇人腾地站起，眼睛也倏地亮了："五丫儿，有客人来了。"

那姑娘极迅速地收了纸笔，含笑而起："您来了，快坐吧。"紧接着，她用一袭毛巾，轻快地掸了掸一个座位："坐呀。"刚刚坐定，她又把一杯喷香的茶水端上，水面上有两朵黄白的小花，滴溜地打着转儿。这是上好的黄芩焙成的山茶，味极甘。我心里顿时感到热，极服帖。从她们身上，一点儿也看不出山人之怯。

"有事儿您只管跟五丫儿说，她是妇女主任（村人不称"妇联主任"，而叫“妇女主任”)。”那妇人也微笑着望着我，“我是她母亲。”

果然是那对出名的女干部。

听说要采访她们，老妇人热情极高，姑娘倒有些含蓄，但投向母亲的目光却也极带鼓励。那妇人便爽快而流利地开始叙述——

母亲是女儿的前任，母亲前面，就再没人任职。

母亲小时候总去挖野菜。那野菜经她蒸、煮、焯、淘后，便于微苦中透出津甜，吃下极爽口。于是，她在那难熬的日子里，用野菜很顺溜地将两位老人送了终。丝毫未让老人受罪。村上老人们很看重她，争相要她做儿媳。男人把她接进门后，便把无限希望寄托到她身上，自己反倒乐意在她指使下，干些不轻不重的活计。于是，男人便一天比一天窝囊，她的才干却一天比一天出众。新中国成立那年，便被众人捧月般捧上妇女主任的宝座。

当了干部以后，她有了两大变化：一是把自己拾掇得更整齐；二是每晚停当了鸡们狗们，便把梢门一带，朝村部走。别人若问，她便说：“开会！”姿态很是庄重。

其实，那时的村干部有极高的工作热情，晚饭后有事没事总在队部扎堆：议议张三，议议李四；论论锄耪，论论下种……小村子每有事发生，不隔夜，村干部们便达成一致见解。所以，干部们推挡腾挪整齐划一，把村子治理得安稳而和谐，无风无雨幸福美好。

慢慢地，她竟有了这么一个感觉：每晚如果不挨挨村部的火炕，如果不扯开嗓子发几句言，她脊梁骨都是酥的。她自己说：“坐在那火炕上，才知道什么叫翻身；大声大气地发言，才感到什么叫男女平等！”

于是，她生孩子第二天，便把奶娃子紧抱到村部去开会。孩子一哭，她竟当着一帮汉子，唰地拽开衣襟，亮奶子就喂。一边奶孩子，一边大声发言，脸上荡着淋漓的快乐。于是，干部们回家便对老婆说：

“看看人家，嗓子和奶子都叮叮当当叫得响！”

那时，农村也常搞运动。搞来搞去，把一班男干部的心搞怯了。每有工作组来，他们就东躲西躲，汇报时也喃喃地兜圈子。她为他们难受，便说：“再有事，我顶头阵，我个妇道人家，不会怎么样喽。”

那天公社开汇报大会，书记挨村点名。点到“石板房的来了没有？”她噌地站起，惶促而有力地喊道：“来了！”话音儿未落，她背上的孩子倒哇地哭了。在场的干部都愣了，片刻后便哗地笑成一片，笑过，竟生出敬意来。而听她的汇报，就又惊叹不已。散会后，公社书记竟动用了公社唯一的一辆破嘎斯车，把她送到村口。

于是，接待来人、听取汇报、出山开会、办棘手事都由她出头。男干部很感激她，并不觉得她僭越了自己的权力，倒觉得有她在，心里才踏实，才觉得温馨无限。而她自己由于经常抛头露面，也练出了洒脱而大方的仪态、流利而逼人的口才和干练的办事能力，便远近有名了。

出了名以后，她更殷勤地照顾公婆和男人。除了贤惠妇道所应承担的一切以外，还把出山之所见所闻绘声绘色讲给家人听。公婆盘腿坐在热炕上，慢慢喝着紫砂壶里儿媳泡的酽茶。二老越喝越兴奋，她讲得也越来越兴奋。丈夫心里头热，抄过她怀里的孩子抱：“松快松快身子吧，里外也真难为你！”她说：“你歇吧，我的劲儿才使出个屁大。”山村人家多孤寂，可她家每日都若演着半台戏。慢慢地，到她家串门的乡亲越来越多，她的人缘也混得好极！

夏日，山村无麦秋，收杏是唯一抢手的农事。她便背了孩子，到队上看杏堆。

村里人这时多亏粮，不少人就到队院里寻杏充饥。她看得并不紧，饿肚子塞几个杏，也怪可怜。但后来人们不但痛痛快快地吃，也痛痛快快地装。院里秩序就大乱，纠纷也迭起。由着以往的脾气，她喊一顿骂一顿，便安生了。但她已成了名人，心里就有了顾忌。思来想去，她竟开了个“杏饭庄”——她叫人把村部的院子封了，安了高高的木门。随时来找杏吃的人便被挡回去。她和会计、出纳、保管则在院里挑杏，把好的一堆一堆地捡出，依次摆一溜儿。待午饭时分，她站在队部的房上，尖嗓子喊：“全体社员注意，先莫吃饭，到队上吃杏！到队上吃杏！”社员们便都来了，围着杏堆成两排。队院里顷刻就响起一片吧嗒吧嗒的咀嚼声：整齐而有节奏，若奏起悦耳的音乐。

于是，每日中午收工回来，大家就支耳朵等她的喊声，家家都停了炊事。整个夏天过去，每户都有了可观的粮食，对生活的信心都大大地增强。村人说：“拿个县长换她，问问咱们干不？！”

三年困难时期，她的经验得到推广。不仅老百姓得了平安，上级也省了大心。因此，她不但有名，还很受干部们的敬重，石板房这个小山旮旯子，也身价倍增。以至到今日，若哪个冒失鬼对该村有微词，周围便射来一束束怒睥的目光，如锥如芒。

村支书曾几次让贤，心甘情愿让她掌舵。她每次都推得急赤白脸：“当我的妇女主任有啥不好，该说该做你能不让？！”支书连连说：“哪敢！哪敢！”她把裤腿往上一捋，顿了顿脚杆子：“那不齐了！”

她的孩子懂事了，每晚开会就娘儿俩一起去。其实，小五丫儿打生下来，就是在会场长大的，现在是撂也撂不下了。母亲盘腿坐炕上，女儿便倚在母亲的大腿上，不管会开得多晚，她那如豆小眼儿总是极精神地睁着，直让那打瞌睡响哈欠的伯伯爷爷生出无限惭愧。

母亲要去公社开会，小五丫儿便拽她的衣角：“妈，我去吗？”母亲脱口而出：“去，当然去！”走在山路上，母亲若抹了油的新车子，女儿则是那叮当作响的铃铛。当时有这么一首歌：

我是公社小社员哎，

手拿小镰刀哎，
身背小竹篮哎；
放学以后去劳动，
割草积肥拾麦穗，
越干越喜欢！

那歌词让小五丫儿改了，在路上唱：

我是公社小社员哎，
手拿红宝书哎，
身倚我的妈哎；
晚饭以后去开会，
学习讨论都有咱，
越晚越喜欢！

母亲被唱愣了，之后又被唱得扑哧乐了。她拍拍女儿的小脑袋，扯着女儿的手走得更快。母亲此时的心翻滚着热潮，手心里沁出热热的细汗。她觉得，石板房村天生就少不了她们娘儿俩，她们娘儿俩，生来就是干社会主义的！

有一天，似乎又该母亲到社里汇报。临出门，母亲却觉得肚里极绞痛。硬撑了迈出门，竟哗哗大吐。吐罢虚极，被女儿扶上炕，倒头便再起不来。

母亲对女儿说："快找支书去，让他另派人吧。"

很快，女儿气喘吁吁回来了："妈，支书带队上人去岭西了。"

母亲很着急："可怎么办呢？"

女儿竟说："妈，让我去吧，我也成。"

母亲连连摇头，可转念又说：“你去吧，去了跟领导告个假，改日妈再补。”

“上级总要问点什么吧，到时候我怎么说呢？”女儿说。

母亲觉得有道理，便在一张纸上歪歪斜斜地拉了几条。

到了社里，五丫儿未等开会，便找主任。她冲主任说：“我妈病了，叫我来告假。生产情况我也知道些，您简单地问吧。”主任很惊奇，便逗她，“你叫什么呀，叫片儿，还是叫丫儿？”

她把脖子梗成惊叹号，咻咻地说：“您甭管我叫什么，问啥咱说啥。”

主任觉得这小家伙机灵，便倒给她一杯水，问：“那你说说，村里正干些啥？”

五丫儿把纸片子掏出，看了几眼，小脸儿竟腾地红了。母亲那字写得太怪，勾、角、圈、点，她认不下几个。她把那页纸团了团又装起来，怔怔地望着主任。

主任说：“回去吧，明天我去看你妈，顺便把情况兜上来。”五丫儿急了：“不，我知道！”

于是，她噙着泪，说开了。起初还有些磕绊，说着说着话头就极流利起来，把整个村上的安排叙述得极详细、极生动、极具条理，中间还插进不少自己的见解。

主任极激动，听着这爆豆般清脆的童音，他在地上来回踅。等五丫儿说完，他猛地拍了下大腿，亮出一句无头无脑的话：“你妈呀，还是你妈！”

临了，主任说：“新买的吉普呢，让她试新！”便把她送到了家。

时势多奇，母女出名，竟出自一辙。

女儿被人发现以后，就愈发离不开母亲。书读完小学，便草草地收了场。她一点也不感到可悲，只要跟定母亲，每天人前人后亮相，欢乐就在无言中。这期间也出现过难办的事，母女整天干一桩事，母亲可以名正言顺地记工分，女儿却说不过去。母亲曾犯过踌躇，叫女儿到妇女组去。女儿去了几天，母亲便有说不出的忧郁，觉得自己的另一半似乎被人割去了，只好又把女儿叫到身边。母亲说："工分不工分的，心里顺溜的活！"传到支书耳里，话就变成这样："工分不工分的，干社会主义的活！"此时，正掀起学雷锋高潮，母女便极应当地当了典型。其实私下支部研究过，破例给五丫儿记七分工（一般妇女挣八分）。村人也都知道，一改爱嚼舌根的毛病，竟谁也不提这码事。他们认为：五丫儿母女拿了就拿了，若是别人，非理论理论不可……

一晃十年无故事。

老妇人正沉吟间，电话铃响了。母女都腾地站起身来。电话离女儿很近，刚要拿话筒，又回头看看母亲。正犹豫间，母亲已把听筒抓到手了。她把话筒握得很紧，另一支手则撩开上衣下摆，在腰腹间揉搓。这是个习惯性动作！嗯哈几句后，她不情愿地把听筒递给我，干笑两声："史同志，电话追得倒快。"

电话里说，市报记者来了，要我赶紧回乡里帮助组织一个座谈会。我起身告辞。母女极热情地把我送出门口，母亲极爽利地伸手和我握了握，拍拍我的肩膀："史同志，欢迎下次来啊。"手握得也重，拍得也重，表现出老妇人的矜持和信念。女儿则闪侧于母亲背后，极机械地重复着："下次来，下次来。"……

那次在乡里碰到石板房年轻的书记，我问他："你那位年轻的妇女主任，一定干得不错吧？"小伙子皱了皱眉头，对我说："那咱就聊聊吧。"

——地分过以后，乡里来人，说村上的班子老化了，要调整一下。五丫儿的母亲是第一个被调整的对象，她一来年纪不小了，二来又是女同志。她一听说，气得要死，干脆把铺盖口粮搬到村部。"我死就死在村上了，您上级就准备万字号的棺材（席），该卷就卷吧！”于是，乡里就把这事搁下了。五丫儿母亲就仍当她的几十年一贯制的妇女主任。

此一举，倒让老妇人枯寂十年后，又扬了新的名声。青年干部认为是丑名；老干部却认为：这名出得是时候，极光彩。尤其是退职的老干部，竟把她当作一面旗帜，从她那里得到许多无法形容的安慰。

拖了两年，她终于把人缘和威信拖剩无几。她自己也消沉下去，认为这官做得淡如清水，便决定退了。但她有个条件，要她女儿五丫儿接她的职。支部倒乐意，认为这是顺理成章的事。再说，像五丫儿这样的年龄而又不出阁的姑娘，就剩她一个了……

老太太退职后，半年不出门。几十年硬硬朗朗个人突然头疼腰疼腿疼，哪儿哪儿都有毛病。她说：“这是革命病，不革命了，就显形了。”她几十年热爱的村民也突然招她讨厌了：走在街上，瞧谁都不顺眼，也如村妇般指鸡骂狗，指桑骂槐。但她对村里的事情仍极关心。五丫儿每次开会回家，她都要女儿汇报，甚至连细节都不要遗漏。然后，她便让女儿坐下听她的意见。其语势之滔滔，语气之庄重，若当着支部一班人马。

讲完，她问女儿：“听明白了吗？”

女儿说：“明白。”

两抹红光便倏地爬上枯皱的两腮。“明白了，就去办！”那口气，竟是不容置疑。

于是，干部会上，五丫儿每次发言，都说：“我妈说……我妈说……”

时间久了，五丫儿感到很压抑，就慢慢生出抗拒。母亲再问村上的事，她便有了搪塞的成分，或干脆不言语。母亲的脸便灰暗如土，眼泪竟也簌簌地落。落毕，就和女儿吵闹。几次过后，融为一体的母女竟也生出罅隙来。亲热依旧，却缺了真情。

女儿体恤母亲，慢慢又主动把村里的事跟母亲说了。怕母亲生疑，努力把记忆极限中的一点一线全描绘出来，并问："妈，对这事儿，我该咋说？"……

承包了，情况复杂了，工作也多了，干部很难撂稳屁股。为了便于管理，便于联系，村里决定设一个长期坐班的。五丫儿是唯一的女干部，便定了她。

五丫儿倒不太乐意，五丫儿的母亲却极高兴，连哄带推，叫五丫儿接了这个差。紧接着，五丫儿母亲也搬到村部住，她说："女儿闷得慌，叫娘搭个伴。"

白天，大事小事，只要找到村部，五丫儿母亲就直接处理，五丫儿倒成了陪衬。到晚上，干部开会议事，五丫儿母亲便蜷在旮旯里，说："你们该说就说，我不碍事。"

每到事情议到关键的寸节上，老太太的眼里就烧起灼灼的光，那是一种强烈的渴望！于是，晚辈出于尊重，便说："听听老太太的意见。"她便在形式上的推辞以后，"我认为……我认为……"地道起来。

最后，这竟成了必有的仪式，老太太便成了编外的干部。不但直接参政议政，还极顽强地渗透自己的意志，瓦解他人的信心，刻苦追寻她的昨日……

我很不理解："五丫儿不也很能干很出名吗？"

支书摇摇头："你走的地方比我多，各村的干部对待客人和领导，其态度之热情、服务之周到，哪个比得上我们村？！五丫儿很伶俐，是个极称职的接待干部，能不出名么？！"……

1987年4月3日至6日

老人与马

1983年初，我被分到L镇，第一次麦秋下乡就到了老庄。

老庄支书也叫老庄，极新奇。我刚迈进村部大院，老庄便疾步赶上前，双手早已摆好握手状。果然是紧紧地握手，并说："知道史领导要来，欢迎，欢迎！"

我很受感动。传说，时下的乡村干部，对镇里的大官小吏并不太理睬，况我又是极年轻的学生出身的干部，能得到这般热忱的接见，太让人满足了。我便觉得，老庄是个好干部。

入老庄的屋子，竟发现屋子的门装得极怪，不仅前面有门，屋的后墙也有门。

正疑惑间，老庄说："屋后有个马棚，马棚里有匹老马。后墙开个门，饮水添料方便，特别是冬天。"

我在院子里踅了一遭，看到村部的院场很大，屋后墙是院墙的一部分。若从前门去喂马，的确要绕个大圈子。而东西两面院墙外均依次盖满了民舍，民舍的主人都聪明，也将村部的院墙做了自己院墙的一部分。于是便失了从挨近马棚的侧墙凿便门的可能，便觉得那个后门开得还合理。

我说："院子这么大，盖个马棚总可以吧。"

老庄说："就是，本来就在这院里养着的。"

我说："那怎么挪了？"

他叹叹气，告诉我：村里有个大理石厂，生产的大理石特好，两个美国鬼子便找来谈判。进了村部，见院里有匹马，便嘿嘿哈哈笑，说："村政权和马在一起谈朋友，真刺激！"乡长正陪着，脸煞地就变了，将老庄叫到一边："老庄，你养什么破马，给中国人现大眼了！"

过后，便将马棚迁屋后了。

我说："也是，一头老马，杀了算了。"

老庄腾地站起，两只老眼极凶地瞪着我，久久不移。我便被他瞪得莫名其妙，胸腹间有冷汗汩汩地淌。

身边的老会计便劝老庄："莫怪史同志，不知者不怪嘛。"

等老庄愤愤地走远，老会计说："老史同志，您冒失了，这马是他的命哩！"

——那年春，种子和化肥用得极多，老庄便愁运输。队上马车倒有两辆，牲口却仅有三匹。待他四处借牲口都借空了，便狠狠心，让这马单身驾一个车。两车一样装一样跑，一春下来，竟不见这马掉一指膘。秋上，北京农展馆办农业成果展，老庄便骑着这匹马进城。不想，在馆里竟见到了伟人。

那天，伟人极兴奋，问老庄："这马好壮啊，是自己养的吗？"

老庄赶紧说："是啊，跟您老人家说，它极能拉呢。"便急急地对伟人讲述那马在春天的表现。

等老庄讲完，伟人说："好啊，这马是人民公社的功臣，要好好照料啊。"

老庄便唰地将泪流汹涌了。

他连夜赶回村，连夜开大会。在临时点起的雪白雪白的汽灯下，他拉着马在人前走来走去，宣泄他无尽的幸福。

于是，马便不再干活，且由老庄亲自喂养。

我找到老庄：“老庄，请原谅。”老庄仍不睬我，闷闷地抽板烟。我说：“老庄，莫生气，领我去看看马好吗？”老庄这才抬起头，怨艾地看我一眼，就默默地打开那后门，朝马棚走。

见了那马，我吃了一惊：它太老了，极瘦，每块骨头都争先恐后地表现棱角；马的毛也极稀极黄，但很干净。那马起初是极慵懒地卧着，见了老庄，竟嗒地站起来，朝老庄嗅。待马极费力地张开嘴巴，便见到茶锈般乌黑的下腔，它满口的牙已落光了。直觉便告诉我：这马不会活得太久，尽管有的马能活到三十年。

这时，老庄极兴奋，抚着马的鬃毛，胸起伏如潮，喘息如风。

问老庄：“还能吃吗？”

兴奋的光便倏地从老庄眼里消失：“吃不动了，水煮的软玉米，每天才只咽两捧。”

按下乡的要求，我晚上和老庄住在一起。他每天夜里两三点钟都从后门出去，很久才回来。老庄说，马只有夜里才进食，要加一点料。后来，我产生了怀疑：马既然吃得极少，睡前添些料便足矣。夏天的后半夜是好睡觉的时候，那么折腾，何必呢？于是，我便联想到老庄的老伴死得早之类。

那夜，待他出后门一会儿，我便翻身下床，也轻轻地尾出去。我找墙根的暗处蹲了，看那马棚。马棚里果然有老庄。一会儿，竟见老庄将脸贴在马脸上，上下摩挲，且嘴里念叨着：“老伙计，你真是，我不喂你你就不吃。你要肯吃一点，多撑几年，等等我。咱村上，就你和我见过老人家。如今老人家去得久了，咋人们就不再提了呢？！一想这心就窄，就想叨念两句，俺是不是害神经了？”老庄更可劲地与马摩挲，干咳了两声。

“我总是想。我个泥腿子，你个哑巴牲口，怎么偏偏就见到老人家了！这些年，我总是拼命干，他老人家知道不？！”

接着，便听到老庄压抑不住的啜泣。

久久，才见老庄平静下来，抓起一把草料：“吃一点儿，伙计，千万要多撑几年！”那马果然就舔他掌心里的料。那低而沉闷的咀嚼声，极似一声声的呜咽。

我急忙闪进屋来，极轻极轻地将门掩好。不是怕惊动老庄，而是我觉得，像这样的一扇门，的的确确是应该轻轻地关的。

这是一个老人的感情世界中极神圣的一隅。

1987年4月10日至12日

哑叔和狐

山脊上的“土”翻滚着，腾腾地向天上飞去。那飞的姿态是旋转的、迅疾的，并带有嗞嗞的叫声。其实，那不是尘土，而是山脊上山火腾起的烟柱。火舌一路向山顶冲撞。火舌像厉鬼的魔爪，朝山梁的植被猛抓。抓过的地方立刻变成滴出褐色血液的秃疤。巨石发出惊天动地的震响翻滚而下，砸到火身上，登时冒起一柱青烟，很快就会从青烟中更凶狂地蹿起火柱来，那气势，似要把整个世界顷刻间化成焦炭。

此时，在大火包围的山头上，一个男人在向一条白狐发起最后的攻击。

他不是在走，而是在用四肢爬：手刚攀到石棱，脚便唰地蹿上来。手似乎不是在引导脚，而是脚似皮鞭抽赶着手。他赤着血淋淋的上身，大腿和臀部的布片已撕碎得像清明时节飘飞在坟头上的纸钱，股肉一闪一闪地泛着青光。

他一边攀蹿着，一边从口中发出刺耳的锐叫。那强健的身子始终绷得像条弓，刚一张开又一收缩，迅疾如箭。

离他两米远的前方，那条白狐也拼命地蹿动着，身上流着一股股细血。它频频地回头，两只灰眼睛里噙着泪水——那是痛苦、惊惧、绝望的泪水。它剧烈地喘息着，后面的，是一个前所未有的对手，那么顽强而又快捷，简直不像是人。如果他肯于放开它，那么它就肯于把它满身的狐骚在冰水里洗净，像奴仆一样忠顺于他，并且情愿把在悬崖上攀缘了上百年的、宝贵得如银珠的四只银蹄从自己腿上咬下来，当礼物送给他。因为在生命的竞技中，他要比自己强。它有愧于闪电一般的族类！

就在白狐窜上山头，面临绝壁和深渊，不得不以死完成狐辈的壮举的时候，他已用一个饿虎扑食的俯跃扑到了它的身边。两只棱角分明的大手像钢钳一样箍住了它的脖颈和后腿。它拼命挣脱，但却成了悲怜的抽搐。这抽搐是那样的无力，若生命已离它远去。

他紧紧钳住那抖动的白狐，眼里喷涌着喜悦的泪水。他一屁股坐在山顶的尖石上，石头正好戳在他的两个肥厚的臀尖儿上，他感到一种彻骨的刺激，舒适极了！——他想：我成了胜利者！我嘲笑了别人没法嘲笑的东西！！我玩弄了别人没法玩弄的一切！！！白狐不仅是狡诈的兽中之灵，更代表着奢侈、梦幻和希望。我一个哑人，一个被男人女人冷落了三十三年的男子汉，把所有男人和所有女人的爱都攥在了自己的手中了。而把生死与荣辱、痛苦和希望全浓缩于一瞬间的满足，是什么样的痛快？！

然而，奔窜的火舌已燎到他的脚下，风又骤然升起，滚烫得令人窒息。他无处可躲。火舌无情地撕去他的裤腿，又无情地撕烂了他的皮肉。“嗞啦”被火舌舐舔的腿肉，立即冒出一层黄色的油！他发出一阵阵的哀号，像被屠刀刺穿喉管的猪一样嘶哑而绝望地哀号。被烈火烧疼了的白狐猛地一挺身，把哑叔弄了个趔趄，脚下没站稳，扑通一声倒向大火。但手依然抓紧那狐。他连人带狐朝山下滚去。起初，他是受冲击倒下而翻滚的，后来，一个意识使他迅速改变了原来翻滚的姿势：他蜷曲了身子，自己又给了自己一个急剧的、疯狂的推力。

远处看这座山时，见一团火球从火海中嗖地飞下山去。那态势，惊心动魄！

哑叔的哑是非先天性的。

十二岁那年，打核桃打累了，就在树杈上睡着了。他睡得很不舒服，习惯性地翻了个身。于是，一个跟头从树上栽了下来。他醒来时，整个身子都有碎裂了一般疼痛。他一骨碌从地上爬起，四肢居然还是那么灵活，但喉嗓却有一种难耐的堵塞。他艰难地吐了一口唾沫，发现那唾液里竟有一缕缕血丝。再吐，干脆是一团团血块。他异常惊惧，要喊，心里有一阵不曾体验过的憋闷，脸立刻变得黑紫。再喊，憋得头昏脑涨，只听见喉管里一阵呼噜，血腥、憋闷、恶心、喑哑。他发狂了！把整棵树上的核桃打得满坡翻滚。他踏着厚厚的一层落叶，朝着那冒着炊烟的村子挪动着。那双"踢死牛"的大头鞋像两只搁浅的巨舰，每挪动一步都感到还是在原地踏步。陪伴他的是那无声的、压抑不住的哭泣。

嗓子意外地变哑以后，他出奇地发育起来。刚过十六岁，身高体重长相就已跨进了中年。他的肌肉特别发达，只要一攥拳头，肉块就像一个滚动的球，从小臂迅速运动到肩胛，大腿和臀极女性化，圆滚滚的，女人见了他，都羞涩地低下头去。他一伸展四肢，浑身的骨节又咯吧咯吧脆响，令男人们唏嘘不已。

山里人祖祖辈辈以石筑屋，石头墙、石头脊、石板顶……每有人盖房，哑叔都是不可缺少的小工。他背着特大的宽口篓子。当他把背篓一放到坎凳上，房主人就吭哧吭哧给他装了石头，临了，再在篓沿上横上两块长长的石板，然后，一拍哑叔的肩膀："走吧！"那表情就像吆喝一头拉脚的牲口。只要一请到（说请，未免太雅）哑叔，房主人就不再找别人，盖几间房的几十方石料就都由哑叔包揽了。哑叔不挑食，稀汤烂菜填乎满了，就咿咿呀呀地露出笑容；他也从不会叫累，从早到晚，你不叫他歇，他就绝不歇。他是“三保”牌小工：保省，保快，保好。所以，谁都愿用他，且很会艺术地用他：在节骨眼儿递给他一支烟，不一定好，他就会眼睛放出光，抽完烟就铆着牛劲儿卖大力气。临了，主人从箱角里搜出一堆烂毛票、碎钢镚就把他打发了。亏他多少，他从不计较，房主人也就心安理得。

不仅盖房掮料由哑叔包揽，碾米、担水、打柴、送粪……凡需要动力气的都跑不了他。村里哪一家劳动力缺了，而又要做一些必须做的力气活儿，首先就要想到哑叔。有时两家同时打哑叔的主意，安排冲突了，就互相争夺起来。争来争去，争不过的一方甚至哭起来，而每到这时，哑叔一准会到流泪的一方。久了，一些爱打点儿小算盘的妇女，就学会了用眼睛争取他，他好骗。不过，哑叔始终像一团抹布，用时想起，完了便弃，并没人尊重他。哑叔干完活后，爱贪几杯，喝完，袖子一抹嘴，转身出门。在回家的青石板路上，踉踉跄跄地摆着，哇哇啦啦地唱着，好像已得到了整个世界。娘用洗得干净的手巾给他擦汗，哑叔就变得异常温驯，不时呵呵地傻笑。娘流泪：“傻儿子，你就这命，卖命挣饭吃。这顿吃饱了，还记扯着下顿。人一老了，就完了。”哑叔不愿见娘流泪，比比天，比比地，那意思叫娘安心，娘说的他都记住了。他耳朵不聋。

娘不忍心哑叔老当劳力，让他跟拐大爷学编技。哑叔手巧，不到个把月，编技就超过了师傅。拐大爷只会编大筐、手筐和背篓，而他却硬是能把又脆又嫩的细柳枝泡水破皮后编成白刷刷的小手篮、小鸟笼、针线笸箩和代替书包用的小提兜。于是，孩子妇女整天围着他转，他的眼神儿也变得花花绿绿了。拐大爷把编具砸了，坐凳烧火了，躺在炕上生病。他指着哑叔的鼻子骂：“哑巴，哑巴，一辈子哑巴！”哑叔自己出去走乡串户干了几个月，赚了两把票子，没进家门先踅进拐大爷家，塞给拐大爷一把。拐大爷的女儿“小精灵”趁机把属于哑叔的那一把也夺过去了，急得哑叔挥拳跺脚。见拐大爷的炉膛温着一罐酒，端起来便喝。咕咕咕咕……一气进肚，人也变得飘飘忽忽，站在地上跳舞，瓷勺敲打着酒罐，哒哒的。拐大爷用花椒木拐杖一敲炕沿：“‘小精灵’，你别给爹缺德，他一个哑巴家！”“小精灵”早被哒哒舞得跟个螳螂似的哑叔吓呆了，听爹一喊，便战战兢兢地走近哑叔，把那钱塞进他兜里。哑叔的泪唰地就下来了，酒罐也碎在了脚下。他看着“小精灵”那张小圆脸儿，笑了，大手在那小脸儿上捏了一把。十六岁的“小精灵”朝哑叔的手背打了一巴掌：“哑巴也坏！”哑叔还笑，他喜欢她。那把票子就心甘情愿地装进“小精灵”兜里。

一天，娘再也不让他出去了，嘴唇打颤：“娘对不起你，你每月给娘的钱都让娘看丢了，咱白挣了！”哑叔不信，直奔谷仓。谷仓是一红木大箱子，长丈余，高五尺，仓里装满了榆叶。榆叶是娘儿俩搀在粥里当粮食吃的。他使劲往榆叶深处挖，挖出个小布包。打开一看，果然还只剩几枚硬币。哑叔在地上踅来踅去，娘在炕上蜷成一团。哑叔在隔岭还有个姐姐，不常来往。他给娘打了个小包袱，让娘去住闺女家。娘不解，但还得依他。因为他眼里的血丝丝一团一团的，吓人！

晚上，哑叔一个人早早地睡下，屋里静得只有几只老鼠在咬着板壁。快后半夜了，门不声不响地被挑开了，一个人影鬼似的钻了进来，直奔谷仓。正在谷仓里翻腾着，灯“啪嗒”一声亮了——来人是邻居二婶。见哑叔两只怒眼圆圆地瞪着她，吓得“啊”地叫出声来：“别杀我，别杀我！”二婶听说哑巴杀人不偿命，心里好绝望。哑叔一步一步逼近她，她一步一步朝屋角退。门外有人走动。二婶“嘶”地把红裤带揪断了，大喊救命。门外，“小精灵”夜起如厕，正路过这儿。一推门，见二婶的裤子褪到了腿弯儿下，尿在两条肥白的光腿上流着，便也“啊”地逃了。不一会儿，来了七八个后生仔，把哑叔打翻，上了绳。二婶哆哆嗦嗦系上裤子：“哑巴他，他想那个我！”声音像从嗓子眼挤出来的。“小精灵”搀着二婶，朝着地上打滚的哑叔吐唾沫：“羞！现眼！”哑叔想挣断绳子，却挨了一顿乱脚。他嘶叫着，要把人的耳膜撕裂。有人给他塞上一只臭袜子，连夜押送公安局。白天，拐大爷戳戳点点到哑叔的屋里坐，看着被折腾的乱七八糟的屋景纳闷：大半夜的，二婶怎么就上哑巴屋里呢？要嚷，拽她的时候就该嚷，干吗出了门之后才嚷，出鬼了！

不几天，哑叔从羊肠小道上独个回来了，手里攥个干粮袋，实际上是一个印着“××公安局”的档案袋。袋里的几根香肠和几个馒头是送哑叔上路时，“局头”大老李送的。他用手势叮嘱，要哑叔回家后好好凭力气吃饭，不要生事。哑叔刚到村口，那晚上捆绑他的几个后生就纷纷躲起来，二婶更是大门不敢出、二门不敢迈。人们都说，哑巴记死仇。“小精灵”倒不躲。她不怕哑巴。哑巴进院，她上前比划，那意思是问他“回来了”，哑叔乜地一笑，抬抬手里的香肠，意思是告诉她，他没受委屈，倒是混了几顿高级饭。“小精灵”舀瓢凉水给他，他一仰脖喝下去，那气势颇有大丈夫派头。末了，抹一把嘴角，大拇指一竖，夸“小精灵”心眼儿好。“小精灵”反倒耷拉了头：“哑巴，谁叫你说好。你不记恨俺就得了。”她还是有点怕他，更多的是觉得有点对不起他。哑叔找那几个后生，比比划划告诉他们自己在外的见闻。最后，把裤带一解，做脱裤子状，小手指头一点，意思是说二婶是条花狐狸，要大家谨防上当。大伙哈哈笑一阵，心里也就释然，觉得哑巴并不混，倒有几分亲切。于是大伙备酒，让哑叔喝个痛快，为他洗尘。

两年后，“小精灵”嫁出山外，上轿前把块青布给了哑叔，要哑叔做条肥裆裤。哑叔胯肥，有时腰身一蹲，嘶地裆就裂了。“小精灵”便立志为哑叔做一条肥裆裤。但又时时犯难，近不了他的身，量不下尺寸。有几次她挨近哑叔，哑叔反倒惊讶地躲她。“躲个啥，我又不吃你。”她开始怀疑二婶坏。后来，她不再努力，怕别人见一个大姑娘和一个哑巴挨得那么近被人说闲话……

哑叔抱着“小精灵”给的那块青布，躲在门后咿咿呜呜哭了半天，然后，他跟在轿后送“小精灵”出村。

他落在轿子很远的地方，怕别人看见自己。正走时，一条大黄狐狸从山道这侧跑到另一侧。哑叔吓了一跳，再看时，狐狸又踅了回来，跟在哑叔身后，蹄尖子踏在石子上哒哒山响。哑叔俯身捡两枚石子，那狐“嗖”地跑远了。肥蹴蹴的后臀尖，跑起来扭扭的，很奇特！等再一看轿，早没影儿了！哑叔非常懊丧，恨那捣蛋的狐，觉得这狐有些邪气。蒙眬间他觉得，“小精灵”之所以远远地离开他，就是这狐在作怪。绝没错，那年他从核桃树上跌下来的时候，迷糊间就见一条青狐从他身侧蹿过去了，之后，他就哑了。

到家，他翻了老底，把大大小小的一串柳编统统搬到拐大爷房里，让拐大爷托人捎给“小精灵”。拐大爷觉得哑巴人不错，白净净的，手也巧，心也好，可惜就是哑。他把哑叔的柳编都收下了，表示一定捎给她。哑叔啊啊呀好高兴。一群媳妇小孩臊哑叔，臊他想人家闺女，心眼儿邪：一个哑人，除了干活，还想什么？娘心酸，出门骂街，骂人家舌头烂，下辈子不瘫即跛。凡被骂的，都不再理睬他们娘儿俩，娘儿俩就更孤单。哑叔再也不搞柳编，因为姑娘媳妇小丫儿小仔儿用着他的手艺，还要骂他，他伤心。他从墙上摘下爹用的那支破猎枪，猎枪上的锈绿绿的、厚厚的。他用砂纸打了足足一天，然后背在肩上，一头扎进森林。

起初他每天背回一串串松鼠、山鸡和野鸽子，整个院子成天是纷纷扬扬的羽毛，村人每都会闻到从哑叔房里传出的肉香。人们眼红，有的老人还要罢他的枪，说山是大家的，不能让他一人吃绝根儿了。哑叔晃着枪把子，要砸那些人的天灵盖。大家躲他，咒他早些被狼吃掉！

他进山是要寻狐。狐没寻到就发气，发气的结果就是打几串小零碎。

这天，他终于发现了一只狐，灰色的，硕大无朋。他压抑不住心中的喜悦，“哇呀”一声喊。狐吓了一跳，蹦了几蹦回头窥。哑叔顶上炮子，瞄准，一枪打断了那狐的一条后腿。狐打了个滚，爬起之后没命地跑。哑叔紧追不舍，再顶炮子，狠扣扳机。“咣”的一声，狐没死，哑叔却倒躺下了。枪后坐力太大了，把哑叔的膀子打脱了臼。回村，老人孩子齐呼：活该！狐仙，狐仙，狐是神仙，是你能打的吗？哑人有病，不可理喻！

哑叔躺在村前的树荫下，睡晌觉，只穿一窄窄的内裤。他身上热得很，心里憋得很，肩膀疼得很。一群媳妇端盆到村前的山泉处去洗衣，朝四脚朝天的哑叔看。见哑叔浑身雪一样白，粉嫩粉嫩的。那一轮一轮的腿肉像棉一样软中透香。风一吹，那内裤的角一掀一掀的。媳妇们心里跳，佯装不看，但眼光老往那儿打漂儿。二婶洗完一盆，再端出一盆，一晌洗了数盆衣服，连压箱底的老公爹的寿衣都洗了。人都诧异：二婶是咋了？！二婶自言自语：可惜是个哑巴，要不，做谁的老公谁享福，白糟践那身好皮肉！媳妇们议论：哑巴这几天紧邪乎，八成那个憋的。其实哑叔没睡，他早看出了这群娘们儿的孬相。他心里看不起她们！他在嘲弄！

哑叔的伤好了以后，猎狐就更起劲，而且还学会了用脑子。他不信邪，但他知道狐狸狡猾，就自制了一套套绊索。探好狐的蹄印，在狐经常出没的关隘道口都下了绊索。绊索上的伪装物安排得像天生的那样，连造物主也会分辨不出与其创造有何不同。下了绊索以后，他就在家睡大觉。吃了睡，睡了吃，糊弄了一夏天。到秋上，居然更胖，腰、肩、臀更女性化。就连村上最死板、最保守的“服古”老人都说：哑巴莫非投错了胎。仲秋，他开始进山，陆陆续续把猎物带回来。这些被缚的狐都是活的，哑叔便在院里的榆树上挂一铁钩，把欢蹦乱跳的狐倒挂在钩上。然后，把寸把长的小刀在砺石上慢条斯理地磨得放出寒光，再用木塞把狐的肛门堵上（狐的屁能熏死人），再慢条斯理地从狐的后腿下刀，一刀一刀的，刺得精致，刺得熟练。

狐“嗞嗞”尖叫着，似小孩儿夜哭。哑叔满脸喷发着兴奋，手脚也变得异常轻盈。等狐被剥完皮，哑叔哈哈大笑，极麻利地将“脱”得精光的狐从钩上卸下，松了绑。狐在地上痛苦地挣扎着，东蹿西蹿，留下一道道血印。哑叔笑得人仰马翻，淋漓尽致。

整个一秋天，哑叔的院里都萦绕着惨绝的狐叫。娘受不了那份罪，住闺女家不回来了。整个村子大大小小，老老少少，男男女女都恨哑叔。是他把宁静的小村搅得没有一天安宁，似生活在地狱中，以至刚生下的小孩竟不会哭！可哑叔一天到晚都沉浸在极度的亢奋中。人们怀疑他疯了，把邪恶引到村里来了，便酝酿着把哑叔轰出村去。但一进入冬天，整个山村又变得死一般沉寂，炊烟照样笔直，小孩仍旧啼哭如歌，古老的生活旋律照样催促庄稼男女早早地钻被窝成就好事。人们根本不去管那从亢奋的高峰跌到绝望的深谷而变得如痴如呆的哑叔，似乎他这人已消失了。“服古”老人出来讲话，说哑巴把狐仙治苦了，得罪了白狐。白狐是狐辈的祖宗，它眼见儿女一个个死去，要找哑叔报仇。哑叔的大限到了，村民躲他远远，以免沾晦气。哑叔依然生活在村上，但却像活在隔世。他形影相吊，周围是一双双窥视的眼睛。

哑叔打点行囊，备足了弹药和干粮进山了。他走在蛮荒的野林里，喝着因山深林幽而变得沁凉沁凉的泉水。荆棘葛藤时时挡住他，他用砍刀一阵拼命地砍，砍完就是一阵难挨的气喘。他搜索遇到的每一个山洞，哪怕是传说中的妖洞。有时身子陷进深深的腐叶中，生命濒临绝境，但他都凭着惊人的毅力扑腾出来。好几次在昏睡中，他都感到有毛茸茸的东西撩弄他，像那白狐已摸到他身边，要偷偷暗算他。他“啊”的一声从梦中惊醒，却见周围是死一般的空寂。他有些恐惧，撒开喉咙大叫。嘶哑的叫声未落，一群乌鸦从密枝上扑啦啦飞起，逃到视线之外。哑叔的眼圈深陷如井，手脚由于划破了无数道伤口，已肿得变了形。一天，当他捧饮脚下的山泉时，眼底兀地有一朵黄色小花在姗姗地动着，他哇地哭出来——春天已至。

他很狼狈地逃出山外。在村口，远远地看到一个身影。极熟悉。他一阵惊喜，紧走几步，果然是“小精灵”。只见“小精灵”肚子腆得像座山，走起路来蹒蹒跚跚的，像笨拙的熊瞎子。他想搀她，不想，“小精灵”却“哇呀”一声尖叫，夺路而逃。跑起来的样子像狐一样，嗖哒嗖哒的，鬼快！

晚上，拐大爷房里传出一阵哭声，那哭声凄烈而绝望。他推门而入，见“小精灵”死了一样，躺在炕上一动不动。脸煞白煞白的，胯下盖着一团破棉被。老爷子扎煞着污手，在地上单腿蹦，鼻涕眼泪满脸坠着，似挂起一道银帘。猛然间看到了哑叔，抄起花椒木拐杖，兜头便劈。“背时的恶鬼，还我外孙！还我外孙！”哑叔未曾防备，重重地挨了几下，顿时满眼昏花，跌跌撞撞跑回自己的屋里。从墙角捡起一片娘梳头用的破镜片，一照，一张污黑青苍的脸，一头猿一样的毛发，发缝里爬满了茸茸的虫子、饱饱的虱子、白白的虮子和一朵一朵的草毛。额头有两个血包极对称，一边一个，紫紫的泛光。他捂着脸，一头扎进炕角，痛苦地翻滚着，捶打着自己，捶打着山墙。

从此，哑叔真的变成了鬼。老乡见他就赶，躲不及便挨顿揍。哑叔从此白天不出门，晚上则跑出去，到别的庄户里偷些吃的。晚上，村民听见柴棚灶舍有窸窸窣窣的声响，便扯紧了被角："甭管他，一个活鬼！"……

哑叔每年的冬天还是要进次山，找那白狐。白狐冬天蛰居，好找。但一出一进十年，终究没找到那狐。

哑叔变得异常苍老，脸像百年的古树皮，刚二十几岁就像到了古稀之年。不光形态开始变得萎缩伛偻，更主要的是心理。他渐渐觉得心力不支了，便有些泄气。几次犯忖，不准备再找那狐。人说，千年的狐成精。那狐也许就在瞑瞑之中左右着他、折磨着他，让他速死。但他已没了别的牵挂，娘早就脑溢血而死，找那狐是他唯一的想念。如果这样等待下去，这生就白活了。一阵烦躁以后，他又生起气来，似生自己的气，也似生那狐的气。不行！我必定要找，龟儿子，我倒要看看你扎在哪儿，比比咱俩谁活得长。不然，我死了，你连骨头都不会给我剩！哑叔笃信"服古"先生说的"白狐要报仇"，不然，为什么他每剥完一张活狐的皮，大笑之中都要吐出几缕血丝来？！

三十岁这年冬天，他痛痛快快地喝了一顿老酒，醉了三天三夜。酒一醒，他就爬起，进山。他下了决心，这是最后一搏，如果再找不到，就干脆跌下悬崖。他爬进一个奇形怪状的洞，脚下是成群的爬虫，见了都让人恶心。手中的火把突然灭了，再点就再也点不着。他干脆把火把扔到一边，摸索着往里爬。

"咕咚"一声，他跌进了一个深井。醒来时，发现顶壁上有两点绿幽幽的光。他一阵惊觉，顽强地爬起来，悄悄地往上爬。刚一出井口，就觉耳边呼地一阵风声，他一歪脑袋，一条硬硬的鞭一样的东西就扫了他一下，顿时，血从嘴角冒出来。那团东西又返回来朝他进攻，他摸不清虚实，只好朝后退。退到洞口，他的眼唰地亮了，心里立刻兴奋起来。正是那只白狐！

那只白狐在暗光下，雪白雪白的，直刺人眼。它迎着哑叔扑过来，哑叔痛得把牙齿咬碎了两颗。没等哑叔拉好架式，白狐就又扑了上来。仰头时，哑叔见那狐舒展开四肢后，居然像豹子那么大。他有些心虚，但已没了退路，就合了眼，朝狐的腹下猛地撞去。“轰”的一下，哑叔就不知道了。蒙眬中，脖颈一阵刺痛，猛睁眼，狐牙已嵌进老深。情急中，他用双手紧紧钳住狐的脖子，原来粗壮的狐颈才双手相握般粗。他一阵惊喜，下死劲钳下去。狐咕噜咕噜喘不上气来，就更加暴跳，四蹄朝哑叔胸腹猛踩。为了躲开狐的两双利爪，哑叔钳着狐翻滚，终于摆脱了狐的钳制，更紧地攥紧了狐颈，继续翻滚，试图用身子把它压死。狐不断用铁一般硬的尾巴抽打他，背钻心地疼。痛苦中，他滚下一个沟坎，狐乘机挣脱了。迅疾挺起，见狐摇摇晃晃朝洞里跑。他呼地连根拔起一棵酸枣树，使劲往狐身上抽。狐厉叫着更急促地朝洞里窜。追到洞口，哑叔猝然停了。洞里很黑，他怕遭狐的暗算。他在洞口转来转去，急得眼泪汩汩地淌。手一阵刺痛，原来酸枣树的锐刺已深深地扎进肉里。他猛地兴奋起来，狠狠吮了几下手上的血，用砍刀拼命地砍起棘荆、灌丛、山草，不一会儿就在洞口堆了高高一垛。“哧”地点燃了，大火夹着浓烟直往洞里灌。哑叔一把撕开上衣的扣子，把棉衣脱下，疯狂地往洞里煽烟。周围的山草也烧起来了，他全然不觉。火光中，他那双充血的眼，圆圆地凸出来，似要把眼角抻裂。狐终于被熏了出来，蹿过火堆朝山上猛逃。哑叔也就穷追不舍。于是，就上演出了开头的那一幕。

滚到山脚，哑叔被一棵古榆截住了。猛烈的冲击，几乎是像扔东西一样，把哑叔狠狠地掼到树干上。树干给哑叔一个很硬的反冲力，快把心颠出来。哑叔一阵剧烈的疼痛，连打两个趔趄，差点儿没扑倒。狐再次挣脱，一瘸一拐地颠跳着，朝沟底连滚带爬。几乎同时，哑叔也清醒了，吐出一口郁气连带一团血块，拼命去撵。狐跑得很艰难，哑叔也跑得很艰难。被烧焦了的皮肉撕撕拉拉的，人就要疼死过去。

但哑叔没有倒。这沟底就是他和狐的决斗场，或他把狐干掉，或被狐拖死，或二者都死去——哑叔和狐都是从大火中死里逃生，都负了重重的创伤，都同处在生与死、希望和绝望的煎熬中，这一对冤家是谁也放不下谁了！

人和狐的距离愈来愈小，好几次哑叔的手都要拽住狐的尾巴。二者都有些精疲力尽了，展开了拉锯战。哑叔拼了一口气，眼看就要掐住狐的腰了，狐拼命一耸，又保持了原有的距离。

哑叔的眼里只有狐，狐是他生命的唯一目标。狐摔倒了，他也因抓空而摔倒；狐爬起来了，他也蹬实了脚下的鹅卵石。稳稳地抓着狐的机会终于来到了：狐的前腿被一串铃铛花的蔓缠住了，在挣扎中摔倒了。哑叔激动得嘤嘤哭泣起来，两双大手钩成鹰爪状，想一下子把狐抓得稀烂。只见狐拼命地把后腿扬起来，“噗噗”几声闷响，一股股狐屁剧烈的臭味迎面而来，把哑叔的整个鼻腔都堵满了。对胜利的渴望，使他放松了警惕！

哑叔拼命地咳喘起来，眼珠快要从眶里掉出来。他的心就要停止跳动，眼睛开始发黑，神智似要离他远去。空前的绝望像一股股湍流，从全身的每一条血管、脉管、淋巴管和筋络一齐向喉咙攒涌！他飘飘忽忽地在原地打转，最后，终于把双臂奋挺起来，石破天惊地爆出一个绝响：“好臭！！”

山谷里像霹雳一样，回荡着这骇人的音响，久久不肯散去。

哑叔被这奇迹惊呆了，人站成了一柱死去的木头。他不相信这天他又重新开启了他那封闭了二十多年的喉头。浑厚的声音像电磁波一样向山里山外辐射而去。山似乎裂开了无数道裂缝，死去的娘便从那里走出来，冲他笑。他大喊一声：“娘！”便在恍惚中看到娘在九泉下把身子躺舒展了，并笑着合上了眼睛。

狐已逃得无影无踪了。

但哑叔却显得异常宁静。向着狐逃走的方向，他绽开了人生最美的一个微笑。这微笑既属于他自己，又属于那雪白雪白的狐。他和狐一同获得了生的快乐！

他撒丫子朝山口奔跑，连声喊着："小精灵！小精灵！小精灵！……"

1987 年 4 月 17 日至 20 日

垭口老人

垭口的崖下，是你的小屋。小屋其实是看羊用的窝棚。木头绑的架骨，墙则是草席围的，抹着薄薄的一层泥。望着屋外几段羊圈的残墙，你嘟囔着：“喜娃，你好狠哇，娘那脚！”喜娃不是别人，正是你的独生儿子。

你从十二岁起赶羊，给村里赶了半辈子。地分了，羊也要分下去，你便拽着村主任的手婴儿般哭泣。村主任理解你，便将羊群承包给你：让你包五年，五年内下的羔子，一半归村里，一半归你。过了五年，把羊交给村里的时候，你已拥有了属于自己的又一群羊。于是，你手头有了不少积蓄，给独生儿子盖了房，娶了媳妇，日子过得极红火，便招来村里老人们的几多羡慕。

但你毕竟老了，羊群便撒得近了。几只贪恋深山的羊便不顾你的嘶喊，独自跑远了。羊认识归家的路径，日暮时，也会自己回来。但日子久了，总会有一两只跑出去就再也寻不着踪影：或迷路或跌崖，或被猎人掠去。

儿子便有了微言，指使媳妇出来说：“爹，把羊卖了吧，恁那么大岁数，也该享享清福了。”

你知道儿子和媳妇的用意，便说："卖不得，赶了一辈子羊，赶出毛病了，听不到羊的叫唤，觉都睡不踏实。"于是，你就仍旧赶着羊。但每当端起饭碗，媳妇就说："咱屋里味总不对，忒膻，串门儿的都少了！"儿子也附和："就是！"

你并不接茬，专心吃着饭菜。但忍耐终究不是滋味，日子久了，便感到极窝火，终于发作道："你们若嫌俺，俺就搬出去！"你果然就搬到了看羊的窝棚里，另起了锅灶。

于是，村里就起了闲言碎语，儿子便坐不安稳，钻进窝棚："爹，回吧，羊您照赶。"

一天，你又丢了一只羊，儿子便彻底扯破了脸皮："钱都叫你赶没了，还赶个球！"便不顾你的哀求和热泪，把一群生灵赶出垭口，赶到集市的肉铺。

当儿媳津津地数着一张张响脆的票子时，你已跌倒在窝棚的地上，久久地昏迷。醒来，你已经绝望，觉得再活下去已没啥意思。因为，儿子出卖的不是一群羊，而是你晚年的全部生活和老而弥深的爱情。

于是，你终日闷在窝棚里，成了一具活着的幽灵。

那一天，垭口两壁的山突然抖起来，碎石滚落如激雨。崖下，你的窝棚也被抖散了架，一根木头砸得你眼冒金星。你知道，来的是地震，民国三十六年你曾赶上过一次。你隐隐地听到山里有狂风在呼啸。扑面而来的竟是一团团浓重的水汽。你突然想到垭内六十里处那座大大的拦洪坝。你一阵惊惧，迅速攀上了垭壁，将身子贴牢了。喘息间，一股冲天的浊浪已扑到垭口，无情地卷走了垭口的一切。

大水愈漫愈高，已浸到了你脚下的石壁。顺水漂下的，有房梁、仓柜、猪狗……还有人。你大声骂："出逆子的年月，还能好得了吗？！"

水已漫了你的小腿，激奔的水流，如一把把锐利的尖锋，将你的皮肉刺得生疼。你周身颤抖着，攀扒石壁的双手已不听使唤。想到死，一般强劲的寒流，从裆下倏地刺到心房。但一想到儿子对你的无情，以及你以后黯淡孤寂的日子，抽紧的心弦竟慢慢地放坦然。与其苦苦争扎，莫不如顺流而去。那一重世界，不仅能见到心爱的羊群，还能见到离去二十多年，知你疼你的老伴！

但就在这时，你却听到了一声稚弱但清晰的哭声。你不禁一怔，欲放开的双手又扒牢了崖壁。寻着那哭声睃去，竟见到几十步远的垭里，有个女孩正拼命地抓着垭壁的一株幼树，大水疯狂地冲刷着幼树的根茎，而女孩却已无力攀上崖壁。热血骤然冲上你的胸壁，这么小个儿的闺女，能眼瞧着给卷走了吗？！

于是，你便抓着垭壁，快速朝上挪。水势太猛了，撞在崖上，溅起数尺高的泡沫，眼睛便很难睁开，就只有靠一双攀援的手臂，朝上游寻觅。手被荆辣和石刺扎破了，淌着汩汩的血水。身体被激流狠狠地朝垭壁上冲撞，撞出彻骨的疼痛。你移动的速度便很慢，有时甚至停下来。你感到一股巨大的悲哀：自己果然老得没用了！心灵的刺痛比肉体的痛苦更叫你难以忍受，老泪便无声地淌下来。但女孩的哭声却不管你的悲哀，穿过洪水的呼啸，微弱而执拗地敲击着你的耳鼓。你终于被激怒了：娘的，老子想死是真的，但也不能死得这么窝囊！你便要与肆虐的洪水做最后的较量。为了减轻水的阻力，你死劲贴牢了垭壁，一步一步地往前蹭。于是，便有了破碎的衣服，淋漓的血肉和未死的意志。

在那株幼树就要被洪水冲走的时候，你终于蹭到了女孩的身边。你一下子将女孩揽在怀里，心中奔突着极端的兴奋，你像又回到了中年，生命又极蓬勃起来。你竟轻易地拦截了一根圆木，拥着女孩一起抱了，朝下游漂去，最后漂到浅滩，一同得救。

灾难过去，女孩的家人来拜你，带着极重的礼物，并说：“你是俺全家的救命恩人！”你感到极不安起来，嘴巴嗫嚅着，竟开口道：“哼，说不定谁救谁呢！”周围的人被你弄得愕然不解，而你的心中却异常地清明。你忘不了女孩那一声声哭声，若没有这哭声，生的权利就被自己轻易放弃了，灵魂也就早被满腹的屈辱和恨怼所淹没！

你重修了窝棚，仍过自己孤独的生活，但却不再恨儿子儿媳，虽然他们还是那么刻薄。你变得异常的平静，坦然地对待来到的一切。因为你想：跟死都斗过一次了，还有啥不能忍耐！

你常常坐在垭口的崖下抽烟，抽那带臭味的老烟斗。烟雾一缕缕地飘上去，幻化出一群群的山羊，你便久久地凝视着这烟雾，直到眼睛被凌厉的山风刺出泪水。不远处，那个被你救下的女孩正一扑一颠地捉野花上的蝴蝶，且不时回头叫：“爷爷，爷爷，好大的一只蝴蝶啊！”

于是，你的烟斗便抽得更有劲儿了！

1987年4月26日

垭口孩子王

一天，上课铃打过许久，仍不见班主任上课来，孩子们便交头接耳，嘁嘁喳喳，弄出好多声响。正这时，校长带着一个陌生人走进来，大家便戛然消了声息。

那陌生人随校长朝讲台前走，右脚一跳一跳的，跛得极厉害。大家并不笑，仅觉得蹊跷。

校长说："孩子们，你们的班主任调走了，又给你们请来一位新班主任，喏，就是这位陈老师。"校长边说边拍那陌生人的肩膀。于是，大伙儿的视线便被引到那肩上，那肩竟是一高一低。

校长介绍完，又叮嘱几句便踱出门去。陈老师举目望一望大家，想说几句什么，但终于是嚅一嚅喉结，将要说的咽下去。

"同学们，翻开课本第四十五页。"这竟是班主任的开场白。

大家哗哗地翻到那一页。见正是前任班主任讲到的地方。再看讲台时，陈老师已一手扶着黑板，一手极吃力地写着板书。他那条腿便被上攀的身子提起来，一荡一荡地晃着。孩子们便哗地笑出声来。

在孩子们的笑声中，他仍不露声色地写他的字，字写得极稚拙，却一丝不苟。孩子们便觉得笑得没道理，静下心来，等老师讲课。

他写罢一段板书，转过身来，双手撑着讲桌开始授课。他的声调滞缓而低沉，似压抑着不尽的悲伤。

下课了，他仍在讲台前站着，直到没有学生从门口走，他才一跳一跳地挪出教室。

等他挪远了，孩子们竟说：“怎么派这样的老师来。让人看着忒难受！”

山里的小学，一个老师几乎包了所有的课程。于是，一天便有好几次看陈老师一跳一跳地上讲台，双手撑着讲桌授课。

一天，不知谁在讲台上放了一把凳子，且在讲桌上压了一张纸条：陈老师，请您坐下讲课吧。

陈老师看过纸条，脸倏地红了，红得很久很久，竟黑了脖颈。他直视着大家，眼里喷着凶厉的光。但终于没有发作，把那一方木凳一跳一跳地搬到一角，仍撑了讲桌站着授课。孩子们便不敢吱声，极认真地听讲。

一下课，陈老师便踱进他的办公室，将门关得严实，从不和我们多说一句话，笑脸自然是更难看到。这真够我们受的！

但就是这么一位极阴郁的老师，竟破天荒地开了山村小学的音乐课。

那日，他提着一把二胡跛上讲台，将角落里那方木凳搬到中央，跷腿坐下以后，说：“今天给大家拉一课二胡，若都爱听，以后便教大家。”

他咯隆咯隆拨弄几下，便一头扎下去，拉出极动人的声响。

他说：“我拉一支《听松》。”便拉出古松的苍郁和不屈。他说：“我拉一支《江河水》。”便拉出洪水一般的混浊和呜咽……这当然是成年以后的体味，但在当年的那堂课上，当他拉完《听松》《江河水》等，再拉《二泉映月》时，大家就都想哭：室内早氤氲着一种浓浓的悲凄。不知谁说了一句："看，陈老师哭了！"便果然见到两颗泪珠缓缓地在老师脸上淌。于是，大家便都哭，哭得满室嘤嗡如潮。

待大家哭够了，都觉得二胡那玩意儿太神奇，便呼拉将陈老师围了。这时，陈老师的脸色清澈如水，极平静。于是，虽还在课上，但大家早就没了怯性儿，依次用手去摸那弦，便有了师生间久违了的亲近。

从此，我便对陈老师的身世有了极浓厚的兴趣，便去问父亲。父亲是村支书，管辖着学校的事体。

父亲说，陈老师的家在山外的镇上，是中学里的高材生，考学时考了个第一，但却因身体被刷下来。学校极同情他，便在山村为他谋了教书这桩差事，因为无法转正，便将户口迁到我们村上，做民办教师。他布置办公室的第一件事便是写了一幅大大的字：身体是革命的本钱。我有日借故到那屋里转了一遭，果然见了那几个字。那字写得极不守规矩，撇、捺极放肆地拉得极长，像发泄着什么。

我把这些告诉了同学，大家就都为陈老师惋惜，便觉得他的阴郁和古怪是应该的。

陈老师的二胡拉得好，便使大家对音乐极感兴趣，便要求每星期都有音乐课。陈老师极兴奋，便托人从山外买来课本，极认真地教。于是，不知不觉中，学童们不仅学会了识简谱，还学会了许多歌，放学在路上尽情唱，唱飞了一群又一群在静寂中安栖的野鸽。乡亲似觉得那歌好听，也跟着哼哼，日子久了，便也哼出调子。后来，父亲竟找到陈老师，要他专给村上写一首歌。陈老师并不推托，极用心地写了。那歌写出来是这样：

小村如珠倚山落
山泉如银绕两旁

都夸山村无限好

天也亮来人也亮（靓）

……

这其实是极浅俗的句子，但配上流转的曲子，终于把山村老小唱得喜笑颜开。父亲也说：“若不唱这歌，真不知道咱这山旮旯还这么美！”

就此，陈老师便有了被山里人拥戴的资格，每有青菜山果下来，乡亲就打发着学童朝陈老师屋里送。年关迫近的时候，陈老师屋中的桌上堆满了年糕、醉枣、狍肉等稀罕物。有年年关，陈老师得的东西太多，竟带不走，父亲便找人用驴车送他。驴车在路上碾出吱吱脆响，陈老师的心也七上八下不平静。临了，握着赶车大叔的手说：“您老回去跟乡亲们说，放心将孩子交给我，我一定好好待他们！”

于是，春天一开学，他便办了三件事。

一件硬是把羁在家中的病残儿童请出来上学。孩子们的家长说：“陈老师，您莫操心了，咱山里好胳膊好腿的都难学出出息来，甭说是残人！”陈老师的脸便唰地极苍白，很久才说：“残人天地小，若不多识几个字，山外的世界便一辈子也弄不清。”看着他跛着腿，一趟又一趟走家串户，便有人说：“陈老师这人不错，送孩子去吧。”便有了山村小学独特的一个班。残疾儿童心极敏感，对正常人有一种逆反心理，陈老师便包了残儿班所有的课程。

第二件，便是从山外自费买来许多药品，给孩子当保健员。

山里的学校不设体育课，孩子们极少锻炼，体质便显得弱，久了就懒而少生气。于是，他办的第三件事便是找人在校院里砌了两个乒乓球台，教学生打球。陈老师腿虽跛，单腿挪腾竟也将球打得极精彩。学生们极兴奋，每日晚学一放，便同陈老师练球。久久见不到孩子们回家吃饭，家长们便找到学校。见孩子们和他们的跛脚老师打得正欢畅，便也簇在一边看。一个老奶奶来领孙子，拽了几拽也拽不走孙子，便说：“这个陈老师，腿那么瘸竟也不拾闲，天生一个孩子头儿！”

于是，我和山里的孩子们便很爱这个跛脚班主任。

一天晚上，父亲对陈老师说：“陈老师，晚上到家里来吃吧，让你嫂子给你温几杯好酒。”

他果然就来了。父亲极高兴，同他一杯杯地饮。陈老师竟有一个好酒量，在父亲面前并不拘怯。父亲便被撩得更兴奋，不时拍陈老师的肩膀，无话不谈若兄弟。

临了，两人均有几分醉。父亲竟问：“兄弟，都三十出头了，不找个婆娘吗？”

陈老师一怔：“像我这个架式，有人肯跟吗？”

父亲一把攥住陈老师的手：“莫这么说，你是个人才，中用得很！”父亲的眼圈竟满盈着泪：“你若不嫌弃，就把家妹给你！”

陈老师猛地一抽搐，雕像般立在那儿。他肯定喜欢我姑，我姑爱唱歌，隔几日便折到他屋里，随他那响脆的二胡，唱几支响脆的歌。

经了好长的一段沉默，他竟说：“支书，说点儿别的不可以吗？莫开这样的玩笑！”

父亲将两只大手的骨节攥得咯咯响：“不开玩笑，山里人从不拿正经事开玩笑！”

陈老师便又给父亲和自己满了酒：“支书，我敬您一杯！”

他抹着唇角的酒滴，说：“支书，我忘不了您，您比我亲哥哥还亲，但我不能娶小妹，小妹应该找个好人家。”

父亲说：“就嫁你了！”

陈老师的泪顷刻间便涌了出来：“不！我是个残人，自己都活得不轻松，莫说再牵累别人。我不想欠债，自由自在的生活便最好！”

父亲仍坚持："兄弟，莫争了，到底娶不娶？"

"不娶。"话音未落，父亲早将酒杯砸碎了："你滚，你滚！"父亲做支书多年，专横惯了，但今天，他的自尊心却空前受到伤害。

陈老师竟真的走出门去。步子虽然还是那样一跳一跳，但极持重。

对此，我便极迷惑。

一晃，我在外有二十年未归家去，他的事我便知道的极少。那日，区教育局局长找我："作家，求你报道报道我们的一个老师行吗？"一问，竟是幼时的班主任——跛脚陈老师。局长说："老陈倾心山区教育近三十年，让人极钦佩！"我心里暗忖：那个中甘苦，一定将他磨砺得极苍老。

吉普车开到村口，竟碰到了骑车的他。他已认不出我，脸上是青黢黢的胡子楂，显得极精神，看得出是被主人经常修理的。最后，他终于认出我："呀，学生都这么大了，而且还有了名气。"他的喜悦之情溢于言表，双手紧紧地握着我，极有力量。我感觉出，他挺健朗。

对他能骑车，我颇惊奇："陈老师，车子骑得熟吗？"他摇摇铃："熟，熟得很哩。现在可不比从前，外边的新鲜事太多，腿不勤点儿，便少见多了。"局长说："老陈是个大忙人，当校长了。今年他的学校升学率居全区第一。"陈老师哈哈一笑："咱能力差，凑合着干。"话虽谦谦，透出的却是极惬意的满足。

他突然想起什么，说："我正要去镇上，将录像机驮回来，正好你们有车，辛苦一趟吧。

我问："自己买的吗？""不，借镇上的，如今镇上学校都做韵律操，我腿脚不济学不来，但让孩子随录像做，准能学会。"

到了学校，见那些校舍竟都翻盖过，校园周遭皆有白杨环绕。左侧是一片小小的篮球场，右侧一角竟是一间大大的游艺室，且琴、棋、书、画皆备，很不像一个山村小学的样子。于是，便联想他跛脚建设时的情景。

我问局长："陈老师娶亲了没？"局长笑笑："他从没娶亲，但都不敢劝他，一劝，他便极反感。"于是，我便想起二十年前在我家，他与父亲的那一幕。

我说："他已爱上了这个学校，心里也变得极平静了，娶亲的事，便不要再提。"

晚学一放，孩子们便聚在那大游艺室里。陈老师便给孩子们放那韵律操的录像。那韵律操其实就是儿童迪斯科。那节奏之强、旋律之热烈，搅得孩子们极不安分，边看边跟着动作。古老的山村便颇不古老！

晚上，我们在陈老师屋里聊天，向他询问从教三十年来走过的路程。他沉默着并不吐半个字。他从墙上摘下那把二胡："给几位拉几个段子好吗？"便勾下头去拉。他不时拉出欢乐，不时拉出沉思，也不时拉出叹息……这是一种极放得开的拉法。但他的脸上却始终恬淡如水，无一丝二十年前的踪影。

最后，他竟说："局长，莫写我，我并没有多高的境界。我是个残人，活起来极不容易，但我总是想人好歹也是过，干吗不活得快活些，活得像个样子！"我的心倏地涌起热流，陈老师，我理解您，唯因如此，才更令人尊重！

1987 年 4 月 28 日

老桥、父亲和我

老桥是祖上的遗迹，祖父生时便有，它到底有哪般年纪，村人无人说得清。

老桥是用上好的檀木建的，檀木外皆被火漆喷过，太阳照时，幽黄如烧，令人不能久视。

垭里的河道虽窄却陡，且河道里的水常年湍急，垭两壁上的人家若要出门，必过老桥。

于是，老桥便不仅仅是一座木桥，而是垭里人须臾不敢大意的生命线。村人每走到桥上，便平心静气，油然生出许多庄重。

老桥因为是祖上的恩德，花白胡子的老者便叮嘱猴子般浮飘的后生："走到老桥之上，千万要轻而又轻，你踩的是祖宗的脊背。"

然而，天公却不顾垭里人的虔敬，每至夏暑，准有瓢泼大雨，生出翻滚污浊的山洪，冲撞到苍老的桥体之上，恣肆而无情。

老桥虽一直未被撼动过，但多雨的季节，总也叫垭里人过不安生……

一场雨来得罕急，垭壁上整夜滚响着沉沉的闷雷。老少的心皆牵系着那座赤裸的老桥，便都盼着天快些亮起来。于是，天刚一放亮，村人便冲出房门，朝着垭口那座老桥狂奔。

父亲奔到桥边时，桥头已拥满了人群。人们哭着朝父亲喊：“支书，老桥要没救了，你快想办法吧！”

父亲望去，老桥的面板已被冲散落了，立柱与横架的榫处已连得极少，若不赶快捆绑，洪水的冲刷会很快叫老桥坍去，没入浊流。

——若重修一座桥，要耗去全村一半人的好时光。而眼下，垭壁上的玉米正喷吐着鲜艳的苞穗，透熟劲儿足的厩肥，要通过老桥的脊背才可施到庄稼那纷披而腴白的根际……老桥，你担着垭里人来年的生路啊！

父亲急了，朝人群喊：“快找捆油绳来！”边喊边撕去身上的衣衫，精赤了身躯朝老桥的上游奔去。

我霎时明白了：父亲要冲进激流，去挽救老桥。我便紧跟了父亲，同他一起奔跑。

眼前那个半裸的父亲是多么伟岸啊：肩头那丰厚的肌肉随着手臂的抖动，不断地堆成凌厉的块团，透出无坚不摧的刚性的力量。宽大的臀部，不停地耸动着，耸起两座浑圆的峰峦，喷射着昂然的雄性的伟力……

一下子，我为父亲的身影深深地迷醉。

父亲刚一接触水面，便被身后的巨浪打出几个趔趄。当他朝着深处迈去时，浊浪拍击着他的背部，发出锐响；他脸抽搐着，双手不停地抓向前方……他不想摔倒，但却一次又一次地摔倒……

终于，一根疾驰而下的圆木，猝然击中了他的肩部。迷蒙便在瞬间黯淡了他的眸子，他没入了激流。

当他再次从洪流中支起沉重的头颅，他听到了母亲那凄厉的呼号。

父亲一惊，大吼一声：“他娘，我就来！”便拼命地朝岸上卷回来。

我知道，流泪时的母亲，是她最美丽最动人的时刻。

母亲的美丽，剥噬了父亲所有的勇气！

人群围拢过来。焦灼的目光，攒涌着，在父亲白绸般光亮的肌肤上打滑。

他们期待着他重展雄威。但父亲却木然地蹲在地上，大口大口地吸着母亲递给他的纸烟，意识像已脱他远去。

老桥吱咯地响着。人们彻底绝望了。

但就在这时，上游传来一声嘶哑的喊叫：“老少爷们，垭里的汉子还没死绝呢！”

寻声望去，光棍老五正往光裸的腰际，一圈一圈地缠着油绳。缠毕，他伸了伸精瘦的双臂，决然地走向激流。

人们惊极：在垭里，老五是最懒惰、最肮脏的一个，素日，只要他走到村街上，稍有姿色的女人均远远地避去。

但走向激流的，却正是这个老五。

那扑天的洪峰，滔然哗然。老五那干瘦的背脊衬着这样肆虐的背景，滑稽而悲壮。

他那瘦小的身躯在激流中翻了两番，便彻底没了踪影。

岸上，便掀起一片长短不齐的哭声。

但不久，老五竟奇迹般地出现在老桥的主柱之下。他吃力地攀到将要脱榫的横梁之间，颤抖着解下腰间的油绳……

老桥便不再呻吟。

人们欢呼：“老五，你小子有种！”

老五费力地抬了抬手臂。向岸上的人群示意。但精疲力尽的老五终于跌入水中，被洪水卷向下游。

人们顺流追赶着，像追赶着垭里人的灵魂……

父亲被母亲搀回家去，倚在祖传的太师椅上，久久不动。望着健壮的父亲，我感到有一种说不出的耻辱。我努力忍着不把泪流下来，将一口知道黏浊的痰涎噗地吐上门楣，任其飘摆不止。

不久，父亲便辞了支书的官职，到垭那边，下窑去了。

父亲的阴影，使我失去了在垭里生活的自在，便拼命读书，终于考上大学。

出垭那天，父亲极悉心地给我打了背包，并掮在肩上，呵呵地笑着：“爹送你到车站吧。”

我感到极厌恶，说：“不用了，您留着力气，多挖几块煤吧。”

父亲怒极，巴掌重重地打在了我的脸上：“别人瞧不起你爹，咱认了，可总也轮不到你！”

于是，带着对父亲的怨怼，我走出垭去，且一混十年，一次未归。

去年，当我的儿子满了周岁时，我不得不回一次老家，垭里有个很高的风俗：孙儿的名字，一定要祖父起才好。这一规矩，尚无人破坏过，重脸面的吾辈，便更不愿破坏。

回到垭里。父亲瘦得皮包了骨头，腰脊佝偻着，像随时向别人乞求些什么。他努力躲闪着我探寻的目光，只是默默地接下我手里的东西，摆到该摆的地方去……

我心里极不是滋味，便找话说：“爹，这些年还好？”

父亲努努嘴，咕地咽下一些物质，并不接话。

我感到尴尬，但还是说：“爹，这次回来，想请您给孩子取个名儿。”

父亲的眼霎时亮了，但马上又黯淡下去，终于说：“你爹活得不如人，莫把晦气传到隔辈，还是你自己取吧。”

晚上，母亲温了酒，以期让氤氲的酒香将父子久积的隔膜慢慢地化去。

但那酒终于没喝出一团火热：父亲只是兀自饮着，给他斟上一杯，他便喝下一杯，酒喝了不少，话却一句没说。

酒喝罢，父亲便和衣睡去，且睡得悄无声息，全没有老年人那理直气壮的鼾声。

母亲轻轻地给父亲扯上棉被，泪眼模糊着，透出极深的疼爱。她长长地叹息着。

“唉，你们爷儿俩，咋都这般要面子！”

母亲的叹息将我深深地刺疼了：莫非是我太过分了？！要知道，父亲只是一介山民，他有的只是一个有限的生存空间，他的选择便也极其有限。

我睡不着，便踅到老桥之下。我敲了敲老桥的桥身，桥木发出迷人的脆响，那声响悠长而有弹性。看来，老桥将久久地存在下去。

但一个猝生的念头，却令自己大吃一惊：当初，老桥莫不如垮掉。桥垮了，尚可重建，而心灵的桥呢？！

不知怎的，我竟为自己、为父亲感到了悲哀……

1987 年 4 月 30 日

雪劫

入伍后，我当的是汽车兵，负责给唐古拉山的边防哨卡送给养。这个差事既需要耐力又需要经验，所以，我一干就是八年。

到风雪线的第三年，经首长特准，我回家成了亲。新娘是我父亲战友的孩子，是个丰满而秀丽的姑娘。结婚后，她待我好极了，温柔而体贴，让我感到她是世上最好、最多情的女人。

我很想托父亲的门子，从那冷酷的风雪线上调回来，整天与美丽的妻相依偎，便一次又一次地向父亲请求。我的请求，终于惹怒了父亲，除了痛骂我一场之外，还给唐古拉山边防部队的首长写了封信，要他们下力气，做我的思想工作。

于是，我同妻便有了一次又一次的离别，妻那倾洒的泪水，煎疼了我的心。但我却更爱她，她的照片总贴在我的胸口上，每看一眼，便觉幸福无限，漫漫风雪线，也就温暖如春。

事发在到唐古拉山服役的第五个年头。

那天，首长要我迅速回京，找我的父亲，为部队筹措一批急需的物资。经过几天的颠簸，到家时已近午夜。为不惊动熟睡的妻，我取出随身携带的家门钥匙，轻轻地打开了房门。

当我打开壁灯的时候，眼前的情景把我惊呆了：柔软的席梦思床上，妻正拥着一个陌生的男人，酣然而眠。

面对这猝然的打击，我的选择只有一个，便是沉重地晕过去……

几天后，我懵懵懂懂地回到了部队。身后，尾着跌跌撞撞的妻：她怕我被极度的悲哀所毁灭，便不顾一切地追随着。

归队后的第一次出车，正赶上一个风雪交加的恶劣天气。当我打开驾驶室的门，见妻正端坐在右侧。我极恼火，吼道："快给我滚下去，碍眼的贱货！"

妻凄然一笑："你一人出车，我不放心。"

"老子死都不愿当着你的面去死，快下车吧。"我阴沉地说着，猛地打开了她那一侧的车门。

她一动不动，坚定如一座雕像。我用力向下推她，她却抓牢了座椅的扶手。我便狠狠地掰她的手。她双手的骨节咯吧咯吧地响着，痛苦使她那好看的唇角不停地抽搐，但仍未掰动一分。

我无可奈何，便猛地启动了发动机，朝着漫漫风雪冲去。猝然的冲力，使她的额头撞到了驾驶台上，血便缓缓地流了下来，她并不去擦，只是嘤嘤地低泣着。

汽车吃力地爬在唐古拉山的山道上。驾驶室里沉闷无声。在我的感觉中，她已不复存在，从那个令人憎恶的夜晚开始。

日到正午，风更烈了，车玻璃不时被雪霰迷住，车走得很慢，车轮碾积雪的声音便极响。她被这生命破碎般的声音所惊骇，身子微微地抖着。我却感到极开心，这声音我很爱听，只有听到这破碎的声音，我才感到自己的存在。我便加大油门，弄出更繁复的破碎之声。

但就在这时，从车顶上滚出了隆隆的雷声，这雷声极响，且密疾如雨。车体被震得上下弹跳，轮子就空转着，寸步难行。妻被吓得呀地大叫，叫声未落，车顶便遭到重重的打击，车子便翻下山道，滚向深渊。

“不好，遇到雪崩了！”我脱口叫道。

一下子，对死亡的恐惧深深地攫住了我的心。于是，在车体的翻滚中，我紧紧地抱牢了方向盘。翻滚的冲撞，颠得我五脏欲裂，玻璃的碎片也深深地刺进了我的皮肉，这是一种难以忍受的痛苦！一旁的她，不停地发出一声接一声的呻吟，那声音让人沦入无底的悲哀：在灾难面前，人类是多么的无奈，多么的无能为力！但很快，一股兀然而起的兴奋，竟浸润了我的每一个细胞：命运给了一个多好的安排啊，在这一安排中，痛苦将得到最彻底的解脱。

随着“呼”的一声闷响，意识脱我而去。

一阵刺骨的疼痛，使我醒了过来。但右腿被什么东西死死地压住，我翻不了身。睁开眼，见压在腿上的，竟是蜷曲着的她。我把她推向一边，就听“啊”地一声轻吟，她也醒了过来。真是奇迹，她的脸上，竟没有一丝伤痕。

向车外望去，不禁吸了一口凉气：车子停的，正是崖畔的一个不大不小的雪坳，如果不赶紧出去，车体的温度和头上的日头会使车下的积雪融化，车子很快就会滑下深渊。

车门已打不开了，只有从压扁了的车窗爬出去，那破碎的窗玻璃参差而锋利。看着惑然无措的妻，我迅速脱下军大衣：“快，蒙上头，从窗子爬出去！”

在妻爬出汽车，欲把大衣递给我的时候，车体动了。妻失声大叫。在死亡面前，我已无所顾忌，一头扎向破碎的窗玻璃。尖锋拼命地刺割着我的皮肉，但我感觉不到一点疼痛——原来，在生存的意志面前，痛苦，是多么的微不足道。

脚刚踏牢了地面，车体便呼地滑下深渊，并掀起一柱冲天的雪尘，令人不寒而栗。

当心情平静下来的时候，望着因惊惧而紧搂着我的妻，竟倏地闪出这样的念头：这是一个不洁的、背叛了自己的女人，她应该早早地从自己的记忆中消失而去。刚才是多好的一个机会啊，自己却一点也没想起利用它，却义无反顾地救了她，我真不理解自己，或许，这是人类的本能。

这时，山上不断有雪块滚下来，且愈滚愈多。我猛地想到：雪崩是个连锁的过程，更大的雪崩不久就会到来。“快跑！”一声喊出，便只身向前奔去。她也迅速反应过来，跟在我的身后，紧追不舍。

跑得累了，停下来喘口气，却久久也听不到身后的动静。回头望去，见远处的那个黑点竟不再移动。“他妈的找死啊！”我低声骂着，飞快地跑回去。

到了她的身边，见她佝偻着身子，哇哇地吐着。我知道，惊惧、疲惫和高山反应，使她无法再承受。一种怜情，便倏地涌上心头——她毕竟是自己的妻子啊。

我弯下身去，扶起她。她紧紧地抓住我的臂膀，疲软地倚在我的怀里，眼里噙满了泪水，喃喃道：“我对不起你……”

她真不该这时说出这样的话，那天夜里，那令人不堪回首的一幕，一下被她极清晰地勾回到我的眼前，我的心一阵刺痛。望着她乞求的目光，我感到的竟不是她的真诚和柔弱，而是厌恶。于是，在瞬间我做出了这样的决定：这是最后的机会，我应该彻底甩掉她。

于是，我猛地挣脱她的依傍，决绝地奔向前方。

她栽倒了，但很快又爬起来，艰难地移动着双腿。走了一段路程之后，她终于精疲力尽，再一次摔倒了。她试图站起来，但双腿已失去了知觉，她便依仗着双手朝前爬，在她身后，便留下了长长的一道划痕。最后，她再也爬不动了，便静静地伏在雪地上，无呻无吟。

频频回瞻的我，饱瞻了这一切。我心里感到空前的滞闷，泪水无声地在我的脸上淋漓。我感到了自己的邪恶，很想折回去。但她为什么不喊，为什么不叫？从寒冷的齿缝间，我迸出一股对她强劲的恨，我恨！我恨！！

但，裹挟着这强劲的恨，我还是折身回去。

抱起她那疲软的头，我吼着：“你为什么不喊，不求？！”

她睁开双眼，极平静地说：“我不需要。”

这是对我空前的打击，我愤然出手，在那张秀丽的脸上打出两道白光：“要你死，要你死！”这扑天的羞恼，搞蒙了我的大脑，使之顷刻炸开。

“请你把我放下，这雪白的世界，是我最好的归宿。”她擦去嘴角那洇红的血迹，平和地说道。

我只好把她放下。

她仰躺在雪地上，四肢极恣意地摊开着。她大大地睁着美丽的双眼，恬然地微笑着，双颊因受到打击，泛出粉色的光芒……在雪白的背景下，她显得那么娇弱，但又是那么的光彩夺目，透出逼人的高贵，凛然不可欺。

凝视着这一切，我的心不禁颤抖了：这是一枝多么璀璨多么动人的花朵啊，这样的花朵，人间少有！

在这圣洁而悲壮的冰雪世界里，我感到了极端的惭愧，摧毁这样的花朵，还有人的自尊吗？！

于是，我跪下身去，哽咽着，把她扶上肩背，一同挣出这冷酷的雪劫，走向温暖的人群……

1987 年 5 月 6 日

城市之花

女人，是人间的花朵，但并不是柔弱的花朵，在灾难和困苦面前，同样表现出惊人的力量。

——题记

南方考察归来，我到F城的科技咨询中心当了信息部的主任。

上任的第二天，部里的一位小姐便敲开了我办公室的门。

她走到我跟前，极大方地伸出手，微笑着说："主任您好，我叫欧阳兰，在您的麾下工作。"

我赶紧欠起身来，和她握手："不要客气，快请坐。"

她并不落座，站在那里，微笑着说："有两条信息请您鉴定一下。"

我嗯了一声，心里有一丝不快。这小姐，我刚来，业务还未熟悉，怎么——我便怀疑这里的动机。但她专注地望着我，目不斜视，那微笑也极真纯、极清澈。

我只好接过她的材料，惴惴地看下去：材料一说，槟榔常吃，可导致牙黑齿松；材料二却说，常食槟榔可洁牙固齿。

我嘿嘿一笑，批道：槟榔产量极小，不宜长期开发，此等信息，不拟采用。

在她看批文的时候，我迅速地打量了她一番。

她穿着湖蓝色的连衣裙，腿修长而笔直，胸部的线条也极挺拔，透出逼人的魅力；她的面庞恬静而秀美，在柔和的阳光下，白皙无比……我极兴奋，在我的部里，能有这样出色的美人，是一件多么令人赏心悦目的事啊。

但在这短短的注视中，我却发现，她脸上的粉抹得太厚，有些不均匀，虽白皙秀丽，但缺乏质感——也许，欧阳小姐起得晚，早妆化得太匆忙。我想。

看了我的批文，她嫣然一笑："主任，您批得好巧妙呀。"

听了她的夸奖，我心里极舒服，连忙说道："欧阳小姐，请坐下谈。"

"谢谢主任，您正忙，我手头的活儿也没做完，就不打扰了。"

送走她，我觉得欧阳小姐是个热情大方、极可人的姑娘。

在以后的工作接触中，我了解到：欧阳小姐不但外表姣好，还勤奋好学，有极强的上进心，所以，还有很好的内在气质。但她美丽迷人的风度中，总有一点缺憾，令人暗暗惋惜，便是她的脸部妆容总有些过：有时粉底打得太厚，失去了面部光泽；有时又修饰得过于艳丽，稍偏离她固有的气质……

于是，咨询中心里的许多同事都说信息部的脂粉气太浓，并且部里的另一位小姐——李小姐，也喋喋不休地向我反映，由于欧阳小姐的"臭美"，信息部的业务关系中，青年男子骤增，且都簇在欧阳小姐身边，殷勤备至。若再不整治，会败坏信息部的名声。

我觉得李小姐是小题大做，但及时提醒一下欧阳小姐，还是必要的。

晚上，正巧我值班，便想到要找住单位的欧阳小姐谈一谈。不想，一个老熟人追到单位，恳请我帮助鉴定几条信息，时间便耽搁了。送走客人，已近十点。我看欧阳小姐的屋还亮着灯，便踱过去，虽有些犹豫，但还是敲了门：

“睡了吗，欧阳小姐？”

“是主任吧……”里面窸窣有声。

“既然睡了，就不打扰了。”我朝回走去。

但身后的门开了：“还没睡，请进吧，主任。”

进门后，在雪白的灯光下，我猛地怔了：我看到了欧阳小姐的那张脸，在线条柔和的右颊上，竟有大大的一块紫瘢。

我感到很难堪，我窥到了人家最不愿人看到的隐秘。

“对不起，欧阳小姐。”我低声说道。

她竟咯咯地笑起来：“这有什么，丑得您不敢看了吗？”见我嗫嚅无声，她说：“知道您为什么找我，我便洗了脸给您看，并且给您讲这里的故事。”

她对我说，那年地震给邻居造成了火灾，她冲进火海，背出了老人，自己的脸却被烧伤了。

“脸烧伤后，我极痛苦，但大哭一场之后，我感悟了：人生来就是追求美的，我不能一味消沉，而把丑留给他人，只要生活一天，就要把光彩照人的我，贡献给这个美好的世界！”她眼里盈满了泪花，极晶莹。

过了片刻，她喃喃说道：“这一切，部里的小李她都知道啊，可……”

我的心颤抖着，久久说不出话来。

终于，我对她说：“欧阳小姐，明天一早，我就带你去见我的夫人，她是一流的美容师，她会让你更加动人！”

1987年5月10日

两个人的故事

木和惠

知青点上就木和惠两人。

当然，同到这个村插队的，不仅仅木和惠。其他那几位，或出身好或有依靠或精于世理，均渐次地回城去，营造一些本该营造的温馨的窠。

木出身不好，但极有学问，下乡数年，虽前途渺茫，却偷偷地读了许多书，故沉郁不语，却少哀叹。木颇得惠的爱慕，惠放弃回城的机会，与木苦苦相伴。

一日，木很是喝了些酒，泫然泪下，说：

“惠，还是回城去吧，莫再跟我遭罪。”

惠含笑不语，默然倚入木的怀中，用一方素帕，轻揩木眼角的稀质，柔柔地说：“瞧，又孩子气了不是，又孩子气了不是。”

木怔地止了哭声，他发现惠那双令他贪爱不够的白嫩的手竟红肿如薯。木把这手捧在脸上摩挲，竟闻到了微涩的菜味。于是，木的鼻孔便一翕一翕地张大了，终至酸得难耐，握紧了那一双“红薯”，纵声号啕。

木觉得，没有惠，他就要烂朽。

毕竟是两个活泼的生命，有耕耪，有书声，有炊烟，也有青草阡陌上款款的步子。

那日，二人正把情意踱得如梦如痴，脚下却兀地抖了几抖。惠的腰肢到底是柔弱些，啊地一声低吟，很优美地倒下去。木在摇摆了几个舞步之后，懵懂地站定了。刚想到惠时，头顶已潮般哗响成一片。顶上是两个废弃的煤井，矸石堆了两个陡陡的坡。随着哗响，那坡已汹涌地溜下，挟着扑面的寒风。木啊地失声大叫，拼命蹿向远处，仓皇若逃兔。

两股烟尘就冲天腾起。

木猛地记起了惠，连声哀叫："惠！惠！……"

绝望地跑回去，竟不费力地找到了她。矸石下坍时，惠已站起，只是脚底太滞重，跑得比木慢，被矸石流的末梢冲倒，埋了大半个身子。

木大喜，死命地挖惠。指甲皆挖脱了，血把矸石染得很美丽。惠露出多半身时，就有了意识，喘开黑洞洞的口："木，挖也没用了，莫不如就让我这么死去。"她胸中积着大大的块垒："木哇，你为什么不拉着我一起跑呢？"

木就汗水、泪水、血水模糊成一团，嘤嘤道："都怨木，木很不中用。"

惠被挖出后，下体已无了模样，污血濡湿了好一片黑土，却听不到一丝呻吟。

惠的双腿就被木葬送了。

惠康复后，木跪在惠的身前："惠，嫁我吧，我已离不开你了。"

惠说："木，晚了，矸石已把我的爱情压碎了！"

木便绝望地哭起来，惠却极平静地坐在那里，苍白着那张依旧动人的脸。

久久，木站起身来，决绝地说：“惠，你今后不会再听到木的哭声了。”

惠点点头，露出淡淡的一丝笑。

果然就再也见不到木的愁容，他把整个心思都给惠了，他那颗负疚的心，就一天比一天踏实了。

返城后，木仍把惠接到家中，花尽了母亲的积蓄，为惠买了轮椅。每到夕阳烂漫时，木便把惠推进幽深的花径，传出很清朗的笑声。

至今，木和惠很美好地生活在同一个屋檐下，却一个未娶一个未嫁。木和惠是一对天生的姐弟。

迷惘的是木那善良的老母亲。

忠和亮

“宁可拄棍要饭，不嫁走窑的汉。”这是一句极有生命力的古谣。

所以，忠在四十岁时，娶了一个模样不错的“水落儿”（水落儿，是京西对因水灾而逃荒的灾民的惯称。——作者注），就把四十里窑场轰动了，就都来看忠的婆娘，把忠乐大发了。

同忠住一个窝铺的亮，洗净煤屑之后，是个很白俊的后生。但他窑下得比忠晚，积蓄没忠多，婆娘自然是讨不起。在烟雾腾腾的沸汤里，亮仔细将身子搓白净了，泪也悄然淌下两颗来：“娘的，爹白长了一身好皮肉。”

亮还是把铺让给忠了，自己去跟别的伙计挤。

忠就把婆娘抱进窝铺，嗒地闩牢了屋门，几天不见人出来。

忠走出屋门时，那张黑丑的脸就更黑丑了，他打着连天的哈欠，嘟囔着："这日子，怎就昏天黑地般好哩。"

忠的婆娘走出屋门，脸上挂着两朵娇羞的红云，竟鲜活得醉人。

亮一抬头，正与那女人闪烁的眼神碰撞了，心里就慌得没了主意。而那眼神竟在亮的脸上凝固了，亮便失声暗叫："娘唉！"

这之后，就注定要发生一些事体。

那日，忠去走夜班，亮的影子就仄进了那铺子。忠在井下横竖有些抓心，就出了巷子。

自然就见了那两团纠缠的白肉。

忠便从屋角抄起了煤铲，女人就扑通跪下去，死命抱了那铲。裸体的亮就乘机溜出门去。

忠把亮的衣服甩出门，闷闷地骂道："小人的亮，老子早晚要扒了你的皮！"

躲在草窠里的亮很是颤抖。

铺门又是嗒地闩牢了，传出沉闷的、棒槌砸到软物上的声音，那声音绵密如雨，好听得很哩，却并没有女人的叫声。

想见屋里的情景，草窠里的亮，就更甚地颤抖。

再见面时，像是什么也没发生过，只是忠终日寡语，乜斜到亮脸上的目光很锋利。

不期就轮到了忠和亮一起去回采，亮的心就很绝望。

两人默默地抡着锨镐，各人有各人的心事。

忠感到那头顶上有异样，就冲弯腰的亮嘿地笑一声："娘的，尿一泡哩。"就向后走几步去。

哗地就坍下来，亮果然被埋了大半个身子，腿已没了知觉。但顶上，仍窸窣地响，亮知道，自己完了。

忠发出惨厉的大笑，锋利的锨已抬得高高。天赐了他一个复仇的好机会。

亮合上了眼："忠，下手吧，我活该遭天的报应。"绝望的亮已没了惊惧、没了痛苦。

忠哇哇大叫，锨却落到了亮的身边。忠拼命地挖坍在亮身上的煤，那张黑丑的脸，急剧地抽搐着。亮的泪就兀自流成河。

忠把残亮背上肩去，顶子的响声就更剧了。忠急急地迈出几步，那块顶，就坍彻底了。

忠和亮就同时嘘了两口大气。

窑口的白光，已刺人眼了，亮才相信自己真的得救了："忠，对不住了，来日娶了婆娘，先让给你。"

忠怔地站住了："亮，你还他娘的算人！"

气愤的忠把亮搁在地上："没几步了，你自己爬出去，莫说是我救了你，不然，我扒了你的皮！"

忠决然地走出去。那人高马大的身躯，阴了好一阵光亮……

云和凤

云和凤同龄，从小就摽着，大人们都不容易把她们分开。

等长成大姑娘了，却出了岔子：云出落得如花似玉，身姿绰约；凤却长得很不舒展，个子矮而胖，红肿的双眼总是微微眯着，这世界，对她也许不太重要。

云和凤结伴去采莲，河湾的打鱼汉子便悠悠地划过来，把她们的船团团围住了。

凤并不觉得自己丑，和云一样，亭亭地立在船上，高高地挺着胸脯，蔑视这些献殷勤的汉子。

"云，你一出来，河湾里雾天也亮堂。"他们说。

"云，莫急，等哥哥攒够盘缠，带你出埠头去，见大世面。"他们说。

“但莫带凤，她恁丑，河里的鱼都少露头哩。”

“……”

凤那高傲的胸脯就顿时地瘪下去，躲进舱里抹泪儿。

于是，再下河时，凤便死活不同云去。云很伤心，便也躲进屋去抹泪儿。

两人好久不一起下河了，都觉日子过得没意思，就又凑一起了。

凤说：“还是下河去吧，我什么也不在乎了。”

云说：“下河时，我再不搽粉了，也不梳头了。”

二人就又笑成一团了。

几天大雨之后，来了响晴的一个天，闷极了的云和凤便悄悄把船划出去了。

那河湾上的水虽然涨了，但还平静。上游有一条长长的大堤，把水挡踏实了。云和凤便尽情地唱歌，尽情地采莲。一对丫头玩疯了。

但却听到了訇然的声音，不久河湾的水就汹涌了，好多东西就卷下来了。

凤大叫：“云，肯定是堤子决了，我爹说，堤身叫蚁子钻了好多洞哩！”

“那就往回划吧。”云说。

但咚地一声响，云和凤就都栽在船里了。一根长长的木头，把船撞了。爬起身时，都叫：“呀，船漏了！”

凤便哭起来。云说：“凤，哭有啥用，我快划，你淘水。”

云划得喘不上气了，船并没走出多远。望着漫漫的水际，云和凤都愣了。

云说：“是船太重了，咱下去一个，兴许还能活一个。”凤点点头。

云说：“凤，我下去了，你快快划走吧，记住还有个云。”

凤一把抓牢了云："还是我下吧，你长得恁美，你活着，咱的河湾也就活了！"

云说："不哇，凤，没有你，我就什么都没了。"

"那怎么办呢？"

"就死活在一起了。"

"那你就太不值得了。"凤说。

"你的话就已经让我伤心了。"云说。

凤便抱紧了云，两个女孩就哭成一团了。

云突然想到什么，止了哭声："凤，云到底美不美？！"

凤擦去眼泪，说："当然美了，美得让人难受呢。"

云嫣然笑笑："凤，那就给云梳梳头吧，到龙宫里去，云也要齐齐整整的。"

凤便打开云那凌乱的发辫，蘸着河水，用纤细的指头，一下接一下给云梳头。

梳洗后的云，便像带露的莲花，光洁烂漫了。

凤被云的美惊呆了，嘤嘤地啜泣着，没命地亲云的颊："来世，凤一定要是个男儿，还去陪伴云，一点不让云伤心。"

河水一片呜咽。

1987 年 5 月 16 日

飞蝗

这是早年的事了。

那时，垭里最漂亮的妞，叫英子，英子是祖爷的仇人纪的独生女。

其实算不得真正的仇人。那年垭里来了唱大戏的，勾了所有老少的魂魄。戏散了很久了，垭里还如年节般热闹，不少人都学戏里的模样，或文或武，比比划划。祖爷也和他的好伙伴纪，甩自制的兵刃枪来剑去地舞。到舞得昏天黑地时，就听祖爷啊地大叫一声，随之便翻倒在地，佝偻了腰腿，抽搐不止。祖爷的卵被纪挑出来了。纪成了祖爷的仇人。

成年后，祖爷虽娶了很周正的一房媳妇，但终于是没有生育，就恨纪入骨。那年，纪跑山失足跌下崖去，祖爷就呵呵地笑着，喝了好几天酒。乐过，终是无边的绝望。祖爷一咬牙，从他弟那里抱来一个儿子，算是有了子嗣。这就是我的祖父。

祖父过继给祖爷之后，受到了祖爷刻骨的宠爱，出落得高大而英俊，惊羡了整个小垭。祖爷就常说："儿莫急啊，爹给你寻一房好人家！"

祖父就变得很自信了，发誓要娶在垭里垭外都叫得响的妞子。

垭里的世界忒小。寻来寻去，最出色也最让祖父看得上的妞，就只有英子，而英子竟是仇人的女儿！祖父就不再自信了，整日里望着英子家那斑驳的土墙，沉默不语。

但青春毕竟是祖父自己的。那日，祖父轻轻敲英子的木门："英子，你出来一下。"

"嘛？"门内早预备着一个柔弱的声音。

"出来便知道。"祖父那颗心跳得极厉害。

木门便无声地启了一道缝，钻出一颗好看的头。

咳咳，咳咳……墙那边，突然响起祖爷的一串干喘，那颗让祖父眼睛发亮的头，就倏地又闪进去了。"快回吧，莫被你爹打折腿子。"

祖父就只好悻悻地往回踅。

踅了几步，他突然又转回身去："英子，我非说不可！"

但迟迟不见探出头来，祖父便砸那门，终于吓出一个声来："冤家，别砸，等苞米高了吧，苞米高了就得说话儿了。"

"就依你。"祖父的心就平静了。

等苞米长得一人高了，天也热得让人烦，祖爷的病就一天比一天厉害，喘得接不上气来，总找背阴的凉处跄蹴着。他合紧双眼，发出咝咝的低吟："这日子，怕要遭瘟了。"

几日后，垭里的那一爿天空就嗡嗡地响成了一片。抬眼看时，从头顶掠过一群群大头飞虫，一拨青紫，一拨土黄。啼哭的婴儿，便依紧了大人的衣襟，不敢吱声了。

喘不上气的祖爷，微微睁了睁眼皮："没救了，是飞蝗。"他把自己整个摊在地上，费劲儿地吸一点潮气，说："要饿死人了。"

那青色的、黄色的飞蝗，果然就密密地落在了苞米上，半日的工夫，便咬秃了苞米的所有绿叶，几百亩堰田就一下子失去诱人的秀色。

然而，那蚀人心骨的啮啃之声仍嘁喳不绝。

垭里便訇然哭成了一团。

那哭声中，最凄厉、最锐烈的当然是英子：飞蝗啮噬了她的一个梦幻，一个要靠茂密的苞米叶所培植的梦幻……

蝗灾之后便是连天的大旱，为了生路，也为了躲避虫灾后并发的瘟疫，人们纷纷走出垭去。

祖父不能走，祖爷已没了走路的力气。

英子也不能走，她的寡母已瘫在炕上多年。

祖父绝望地躺在炕上，燠热焐了他满身的痱子，但他竟一动不动。

终于，他对跎蹶在墙阴处的祖爷说："爹，饥荒要来哩，还是开几块荒地吧，兴许暑后能下场小雨，秋后收点地萝卜。"

祖爷拱了拱身子："对哩。"

于是，祖父便去找英子："走吧，去开撂荒地吧。"

英子说："不怕你爹打折腿子？"

祖父说："想法子活下来就不错哩，还怕啥。"

果然，对这一对远去的青春的背影，祖爷只是翻一翻白眼，无声地嗫嚅——他没有一点办法。

开撂荒地，是垭里的旧法，多在雨水丰沛的年份去开。熟地不宜种地萝卜，不长根茎，只长叶子，待秋风吹过，叶子黄去，就什么也收不到。撂荒地的草木灰中含钾多，地萝卜的根茎就发达，这垭里人都知晓。今年天旱，撂荒无望，这办法是走不出垭的祖父，于无望中的孤注一掷。

找到一处缓一些的垭坡，祖父打好了隔离带，便对英子说："点火吧。"见英子迟迟不动，祖父便催着："点吧，女子点火地儿肥。"

火种一下，火焰便狗般奔蹿了，空气太干燥了。不一会儿，大火腾空而起，且伴有爆响噼叭的裂声，极壮观。

面对此景，被生活压抑得太久的祖父，突然亢奋起来，终于嗷嗷地喊出来。英子的心中也热得不成，就也跟着喊。

于是，男也嗷嗷，女也嗷嗷。

大火映射之下，那声音也是彤红彤红的，冒着不可束缚的生命的野性。

祖父问：“英子，好绵的你，怎也恁大气性了？”

英子说：“痛快得要死呀！”

火头熄了，但祖父和英子仍亢奋不已，镐子就雨点般凿下去。

英子的镐抡得很欢快，大汗就把薄衫子浸透了，紧紧地贴在身上，曲线毕现。

祖父的心就嘭嘭跳，脱口叫：“哎哟娘，英子，你可真结实啊！”

英子便低声嗔：“你个不正经的，快抡你的镐子吧！”

祖父便把镐子抡撒了欢儿，远远地跑在英子的前头。祖父喘着气，回头望，心中说：“不成，我一定要娶英子！”

三伏天上，到底是下了一场雨，那撂荒地下的种子就艰难地爬出芽来，飞蝗终归是夺不走祖父们以后的日子。

秋深了，地萝卜入窖了，祖爷的热病也渐渐地好起来。那晚，吃完苦涩的地萝卜，打着辣味的饱嗝，祖爷竟对祖父说：“儿呀，莫跟英子来往了，爹容不得。”

祖父怔了，怔得久久。他终于斗胆说道：“爹，莫把事做得太绝。”

祖爷唰地把脸阴沉了：“无后为大，他爹让俺没了后。”

“不，俺要娶她，俺忘不了她跟俺撂荒那会儿……”祖父争执着。

祖爷吼着：“连你爹的话都不听了吗？！”

祖父的脸涨红了：“听，都听，就这俺不能听。”

祖爷便抡起了拐杖。

祖父默默地承受着，但绝不向祖爷屈服。

最后，祖爷战栗了，丢下拐杖，坐在地上大哭：“到底不是俺的亲生儿……”

那哭声苍老而浑浊，整个小垭都感到他孤老无助。

这混浊的泪水，终于浸酥了祖父那颗执拗的心，他也抱头大哭：“爹，依你了，还不成吗……”

英子出嫁那天，祖父被请去吹曲子。

那家的兄弟牵着驴子，英子就骑在上边。那驴一走，英子便呜咽起来，送亲的乐班便吹不成调子。祖父听不得英子的哭声，便鼓劲把唢呐吹响了，以期压过英子的呜咽。但英子的呜咽和唢呐的呜咽呜咽成一团了，英子的心就彻底碎了，便扯开嗓子拼命号啕。祖父的唢呐就再也盖不住英子的悲哀。

祖父就再也吹不下去，流泪跟在后边走。英子的哭声便把垭谷弄得躁动不安了。

祖父终于大叫一声，夺过驴的缰绳，拼命朝路边的苞米地中钻去。

当人们醒悟到什么的时候，那边已传来祖父嘶哑的喊声：“娘的，老子已叫生米煮成熟饭了，你们都晚了！”

就这样，英子就成了我的祖母。

1987 年 5 月 26 日

小叶檀

这是一片珍贵的原始山林。林子的树仅一种，垭里人叫它小叶檀。

小叶檀，当然是小叶子的——叶子青碧、椭圆，边上有极细密极均匀的一轮齿状缺痕，漂亮如美人的玉齿。这叶子不仅外观好，味道也好，放在嘴里慢慢嚼着，有一种沁心的微甘，嚼过叶子的嘴，爽利而无异味儿，所以，垭里的姑娘虽没有刷牙的习惯，却个个唇红齿白，嘘气如兰，原因就在这里。

小叶檀的木质极佳：木纹缠绵如花，木心黄灿若阳光，注视久了，会有一种温暖的感觉。小叶檀的木性柔韧而刚烈：烘炉上烘过，弯成环状而不折；不经火时，笔直如英雄的腰板，敲不酥，摔不断，叮当作响，若金。这样的木料当然就珍贵，一般的建筑和制作，没人舍得用它，做国旗的旗杆、大建筑物的凭栏才妥帖。但国人近年来也不常使用它了，而是出口，赚大量的外汇，长国人的骄傲。

于是，这么重要的一片林子，当然要有一个可靠得不能再可靠的看林人。

这个人就是甫田爷。

甫田爷抗日时当过游击队长。甫田爷的妻是远近闻名的美人，鬼子队长当然就馋得很，便带一队人马开进垭去，想会一会这对英雄美人。走在垭里，四周静极，鬼子的马蹄和马靴便踢踏得山响，在垭谷间回荡着，若垭里开山的捻子炮。鬼子队长便在马背上眯眯地笑着："山里人的，胆子小小的。"他对身边的翻译说。

但就在这时，身后一声巨响，一股烟尘腾起，身后的垭谷已被巨石堵严实了。未等鬼子从怔忪中醒来，垭两壁上的石头已洪水般滚下来了，鬼子们也就都成了石头。

城里的鬼子来报复，狡猾地不走垭谷，而是找山羊走的小道，或是派工兵去攀垭壁。甫田爷就让战士把石雷埋在山道和垭壁上，用山炮轰，轰了三天三夜，鬼子就冲不上来。

于是，有甫田爷把鬼子堵在垭外，垭里就安心地耕耪，垭里人就穿暖衣吃饱食，垭里就成了轰轰烈烈的一个小"苏维埃"。

晋察冀军区司命员聂荣臻来到垭里，和甫田爷一同盘腿坐在火炕上，热酒热话地唠了一宿，唠得垭里人感到自己了不起，再去边区送军需时，若有人问："哪个村的？"准说："甫田村的。"对方不解："哪个甫田村？"垭里人白一白眼："怎么，连甫田村都不知道，去问聂司令吧！"

甫田爷在垭里就这么了不起。

但不久，灾难却落到甫田爷的身上。那天，在甫田爷院里，几个游击队员边说笑边擦枪。一个操自动枪的小伙不知怎么就弄走了火，哒哒两声，甫田爷的美妻就啊地倒下了，甫田爷也扑通跪在地上，那时，甫田爷正与爱妻说着体已话。

虽然甫田爷的小腿中了一枪，但还是挪到妻的身边。甫田爷的妻，胸前的血流淌着，人已断了气。甫田爷便愤怒地拔出枪来，对准了吓呆了的那个小伙。

空气中，火药味儿那个浓啊，垭里没有过。

久久的凝固中，甫田爷持枪的手却垂下了，哽咽着对那战士说：“走吧，没你的事了。”

紧张的垭里人便忽地围过来，大叫甫田爷。

新中国成立后，甫田爷连着当了三十年垭里的头人。他没有再娶，尽管垭里不少人家主动把闺女送到他门上。他整日里叼着一柄长杆烟袋，那烟袋上有个飘摆不止的玉坠，坠面上，刻着大大的一个“兰”字，他妻叫兰。

甫田爷受了枪伤的腿，瘸瘸的，走路极费力。每到阴天雪飘的天气，腿就酸疼难耐。但他总是瘸瘸地挪到老柳树的锈钟下，用长杆烟袋亲自把钟敲响，温情地催村人早起，勤勉地干村里的事体。

甫田爷是个不倒的人。

到后来，村里的地承包了，他把“大印”交给了比他能干的年轻人。他自己则让人把铺盖搬到原始林旁的小屋中，去看守珍贵得没人敢承包的那片小叶檀。

甫田爷当了守林人以后，先就钻进林去，一棵接一棵地查看那林，仔细亲切若检阅他的队员。他数清了林中有多少棵檀，分清了檀中有多少棵老年、壮年和幼年檀。他发现，不管檀的年龄有多大差异，都是笔直地生长，叶子都是青碧如洗。在风中，总是摇出同样生动的脆响。它们的气息都是清新怡人，决然地拒绝着陈腐。他感到，这片檀早应该属于他，他不该是局外的一个人，而是一棵老檀。他甚至认为，正是有了这片檀，才给垭里带来好风水，才给了他一个好妻。

于是，他就担心这里会着火，他白天的所有精力全用在开防火带上。他觉得，他的小屋是一个最大的火源，小屋虽然离檀林还有几十米远，但他还是放心不下，便决定挖一条又宽又深的防火沟。对一个老人来说，这是一项极艰巨的工程。为了加快进度，他一天仅吃一顿饭，饿了便蹲在沟里喘一会儿。烟可以解乏，但他不能抽，烟瘾发作时，便掏出烟袋，抚摸那个光滑的玉坠：“兰，甫田要强了一辈子，老了老了，不能给你丢脸哩！”

熬过了一个又一个日夜，防火沟终于挖成了，但甫田爷已累脱了神，肩胛很难抬起，伤腿也沉重如铅，躺在冰凉的土炕上，冷极了。他抖得太厉害，他怕早起时再也爬不起来，就挪到柴灶边，点了火。无意间，他触到了那坛老酒，他兴奋极了，便倾过身去。但怎么端也端不起，素日，那个酒坛轻得很，吃着大块的腊肉，捧着满坛老酒，惬意得没办法。

“真老得不中用了吗？”

他很恼自己，便狠劲儿去端，一端竟端翻了，酒液便整个倾入火中，火突地蹿起，燎着了木架的屋顶。他呀地失声大叫，一下子跃起身来，去舀门边大缸里的水，拼命泼上梁去，他把缸里的水全舀干了，火势却依然凶猛。他闯出屋去，去抄门外灭火的扫把。刚抄起扫把，屋顶就轰地坍了，火焰登时就照亮了一爿天。甫田爷抡圆了扫把，在火堆上拍打。火光中，那个身姿，极矫捷。

火终于灭了，甫田爷瘫坐在地上，放声大笑。那笑声，苍老而雄浑，小叶檀的叶子被震得哗响成一片。

一阵轻风过后，一截圆木却又悄悄地烧起来。甫田爷拖着扫把爬过去，却怎么也举不起臂膀。他干脆丢了扫把，拽紧了衣襟，从那圆木上滚过去。

火熄了，甫田爷疲软地摊开身子，喘息不止。他望着那截圆木，突然，空前的绝望深深地攫住了他的心——那是一截燃点极低的焦木，极易复燃。

“切莫再刮风哩。”他嘟囔着。

但风还是刮起来了。他仰望天空，星星是那么的亮，那么的密，他却是那么的孤单。他流下了泪，泪光中，浮现着兰。

当火再燃起的时候，他绝望地爬过去，深情地望一眼那片快乐的树林，骂道：“狗日的小叶檀！”

便重重地将身子压上那一团火焰，一动不动了……

其实，小屋旁那条防火沟，那么的宽，那么的深，小屋那团火，是怎么烧也烧不过去的。

也许，甫田爷把它给忘了。

1987年6月6日至8日

青玉米，焦玉米

那时，敏子当着村里的团支书。

同时，敏子又长得极俊俏，面皮白白的，两腮有两颗极深的酒窝。她笑到哪里，就生动到了哪里，那茬子后生哟，都生着对敏子的相思。

与敏子家挨得最近的，是我家，我见到她的机会最多，害相思最重的，便只能是我。见到她时，她总是将脖颈勾勾地垂着，并不抬头看我。而我却呆呆地望着她，眼里有两团极痴迷的火。这样的火，就是井台的冰都能化的，别说她那颗小小的女儿的心。但她就是不看我，拿她没办法，我就闷闷地蹲在院角，吃不下那碗子里的饭。

这时，她唱："大红枣儿甜又香，送给那亲人尝一尝，……"

这是一个样板戏里极时髦的一段唱，敏子每到高兴时便唱起来，唱得脆嫩欲滴。但这时的我竟听出了刀割的声音，便厉声吼：

"甜什么甜？！"

"就甜！"

"不甜！"

"甜！"

"甜个屁！"

这一锤砸得太重，敏子那边就没了声响。真希望那歌声再起，久久地等了，却听到了轻轻的一声闩门声。我心里就受不住，砰地将碗砸了。不知恼的是谁。

后来，就赶上了大旱，垭里的粮食就打得极少。本来队里还有些陈玉米，但支书的“卫星”早在公社大院放出去了，交公粮时，新粮不够，就用旧粮顶。于是，第二年春刚盛，各户就依次闹开了粮荒，纷纷到垭壁上采回榆叶子、木榄子……放锅里调稀可照人的菜叶粥。每到饭时，垭里便响起一片啜粥声，声响就被垭谷反射回来，淅淅沥沥不绝，若秋深之苦雨。

就盼秋日收成好。

但依然是旱，玉米刚吐穗穗就伏在苞衣之上，萎然欲枯，村人便迭迭叫苦。

敏子爹是管生产的队长，庄稼没指望了，他总觉得这与他有干系，再在村街上走，便低低地垂着头，连哀叹都不敢。我竟不怜恤他，心想，这有什么，至少可以杀一杀敏子的傲气。

但久久不听敏子唱了，心里就很不踏实，就硬着头皮去找她。

我走进她家的院子，她竟倚在门框上望着我。我问：“敏子，咋不唱了？”

敏子咽咽唾沫，低声说：“没心思了。”

我说：“敏子，你唱得顶好你知道不知道？听不到你唱歌，连碗都端不稳呢，你知道不知道？”

敏子的眼睛一亮，但很快又黯淡了：“唱不动了。”濡濡的，泪竟滚下来了。

我说：“敏子，咱们一起唱吧，大红枣儿甜又香……”我开了三次头，都没唱下去，调子唱得怪里怪气。

敏子不禁笑了：“你别难为自己了，还是我唱吧。”便低头唱下去。

那歌声虽绵软，但少了往日的躁厉，柔和得很，若春风缓缓地嘘，听得人心极熨帖。我便想，敏子究竟是敏子，就又痴痴地望着她。

她知道我在看她，便将头垂得更低，竟说："其实你人挺好，咋为啥不求上进呢，连个团员都不是。"

这是那个年代最真挚的语言。于是，我不怪她，但极想为自己辩白。我嗫嚅着，找着合适的句子。她静静地等待着，第一次专注地望着我。但就在这时，我的心一下子软了，因为我看到，敏子那张饱满的脸蛋已瘦塌下去了，那一对深深的酒窝竟浅得快失去了痕迹……很快，我整个的心便被一片弥漫的怜爱遮住了，我说："敏子，你等我好了，我会叫自己进步的。"

"我信了。"敏子轻轻地说完，便仄进门去，再也不出来了……

垭里人好容易熬到了秋日，把最后一线希望寄予那几株瘦枯的玉米。支书把村人聚拢了，亮着嗓子讲话，说我们要遭灾志不短，欠收不忘国家，切莫分光吃净，更不能瞒产私分。他讲的，大家都觉得有道理，就默默地听着，谁也不吱声。只是散场后，人们稀稀落落地走在村街上。不时地听到叹息，这叹息虽也零落，但很沉重。

那天，敏子爹带一帮精壮劳力到离村最远的一块山洼地去收玉米。由于远，中午赶不回来，就叫大家带干粮。但走上曲曲垭路，就见各自的毛巾囊中都是瘪瘪的。大家都明白，粥子太稀，没法带，就互觑着脸子说："饿一顿半顿，不生事的。"大伙就一齐答："就是，就是。"

到了那块洼地，众人的眼光倏地亮了：那洼地的玉米，在这大旱之年竟长得茁壮，还有不少青枝绿叶在秋日里纷披着。这道理很简单，洼地吸水多，即便是旱，那残留的水分也依旧将余力释放出来，制造出一片好风景。

大家极兴奋，歇也不歇一下，就拥进地去。

洼里就吱吱咯咯地脆响得欢畅。

有人说："伙计们，这是进大秋以来，第一次过收成瘾哩！"

大家说："可不是！"

那人就粗声喊："那就娘的使劲掰哩！"

大家应："那就娘的掰！"

于是，就生出火热的一个场面——垭里人多么渴望劳动的快乐啊。

玉米很快就掰完了，竟堆了不小的一座山。大家就躺在玉米堆上喘气，拼命地嗅那新玉米的香味。敏子爹剥开一穗青玉米，剋下两颗粒，放进嘴里嚼着："比吃娘的奶都香！"竟说。

大家就都瞧他，就都蠕动着嘴巴。

"大伙儿都尝尝吧。"便把那穗青玉米递给身边的人。于是，依次尝下去，一直传到那等得直骂娘的最后一个。

大家就都啧啧着："是哩，真的比娘的奶香！"

最后，敏子爹发愁了：这么多玉米，大家一次是背不回去的，跑两次，这群挨饿的汉子肯定是跑不动的。

他围着大家转来转去，看着一个个的脸，像是大家突然间就陌生了，得从头再熟悉。

大家正疑惑间，他竟猛地将脸子板阴沉了，对大家说："大家烧青玉米吃吧，但要记住，回村就再莫嚷嚷，不吃的，不给记工分！"

大家一下子就怔了，久久无动静。

敏子爹恼了，用劲儿踹了身边那人一脚："愣娘的啥，去捡柴呀！"

不一会儿，洼地上那爿天就被浓烟遮昏暗了。

大伙儿拼命地从火堆里扒出那焦而又焦的烧玉米，已顾不得那烫，已顾不得那灰，纵口大嚼，饕餮如兽。那烟灰污了众人的脸，汗水又冲出黑白莫辨的斑驳，那扭曲的人脸，便又乖张似鬼。

只有一个清醒的人，那便是我。我蹲在离火堆远远的地方，艰难地拒绝着那香味的诱惑。

敏子爹走近我："去吃呀，娃，莫叫咱扣你的工分。"

"不，那工分记不记，随你。"这话说得极阴冷，我看到敏子爹的脸，在火光中抽搐……

回村的路上，饱了的人们，那负重的步子就走得极轻盈了，均咧里咧气地唱着垭里的俚调，极恣肆。而我却没多少力气了，被远远地落在后边。

敏子久久地等着我，待我走近她，从怀里掏出一穗又大又黄的烧玉米："我给你带着呢，吃吧，吃了就赶上大伙了。"她那期待的眼光，从来没有那么多情过。

但是，依然被我温婉而决绝地推拒了。

她转过身去，默默地朝前走了。但我看到，她那沉重的背篓，分明在颤动。

当晚，我便向支书汇报。不久，敏子爹便因变相瞒产私分被公社革职。很好想象，我则极顺利地入了团。

入团那天，是敏子引领我宣的誓。我幸福极了。

从团支部出来，我追上在前边兀自走着的敏子："敏子，我进步了。"我兴奋地说。

她站住了，点点头，漠然说道："祝贺你了。"说完，就头也不回地朝前跑去了。

当我快追上她的时候，已到了她家的门口。她砰地把大门关上了，从此，这门，我便怎么推也推不开了……

1987年6月16日至18日

心灵的空间

一

心，被一张拐杖撑了，笃笃地，在冷清的街面，放牧着冷清的绝望。

他本是一位张狂的诗人，在崇拜者捧过来的诗集上，他的签名也张狂得如一匹不羁的马。一位姑娘，用洒满法国香水的手帕，包了一团羞涩，在暗影里迅疾地塞给他，把他的矜持化成一摊疲软的蜜。

他不能不爱她。她美得如他的诗。

然而，这一切都是梦。他天生就一条腿。

二

街角是他常去的地方。

那里叮叮出动人音韵的，是一排黝黑的鞋匠。

他喜欢欣赏的，是那一双双皴裂的手。奇怪的是，那一双双丑陋不堪的手，竟抻出一股股喇喇作响的韧性，把残缺一丝不苟地修补。

不知哪一天，这黑色的、冷峻的马路上的家族，居然张皇起来。一个姑娘，竟恬然挤进他们的中间：大大的一张帆布垫子，把一双秀美的腿（他相信，一定是这样的！）严严地盖了；俏皮的一双手，把缝鞋的机器摇得嚓嚓响，欢快轻松如斧正一首诗。

那天，在她面前一站，他就有了这奇怪的感觉。

三

他久久地站在她身边，那条腿竟不曾抖一抖。往日，站久了，腿就会抖得他失去信心，痛恨自己，为什么还有这条腿。

她极认真地补一双男式皮鞋，久久地勾着头。那匀细的脖颈，白皙得让他的目光打滑；长长的睫毛瞬动如日光，蒸烤着他的心。

他兀地把泪挤出两滴，因为，他好像在哪本诗集里见过她。他渴望她抬起头来。

然而，她很吝啬，成团成团的温柔竟全给了那肮脏的鞋。

那是一帮什么东西！整天盯着她，虎视眈眈如恶狗：因为她抢去了他们百分之百的男性顾客。他们骂她，骂出最难听的咒语。她很迷惘，迷惘得笑里有泪光一闪一闪。

他相信自己的目光能安慰她，只需捕捞她的目光。但机会终于不曾来。

他失望地转身离开。挪出老远，猛地回头，见那双眼竟专注地送他。

夜里，他失眠，便若电影般走进了童年的记忆。

四

再踅到街角时，他第一次费了思忖。

以往是极自然地站在她身边，心也如云般轻坦。这次，却久久在别的鞋匠前踯躅，踯躅得前言不搭后语。一个鞋匠叫他："老拐，莫非酒醉了？"

他大骂："老拐是你叫的吗？一个臭鞋匠！"

那鞋匠自知玩笑开得过了，便嘿嘿傻笑。他则急急地寻她的表情，那一张白净净的脸蛋儿，红得紫紫的。

他很懊丧，懊丧那鞋匠的无情，懊丧那一声"老拐"竟把痴想点破。

走经她身边，拐杖突然像有根须嗖嗖地扎，他每挪一次都要从胸腔里呼出浊气。他企望有神灵，能把这段距离剪裁。

"劳驾，帮我捡一下轴线好吗！"

若玻璃般脆亮的竟是她的声音。

他怔怔地站成一支拐杖，拐杖下果然有溜溜的轴线。

他抬头碰到了她的目光。那目光如银般璀璨，如银般透明。这正是他要捕捞的那种目光。他有些感动。

身后，哗地撕扯一阵狂烈的笑声。

陡地，一种被捉弄的愤羞烧裂了他的胸。

"少来这套！"

他恶狠狠地瞪了她一眼，拐杖把线轴扫出老远。

那线轴竟辘辘地滚进下水道。

五

躺在床上，他很困惑：一个美美的姑娘怎也那样？于是，他盘算出恶意的报复来。

他坐在她身边的马扎上，故做平静状，似已有的故事从未发生。

“喂，补鞋！”

他把一只张着嘴的皮鞋给她（早上，他恶狠狠撕裂的）。

“听见没？补鞋！”

吆喝得理直气壮，引来束束目光。

她久久地注视他，脸似一片氤氲的雾。

他被看得惶惑，翻滚的血朝指尖涌，指尖微微地抖。

她似看透了他，终于浅浅地笑一笑，伸手去接那鞋。她感到，他递鞋时分明在她的手上重重地摁了一下。

看时，随鞋塞给她的竟有一张折叠的纸条。她迅疾地朝两边睃。

他则嘿嘿笑出声来，射向她的是一束冷峭而挑衅的目光。

她依旧有条有理地工作，把那纸条遗忘在脚下。

他惶急而不安，把十指摁得咯吧响。

她不时抬头冲他笑，似在说：怎不说话？

他很恼火，额上有筋在突突跳。

鞋缝好了。针脚细细的，缜密如一颗心。

把三张毛票扔到地上，他等着爆发。

她竟平和地把那毛票拣起，连那纸条一同装进衣袋。

他更恼火，恨不得将她撕裂。

六

第二天，她没来。

远远地，他一发现，就往回趟。

进家门，把几页诗稿撕了，接着便捶那条残腿。

终于捶出一声锐痛，碎了他的心……

七

再见到她时，她竟爽脆地同他招呼：“喂，上次多收你钱了！”

他有些蒙。见她目光透出百倍的诚实，便朝她移近。

三张毛票啪地拍在他的掌心：“以后要细心哟！”

便不再睬他。

待张开掌心，一种诱惑在心头撞：毛票中竟也夹了纸条。

将毛票又扔给她，纸条却小心翼翼、躲躲闪闪地进了衣袋。

嘶嘶几声，钱在她手下成了碎片，风一吹，竟如秋叶般飘摇。

他不顾一切，将纸条于众目睽睽下展看。上书：

“小姐，你个掌鞋的，我个老拐，不正般配吗？！”

那是他的笔迹。再往下瞧，纸面上只字未写，只一个大大的“！”矗在空白处，似要撑起一爿惨白的天。

“你个烂污的补鞋的女人，哪个人会要你！”

他的自尊空前地被伤害，就扯破了脸皮恶狠狠地说道。

没想到，两旁的鞋匠，唰地站成一堵威武的墙：“老拐，你敢再说一遍吗？！”

他大大地骇了一跳，猛地抓紧了那拐杖。

“不碍的，他在骂我。”

她企图站起来，却又重重地坐下。膝上那块大大的帆布垫子，不情愿地滑落。

蓦地，他惊呆了：她双腿膝下竟全是空的！

八

他终于摸清了她的底。

她的腿，在公元 1976 年那个阴雨绵绵的夏天，被大地剧烈的摇撼所吞噬。

楼板砸下来的呼啸声，成了她永恒而又冷酷的记忆。

她不想连累佝偻的老父，便每日要父亲用小车把她推到那帮鞋匠中间……

他不该知道这些，他窥见她那颗心滴着紫红紫红的血，血中却惨淡而又执拗地开着一朵涩苦的小花儿。

他发现，自己永远成不了诗人。那颗心污了、钝了。

他很想轻轻地抚摸，抚摸那一弯匀细而白皙的脖颈。

但他惧怕，惧怕那双眼睛，那如银般璀璨、如银般透明的眼睛。

他终于明白，可怕的不是那一双枯残的肢体。

九

他寄出这样一封信：

> 小姐，我无须忏悔，因为我喜欢你。
>
> 我乞求你也喜欢我，自然而然地组成一个家庭，相互支撑……

十

很快，他接到了回音：

“喂！你是老拐，我是老拐，就般配么？！”

他彻底颤抖了。疯狂地展玩她的信。手下，突然感到那素笺竟那样凸凹不平，似激雨砸溅的沙滩。

那街角，终于永远地消失了她的身影。

他却在那里无尽地徜徉。笃笃地，在那冷清的街面，放牧着那冷清的怅惘……

1987 年 6 月 26 日

梦醒时分

楚妤是个极美丽极文雅的女子。文雅得如圣子，非野非蛮非狂非盗之人，连手戳一戳都觉犯大忌，于梦中生出骇人之谵妄，久久不得安宁。

那一晚，在一家昏暗的酒吧里，文雅的楚妤却把黑加仑啤酒喝得山响，凭空把一双双贪婪多疑的目光招来。她却嘿嘿讪笑着，兀自喝她的酒。

我兜里有可怜的一点钱，还是妻子开大恩，让我买几盒七十只装的“大公烟”以备用。进酒吧时，遇见楚妤，让她挟了逗酒喝。她素日极孤傲，孤傲得让人仰其鼻息，连我，小城里公认的诗人，她都不睬上一眼，恼得我无端与妻发脾气。今日，公主居然把樱桃小口张了，柔柔怜怜地跟我要酒喝，实在是受宠若惊，便装得落落大方，把钱夹拍在桌上，与她喝酒。啤酒虽是娘们儿酒，但究竟是酒，她竟一气酒了五瓶。

她的脸喝得白中透出粉来，胸起伏如波涛，且伴有微微喘息。我连连婉劝，声音放得低低，怕伤了她的情面。她却乜斜了一双秀眼，透出无限的不屑：“我包里有钱，尽管喝就是！”我抓过她的坤包，玲珑小巧但沉重。拉锁打开，见里边有数叠纸币，十元一张，足有两三千之多。我极惊诧，她一小小纺织女工，哪里来这么多钱，实在是谜!

啤酒已喝去二十余瓶，她喝的少说也不下一双手指的数字。于是，她斜倚在椅背上，哈哈大笑，极放肆！此时，我有难言之快悦，觉眼下是复仇的大好时机，便一劲催她饮酒，并适时地送几句恭维。她竟不介意，只管喝。

当一堆酒瓶狼藉于脚下，我真的害怕起来。略一打量，见她今晚着了一套玄色的连衣裙，于腰间有一细细的裙带扎着，勾勒出极细极惊险的曲线。我担心那裙带会顷刻间崩断，便不敢再让她喝酒，把剩余的几瓶揽过来，生生吞咽。她迷迷离离地笑着，潇洒地甩掉豆青色的矮跟皮鞋，把一只腿抖抖地放在我的膝上。那腿浑圆而白皙，裙角顺势滑到腿根，陡然加剧了我的心跳，额角那两条青筋也突突地爆绽。视线追寻于四遭，果然那灼灼的目光攒涌而来，如棘如锥，有极端的阴暗和恶毒在里边珍藏。我猛地站起身来，她险些仰跌。待把身子重新平衡，那眼里似有泪光在闪。而后，渐渐地聚满了怨艾和悲哀。再后，竟是怒火!

我有些惊惧，慌乱中，将搭在椅背上的西装团在臂弯，匆匆逃出门去。晚风极清凉，夜鸟也偶尔有啼声相送。巷弯的石子路光滑而有弹性，疲软的双腿于不觉中，蹈出笃笃之脆响。慢慢的，心居然平息了，惑于晚间的遭遇。

踅到树丛间的草坪，我颓然躺下，企望明日市井上的宽容。不期有哗哗的响动，如夜狗之狂奔。接着，便有一黑物砸在我身上，且如蛇般往我颈间箍。我透不过气来，昏然若死去。半晌，身子终于轻松，那一团黑影却在不远处颤抖。

走近一看，竟是她跪在地上，口间喃喃有词：“你怎么能这样，竟抛下我走呢！你不是已把我杀死了吗，怎不将尸体埋了？”

我立在原地，不是不想逃走，而是再没有力气。

她急促地匍匐过来，紧紧地抱着我的腿。“哥哥，你怎么敢欺辱妹妹呢？你不是只会写诗吗？”空气中竟流泄着如此之荒诞，荒诞得淋漓而肃杀。

“楚妤，请你自重些，我会把今夜忘掉。”我只想哭。

“哈哈……忘掉？你也真小气，才给这么一点，还不如一只兔子。”

她双手搓捻着，像要努力扮好一个角色。

“楚妤，好姑娘，我会把今夜忘掉，我保证！”我拼命挣扎，软弱而悲壮。

“啊，姑娘？说得够份，一针见血，把我都拿去吧，我的好哥哥……”她竟把发结扯散，又使劲揪那窄窄的裙带。

啪，我把耳光扇在她的脸上，重重的，手掌在疼痛中抽搐。

顷刻，不见了动静。死寂而阴沉半晌，只听得火虫的灯笼烧得很响。

久久，她终于哇地哭出声来，嘶哑而尖啸，如厉鬼在嚎，我忍受着煎熬。

他妈的，兜里竟没有火柴！都怪老婆，她用火柴梗给儿子挖耳屎，孜孜地，久久无倦意。看着那坨金黄金黄的耳屎，她竟得意非凡，比跟我风云一番还够味儿！

我把纸烟一支一支地撕开揉碎，狠狠地，绝望而快意。把烟丝放在鼻翼，疯狂地嗅，喷嚏连连打。最后，竟把烟丝塞进嘴里，嚼得痛快，嚼得贪婪，慢慢地，居然有透心的余甘品出。

她终于不再嚎，却努力地薅头发。那头发一缕缕地掉。如星星般闪耀的雪白的班秃。后来，头发撕得没意思，就躺倒了抽搐。草丛哗哗地响，若一群极坏的小子。抽搐得不过瘾，就咬牙齿，咯吱咯吱若啃红薯。没错！那次偷农民的红薯，被人在后面赶。一兜红薯全丢得干净，仅嘴里那个健全，边跑边嚼，那声音真真地记得，就是咯吱咯吱。

最后，这好听的声音竟如烟般消失。移近，见她四肢摊成个大字，呼吸也停停匀匀。她已睡去，恬淡如婴儿。

我把她抱了，感觉突然极神圣，竟俯身轻轻地吻她，脚步也迈得平稳。

远远地见了她家的灯光，那灯光昏黄而温柔。

那门竟是虚掩着，用她软耷的腿弯一碰，便吱呀地开了。院里有条汉子脱得精赤，仅一条窄窄的游泳裤费劲地往肥腰的肉里掐——她的哥哥。他背靠着一辆火红的摩托坐着，深凹的眼圈阴森而幽凄，两只眼珠却鼓凸而灰暗。我平静地注视着他，希望他能暴跳，然后，我再游侠般接受他的挑战，几拳把他打趴在地，让他呼哧成一条塌脊梁狗。我则抹去嘴角上的血，呵呵地笑着，颇友好地和他的狗窝再见。

起初，他还怪别扭地打量我，之后，却把头低下了，努力搓弄放在盆中的一双大脚。那水冒着腾腾的热气。撩水时，手分明抖了一下。水很烫。但那脚却放得安稳，嘴一咧一咧的，似有无限快感。准他妈的是！

他搓着脚，看都不看我："放里边吧，里边是她的窝。"

这时，我才注意这间屋子。房梁有一条条裂缝，几条破杆子簇支着。房间极小，且有臭味儿股股地蹿，绝不是那小子的臭脚味儿。房间里几块破布扇般垂挂。门缝吹进风来，哗嗒哗嗒如旗儿漫荡。隔开的，竟是她的闺阁。她的床却极干净，雅致如她自己。将她平放了，扯一块线巾仔仔细细给她盖严，如照料自己的妹妹。

出来，见他仍在搓脚，一只脚搭在另一条膝上，窜脚缝抠他的脚，那五个脚趾奇长，且如虬根般错结，指甲被污垢塞满。

“坐，车后架上有烟。”

我从摩托的后座下拿下烟来，竟是他妈的破“春耕”。

点一支抽了，竟是一团一团的脚臭味儿！

“怎么，她又喝酒了？”他竟这样问。且用脚巾扑扑地打腿上的皮屑。

“不，她跟我睡了。”我突然想戏弄他。

“嗯？”他仅发出一个音符，又换个姿势，抠那只脚。

我居然恼了。“听着，她跟我睡了！”我怕他看不起她。一个女人敢跟男人睡觉，究竟比狗似的把自己灌趴下让人不能小觑。

“她敢？”他颇自信地抠他的脚，若尽职地完成自己的工作。

“她不敢，我敢！”真没意思，竟这样。

“得了，哥们儿，还是回家钻老婆被窝吧！要不要拿摩托送送？”他不再抠脚，伸手把烟拿过来，湿淋淋地点燃。脚屑沾上嘴唇，竟扑地吹起，瓜子皮般曼舞到我的脚下。我有些恶心……

回到家，妻还没睡。见了我，竟款款地踱过来，极温驯地将我搂了，驴一样在我脸上磨。没错，餍足了的驴，都在料槽上磨脸，且咴咴唱出得意。妻乃“柴火妞儿”，素日极羞怯，爱我敬我，皆在不言中，从不做狎昵。我觉世界的末日就要来临。

半夜，听妻在咯咯地笑，久久才平息。我好生疑惑，瞪大双眼盯房梁。片刻，又听得一串咯咯声，绵绵而不绝。我不得不打开灯，见妻的眼角有泪在漫溢，嘴上却还在笑。

我心中漾起很大不安，摇她那瘦伶伶的肩。摇了几摇竟摇不醒。再摇，她却很舒适地翻了个身，继续她的笑。“她？夺不走！她？夺不走！”她竟喊出口号，节奏铿锵，如夤夜之苞谷拔节。

我再也睡不着，悻悻而披衣，翻床头那部缩印本《辞海》。一翻，竟翻到“幸福”条。这样写：

幸福，乃梦之追踪，乃泪水浸饱之兴奋……

此时，已凌晨三点，鸡在喔喔地做早课了，妻还在笑。

我忽然有些悲哀。猛地发现，书桌上竟赫然摆着我的那个钱夹。在我的记忆中，它应该在酒吧的酒桌上，或在经理的抽屉里。如果不出意外的话，第二天酒吧的墙上，将贴出失物招领广告。准会这样！愈是瘪瘪的钱夹，愈是有大大的广告——原来，妻已做过半夜间谍！

1987 年 8 月 1 日

不定的梦魂

小说，应该写出诗一样的意象，哲学一般的思考。

——题记

夜路

这段路，是我从未有过的体验。

然而，还算温柔的一个意志，让我必须在夜里，孤孤单单地去经历它。

我不知，是不是该诅咒那一份温柔。

脚下的路，绵延入黑夜的肚腹。于是，便看不到有多少前景。

胆怯、惊惶、困惑就都悄然而至。很想踅回去，但身后的天更黑、更浓。不寒而栗的，还有身后的那一双伫望的眼睛。

就只有试探着往前走。

路边的树发出哗啦啦的脆响，很不温柔。空气中吹过来湿润而腥涩的气味，路边不远处有一条神秘而怪戾的河。这河里的生物很多，多得叫人叫不上它们的名字。“叫不上名字的东西，要少看，更不要去触摸。”母亲从小就这么对我讲。于是，伴着这么一条河走路，心里就惴惴的，极不踏实。

上路之前，我穿戴得很整齐，一些很被人看重的值钱的饰物，在胸前、在肩背，都发出叮当作响的声音。但就在这时，这陌生的阒寂厚暗的夜路上，这饰物的每一个声响都是一分邪恶的张扬。这是奸细的呼叫，呼叫不远处那绿眼的盗贼。我害怕极了。

忽然就有一串杂沓而急促的碎声，箭镞一般从身后射来，气息就倏地幽闭了，喉咙有一团火烧起来。但那声响却突然停下了，我想象有两道幽绿的光直直地在我身上搜寻。我感到了绝望，紧紧地闭上了眼睛。但久久未遭到攻击，手掌却感到一种湿润而温暖的舐抚。睁开眼睛，发现蹲在身边的，是一条不大不小的狗。狗正伸长了脖颈，极温柔地，其实是极贪婪地舐舔着我的手掌，手心里正有一层冰冷的、咸味的汗，不失时机地冒着。

这是一条饿狗。

一种人性的复苏，使我毫不犹豫地解下行囊，那里正有两听午餐肉和半截香肠。

狗吃得很响，驱走了我身边的孤独、寂寞和胆怯。我拉开了一罐啤酒，佐着狗进食时的那一声声脆响，喝得很平静，我发现，啤酒的味道很纯。

当我从沉迷中醒来，狗已吃完它能得到的食物，并没有很人性地道一声感谢，踏踏地，理所应当地溜远了。

我猛地感到，自己犯了一个大错误：背囊里也正有一根绳子，应该把狗拴在手里，牵着它走路。如果那样，这段路一定好走得多。

于是，我朝着狗消失的那个方向大喊：“罗米！罗米！”

这个声音，把我自己都惊呆了——罗米，正是我那热恋着的情人的名字。

这之后，我陷入了无边的虚妄。我麻木地朝前走着，该来的就都来吧，我已无所谓。偶或，竟冒出这样一个邪恶的念头：来吧，夤夜的强盗，请你们这些好汉把我抢劫一空吧，给我一个重新开始的权利！来吧，狰狞的怪兽，请你们这些勇士把我吞噬干净吧，给我一个重新孕育的机会！

遗憾的是，走完那段路程，竟什么也没发生。而且我发现，这段路是个回环的存在，最终又回到了那个温柔的意志身边。

梦依然未醒。

挖山

这晚，身体极其虚弱，刚一入睡，就梦到了山。

山不甚崎岖，且常有雾缠绕，很是可以幻化出一桩又一桩谲美的景象。这山是我目力所及之处：晨起，便看到它的薄霭。暮至，就看尽它如泄的落霞。每至文思枯竭，踅出室外，望一望那山上的树，那树上的花，那花间的果，心就极绵软了，流出一滴又一滴汁液，点到纸上，就是一章又一章撩人的文字。

于是，我很迷恋这门前的山，就极专注地谛视着它。

那山上的雾都散尽了，光润如洗。山的脊背很直，山崖青苍而多姿，一阵风吹来，我发现那山微微动着，它的胸膛里一定鼓荡着如波如澜的激情，但它不露声色，深沉极了。

我期待着它的爆发，那种爆发一定惊天动地，壮美无比。然而它依然冷峻，如沉入玄思的哲人。

我突然感到这山不仅崎岖，还有一种神秘的伟岸。崎岖是说外在态势的，对于这山，伟岸说的是它的骨肉。

于是，我就陷入对这山的痴迷：静静的注视中，那山就突然脱化出一张英俊的脸来，微微地笑着，温润如玉，净洁如花。

我怦然心动，渴望变成一个柔情万般的小女儿，用如丝如缕的柔情同它作直抵心灵的交流。我觉得这伟岸的山应该有极深的爱心，应该深情地告诉我些什么。

但它不说话。

这无声的笑，是一种巨大的吸引，让我生出敬意，确切地说，是一种崇拜。

我朝它走去，已进了它的怀抱，已感到了它微笑的温热。但却找不到它的手臂，无法同它融合。

原来它与我之间有一种无形的隔膜，它给我的是一种温情的推拒。

我终于发现，我只能远远地仰视它的伟岸，仰视它的微笑……对它那冲天的魅力，我没办法消享!

于是，带着这种深深的遗憾，我悻悻地退入室内。

但我不能不走出门去，一出门便见到它的伟岸，它的伟岸是一种不可改变的存在，不容你视而不见。

面对它的伟岸，我因为无可奈何，所以心绪不宁，甚至感到窒息。终于，我做出了决定：为了使我能平静地生活下去，我必须要挖掉这山。

于是，我丢掉了手中的笔，一心一意地挖这座山。当锤錾砸下的时候，我发现，这山的骨肉并不那么坚硬，噗噜噜地滑落着，如水如酥。这个发现使我极其兴奋起来，便丢掉了原来的那份羞惭，拼命地把挖下来的山石，幸灾乐祸地扔到脑后。

那山终于被我挖平了。

但当我转过身的时候，我被惊呆了：又一座新的伟岸的山拔地而起，且比那前一座更伟岸更神奇。

我知道，它同样会使我崇拜得无可奈何，我必须接着挖下去。

同样地，前边的挖平了，后边的又崛起了，这是一个不可穷尽的过程：伟岸的依旧伟岸，渺小的依旧渺小，失落的只能是我自己，使我永远也找不到自我。

于是，因为无奈，我便恼怒，便疯狂。但疯狂之后，陷进的却是更深的无奈。

经过冷静的思考之后，我认识到：要想摆脱这伟岸的压迫，只有远远地离去。

我低头走出了相当长的路，回头时，已不再看到那山的身影。奇怪的是，对那山就有了一丝思念。

我害怕自己经不住山的诱惑，就走了更远的路程，但休憩的时候，对山的思念就更强烈了。

我惊惶不安起来，我知道，如果不咬牙坚持下去，就会前功尽弃。知道没有别的选择，就只有不停地走下去。

然而，这是一个漫长的行程，花光了我身上所有的盘缠。

最后我饿极了，扑倒在路旁。

一个老者吃力地掰开我的手心，塞给我一块馒头，我便一下子送入口中，贪婪地吞食着。那块普通的食物香极了，香得无与伦比。

之后，我跌跌撞撞地跋涉在路上，一有人走过来，我便伸出手去，乞求人家给了一点点食物，我便极真诚地说："谢谢。"

因为困顿劳累与干渴饥饿，身后那座山，居然被我彻底忘了。

干草

妻对我说："你怎么这么忧郁，半天连一句话都不说。"

我说："我说不出。"

妻就倚在我身边，撒着娇："我要你说嘛。"

我说："还是说不出。"

妻就干脆流下泪来："你小子是不是有外心了？！"

这个问题提得太突然，我怔了一下，紧接着便陷入无边的迷惘。因为，如果不是妻这么说，我真不知除了妻之外，谁还会爱我。

提出问题的妻，很快就平静地干她的事体去了，我却耿耿于怀："怎么就没想到，于妻之外，还要有个更年轻更漂亮的姑娘爱自己？"

晚上睡得很晚，但一睡下，就如期来了一个绮色的梦。

我好像在写一篇了不得的文章，想得太累了，就踅到屋后那块草坪上，暮晖在草尖上浅浅地洒了一层，柔软的小草就轻轻地摇着，摇出一轮一轮悠淡的情感。突然就飘下一团红色的雾，未待审视，那雾已于倏忽间逝去了，草地上玉立了一个着红衫的女子。那女子面容姣好，眼眉间透着一种逼人的清爽。

她款款地向我走来，嫣然一笑："你就是凸凹先生吧，我叫罗米，是赴你的前世之邀约，来看你山之沉静水之透明，延续我们美丽而绵长的生命和爱情。"

她挽起我的胳膊，依着我朝前走着，她的呼吸有一种沁人的芳香，她的眼波有一种醉人的温柔。我激动不已。

啊，有一个情人，是一件多么爽心的事啊！

我心中，响起一声低低的沉吟。

"走吧，让我们去你的卧室，成就我们早应该成就的梦境。"她张着小嘴儿，微红着娇润的颊。

我吓了一跳，这才知道，这么可人的美人，我竟不知是不是接纳她，即便是接纳，也不知带她去哪儿才好。

"我们往前走吧，前边一定有一个可容纳我们的好栖处。"我兴致勃勃地说道。

罗米便与我相挽相依着朝前走。她很快乐，甚至快乐得有些恬不知耻。

走着走着，竟遇到了我的父亲。父亲斜睨着我，把我拉到一边：“前一个，已花了我不少金钱了。这一个，我绝不会再给你一个子儿！”

我对他说：“这是为 Love，不要钱。”

父亲大睁了双眼：“竟有这等好事？”当他确信无疑的时候，他那僵硬的脸肉就立刻松弛下来，朝着一边的罗米送出满脸的谄笑，嘴里咕哝着，流下两条长长的唾涎。

我们撇下父亲，快步朝前走，脚步依然轻盈。

走到一个十字路口，就遇到了一个极有头脸的朋友。朋友问：“凸凹先生，您这是去哪儿？”

“随便走走。”

“啊，那就走走吧。”他支支吾吾着，眼光却溜过我的肩膀，撩到罗米身上。

我感到有些不舒服，快快地同他道了别。待走出不远，觉身后传来一阵又一阵窸窣的声音。回头去，见那个朋友身边已簇了许多相熟的人，正随了朋友的指头，向我们戳戳点点。

我就很不自在起来，甚至有些惊恐不安：“必须换条路走，这条路熟人太多！”我便毅然在十字路口拐了弯儿，朝着一个连自己都感到陌生的方向走去。

那条路果然再也遇不到熟人，连生人也是寥寥无几的，到后来，竟再也遇不到人了。

然而，那个美好的栖处仍没有找到。天已黑得没了底，在这条荒径上走着，夜风极凄厉，罗米开始颤抖。这时，她却又踩着了蛇，一声尖叫就把她的温柔撕裂了。

我们已游荡了半夜，累极了，多余的念头已全没了身影，只想坐下来，停匀地喘口气。

当我们相依着坐下时，一阵刺疼使我们痉挛成一团，我们竟坐到了刺猬身上。

罗米开始嘤嘤地抽泣。

我仔细地摸索着，努力要找到一个干净地盘，但周围是一片潮湿，且发着隐隐的臭气。

我悲哀极了："这捉弄人的命运，给了爱，却不给爱的空间。"

不知又走了多久，听到了一种巨大的咀嚼之声。寻着这个声音走去，在一小块平地上，看到了一头疲惫的野驴。在野驴身边，散落着一小片干草。天知道，这干草是这驴从什么地方叼来的。

这干草在我们的心中激起冲天的喜悦！

我把罗米扶到那草边，她呻吟了一声，便忘情地瘫下去了。

那干草的窸窣声，多么动人啊！

我紧挨着罗米躺下，贪婪地吸吮着干草那温暖的涩味。

久久，罗米动了一下身子，拉过我的手，解她胸前的纽扣。我用力按住她的手："让我们静静地享受这干草吧。"

我们的手紧紧地握着，身体贴得很近。天上的星星不说话。

只是，那驴的咀嚼之声，在这片无名的夜空下，更响了。

我们索性专心谛听这驴的咀嚼之声，渐渐地，感到这单调的音符其实蕴含着最丰富的旋律，是被欲望忽视了的天籁。

当这其中的节奏已熟悉地记入心里的时候，我们的身体变得冰凉。我下意识地说："咱们走吧。"

"好，咱们走。"罗米居然也无一丝犹豫。

1987年8月8日至10日

紫荆花与蜜蜂

这些天来，我总是想起小表妹。

今天中午正午睡，蒙眬中看到一个窈窕活泼、美丽动人的小姑娘向我盈盈地走来。她静静地凝视着我，抿嘴一笑，花瓣样薄嫩的嘴唇微微启开："义哥！"多甜润、脆嫩的声音啊！像一股荆花蜜灌入我的心中，沁甜沁甜的，酥了我的心。啊！小表妹！我高兴地跳了起来，拉起小表妹白嫩的小手，笑个不停……猛一睁眼，偌大个房间空空如也，原来是梦！于是，一种莫名的怅惘袭上心头。我知道，我想她了。

说起来，荆花蜜就是我想念她的契机。

七月，正值雨季，细雨霏霏，一下就是两三天。天一放晴，满山遍野的荆花就接连开放。紫嘟嘟的小花，水晶晶的，散发着一股浓郁的药香。一群群金翅子的蜜蜂，嘤嘤嗡嗡地在花间飞来飞去，不错时机地采撷着最甘甜的花蜜。

这是爷爷合不拢嘴的时候。他的几群蜂很勤奋，每隔两三天爷爷就得摇一次蜜。摇蜜机飞快地转着，蜂巢里的蜜被甩到桶壁上，汇成蜜的旋涡……忽然我感到缺了什么。每年摇蜜的时候，孩子们都欢笑着簇在爷爷身边。身边的孩子都在，噢，那活泼的小表妹却没有出现。

小表妹最爱看摇蜜机把蜜摇成漩涡的样子。每当这时，她都踮着脚尖儿，伸长了脖子看，一双小手紧紧合十，贴在胸前。这乖巧的样儿，动人极了！摇完了，她看着一桶桶飘香的蜜，吸溜着，放肆地用葱白样纤嫩的小手指抹蜜吃，一边吃，一边咯咯地笑着，抹得满嘴满下巴都是。有时，小巧的鼻尖上也粘几滴，黏黏的，左右晃悠，真是笑死人。我哈哈地笑着，心里比吃了蜜还要甜。

不知不觉我喜欢上了她。

姑姑家住在六十里以外的矿区，每年暑假，小表妹都要和多病的姥姥（我多病的奶奶）来做伴，正巧我也从一百里外的重点中学回来度假，我俩就有机会整天泡在一起。

说是小表妹，其实我只比她大几天。因为她活泼可爱，跟个孩子似的，我就把这个性格化的“小”字放在前边，做“表妹”很好的修饰。叫“小表妹”我觉得是那样的顺口，生动、亲切，可她却反对这么叫。“刚大人家几天，就这么充大，害羞不？羞！羞！”她使劲儿地刮自己的脸皮，鼓圆了两腮。瞧，十足的孩子气！我就更叫她“小表妹”了。无奈之下，她说一句：“再叫我我可就叫你小表哥了！”算是妥协。

也许她觉得这“小表哥”太难听，慢慢叫我“义哥”了（我小名叫“义”），而“小表妹”我则叫到现在。

小表妹对我无比信赖，这是因为我“面善”。成天围着我唠叨她如何“制裁”她们班上尽欺负她的那个高个子男生，如何舌战并取胜围攻她的那小撮儿女同学，还有她们学校里的一个青年老师如何勾引一个漂亮的女同学，等等。凡是她女孩子世界里的一切事儿和体验都愿意和我说，有时候我听得都有点腻了，露出不耐烦的样子，她就扯我的胳膊撒娇：“听嘛！小义哥！”如果我故意逗她：“不听喽，什么乱七八糟的。”她先是睁圆了眼直瞪我，接着扭过身去偷偷掉眼泪，看着她肩膀一耸一耸的，我又心痛得不成，赶紧央劝道：“别哭了，义哥逗你玩呢，别哭了，小表妹。”她干脆不理我了。我就装着委屈的样子，吸溜着鼻子，弄出嘤嘤哭声。她很快转过身来，看我的哭是装出来的，就用小拳头使劲捶我的肩膀，看我蹙眉痛苦的样子，她又嘻嘻地笑了，笑时眼里还存着两汪泪呢。“瞧你，还汪着泪呢。”她羞怯地低下头，用手抹去泪水，又重重地捶我一拳：“哼！坏义哥，尽欺负人。”

她自然是爱哭。哭时那娇憨的样子也满动人的。于是，我还喜欢她在我面前哭呢。可有时，她在我面前哭时，还真有点让人受不住，每每我也要陪上几滴泪。

有一天晚饭后，我正在灯下看书，她悄悄地闪进门来，蔫蔫地站着，也不说话。我觉得奇怪，问她：“小表妹，怎么了？不舒服了？”她不回答，只是大颗大颗晶莹的泪珠从她美丽的长睫毛上扑落下来。你越问她，她泪掉得越欢，问紧了才抽抽咽咽地告诉我。原来，这两天我奶奶病了，她又要伺候姥姥又要为老妗子哄孩子，一天下来着实累。晚上的饭是酱炒菜，剩馒头。她吃不惯酱炒菜，心里挺别扭。她吃了一口馒头，馒头还变了味儿，她就嘟囔了一句：“怎么这馒头是馊的？”本来婆婆病恹恹的就够心烦的了，一听这话她老妗子就没好气地说：“你们家的馒头好吃，你回去吃呀！”太委屈人了！她搁下饭碗就跑了出来。看着她极其委屈的样子，我心酸得不行，眼眶里的泪不住地打转转，心里充满了对她的怜爱之情。我极力劝慰她，搜了家里最好吃的东西给她做了一桌“丰盛的”菜肴，自作主张还让她喝了两小杯香槟酒……

她感情脆弱，性情娇嫩，我更像爱护小妹妹那样爱护她，从不让她受一点委屈。她好像感觉到了，等我再叫“小表妹”的时候，她就满怀深情地，奶里奶气、甜甜地回我一声“义哥”。

她要走了，我心里倏然漾出一种说不出的依恋之情。我千方百计地躲避她，可她也千方百计来寻我。转来转去我爬到了村后山顶上，她就站在半山腰翘望，久久不离去……当她要乘上公共汽车时，我匆忙塞给她一封信。信中我平生第一次用了一个心跳的字——吻。因为当时我只单纯地觉得，“吻”是表达人心灵深处最纯洁、最美好情愫的一个最美好的字眼。

这时我把她看成一个天真活泼、柔弱娇嫩的小姑娘，尽管她已满十八岁了。

一九八○年的暑期到了。这是我一生中最难忘的一段日子，它是我生活的转折点。由于她在我这一个转折点上起到了特殊的作用，对她的认识也就起了根本的变化。

这是难熬的暑期呀！空气里燃烧着一团火，村里多年使用的一口井也干涸了。等水吃的人们，满身起了痱子，热得直叫骂的人们也都给这空气又加了一把火。高考的成绩早就下来了，我的成绩遥遥领先，重点大学的录取都有了十分的可能。在这燥热中，我有了一丝凉意，然而重点大学录取完了，没有我，普通大学录取完了，依然没有我。天呀！莫非真的因为我过于诚实，在“既往病史”里填上“曾得过肺结核”而彻底淘汰了我?！于是，忽地心头生起一团绝望之火。这团火加上空气中燃烧着的那一团火，就汇成了一条猖狂的火龙，火舌残酷地啃食着我的身心。我病倒了，病得好沉哟！

我只觉得，病魔把我推到了地狱的边缘：我看见地狱的门上旌旗招展——门开了，大鬼小鬼蜂拥而出，拿着绳子直冲我扑来。我恐惧得没命地逃呀！可是，我的腿是那么的无力，挪不开了，竟扑通一声栽倒在地，紧追了来的魔鬼牢牢地捆缚了我，推到阎王的脚下。我抬头看到阎王那张狰狞的脸，吓得赶紧闭上了眼睛。耳际响起了阎王得意的狂笑。完了！我晕倒在地……不知过了多久，一个风姿绰约，威力无比的女神降临到我的身旁，从阎王的魔掌中把我救了出来。定睛一看，这女神不正是我的小表妹吗?！我喃喃地叫着“小表妹，小表妹……”“义哥，义哥……”一串熟悉而发颤的呼唤唤醒了我。当我睁开沉重的双眼，一眼看到我可爱的小表妹就坐在我的身旁，眨着泪眼正冲我笑呢。这不是梦！我一把拉过她的手，紧紧贴在胸前，颤抖地摩挲着。

原来她听到我高考落选病倒了的消息后，风风火火地赶了来，进门连一口水都没喝，就径直来到床前，坐在我身边，一刻不停地注视着我，盼我醒来。在爸妈和小表妹的精心照顾下，我的病很快就好了。可过重的心灵创伤，痛得我抬不起头来，我精神恍惚，强烈的轻生欲念奔袭我的心头……

一个漆黑的晚上，劳累了一天的父母都疲乏地睡熟了。厚重的夜幕中有个幽灵在向我招手，我冲出屋门，向村后的山头攀去。立在黑咕隆咚的悬崖边上，一阵晕眩：啊！父母的养育之恩，乡亲们亲切的关怀，老师殷勤的教诲，同学们亲如手足的友情……

还有那抹蜜吃的小表妹……

这美好的东西不都是值得留恋的吗?

我的决心有些动摇了。一阵燥热的风扑面而来，我感到一阵难挨的窒息。眼前出现了歧视嘲笑我的目光，耳边响起中伤侮辱我的恶言恶语……我满脑袋里萦回的尽是落魄者悲惨的命运。啊！我为了能独立走上生活道路、从苦难中自拔而苦苦的努力终于白费了，希望在哪儿?前途在哪儿?心里一阵痉挛，我抱紧脑袋，闭着眼就要投到阎王的怀抱……

“义哥！义哥！我有话跟你说，你千万别……”我听到了一个带着嘤嘤哭声、喘息得很厉害的女孩子的声音。那凄切的喊声盘旋在悬崖的上空，不啻一声霹雳，把我震晕了，我瘫坐在崖头。她紧紧拽住我，生怕一不小心魔鬼就会把我从她手里夺走。“义哥，你怎么能这样做呢?你哪里是个男子汉?！”她尖厉地大声呵斥我，同时更紧地抓住了我的胳膊，尖细的指甲都掐进我的肉里。我心头猛地一震：男子汉?！那么娇柔的她怎么有这样大的声气！我清醒了，羞愧得不成，把脑袋埋在臂弯里呜呜地哭了。

是小表妹拯救了我。至今我的脑际还萦回着她那尖厉的呵斥，这声音竟有那么大的震慑力量。这是从她女儿家的心里发出的金石之声啊!

从死亡线折回的我情绪陷入了低潮，忧郁、苦闷、无望塞满了我的胸臆。我吃不下，睡不着，万念俱灰。

她强拉我去散步。到叮咚的泉水旁，她撩起水洒在我身上；到飘逸的白云下，她给我唱白云的歌；到风清气爽的山冈上，她为我朗诵豪爽的诗篇；到野葡萄藤旁，她捏着圆溜溜的野葡萄往我嘴里塞……她用尽了女儿家能有的心机劝慰我、开导我。给我讲保尔，给我讲牛虻，讲吴运铎，讲她听到的看到的在厄运压迫下的人如何同命运抗争、坚强不屈的故事。说实话，这些大多我都看到过，听说过，而且知道的还有很多。但这些东西从一个被我看作小孩子的姑娘家口中讲出来，我感到是那样的亲切，那样的动人，对我产生了一种奇异的、向上的力量。我真正懂得了这些故事的内蕴，这些不屈服于命运的强者变成活的楷模站在我跟前，我的心同他们贴近了。

一天，她背着手，轻盈蹀躞到我面前，神秘地眨眨眼："义哥，我要送给你一件礼物。""礼物?""嗯。"她含笑注视着我，从那调皮的笑眼里我读到的文字是："你猜呀。"我实在猜不着，就一下子窜到她后，一把抢了过来。这是一册绿底白格的日记本，她为我翻开封皮，扉页上端端正正地写着：

只要我还活着，天空、云彩、花朵和生命的美就和我同在。

不要诅咒夜太长，它只是黎明前的序幕；不要埋怨挫折太多，人生之路岂能都是鸟语花香！

要做一个真正的男子汉！！！

看着看着我的眼睛湿润了。这第一段，我知道是卢森堡的名言。这加上三个叹号的第三句，则是一个十九岁少女的殷切期望和强烈的心声！

我激动得心胸不停地起伏，顿时感到身上洄流着一股最新鲜的血液。

我紧紧地注视着她的眼睛，我要仔仔细细看着它们，透过这心灵的窗口看到那颗活泼泼跳动着的少女之心。她羞涩地低下头："哥，不要这样看着我……"

我的小表妹在我的心中不再是爱哭的小姑娘，而是一个有丰富内涵、焕发着青春之美的圣洁少女。她令人肃然起敬。

不知怎的我越来越离不开她，一有空，脚就不由自主地挪到她身旁。她的一颦一笑，一言一语我都爱看、都爱听。一种从来没有过的新鲜感情在我心的扑腾声中悄悄地产生了。

接连三天的细雨，满山的荆花又开了。她穿着绿底白花的连衣裙蝶舞而来。我从没看到她像今天这样美丽，她的身姿就像她的衣裙一样优雅，而光洁的白色衣领托着的一张脸更像出水芙蓉那样淑静、美丽而洁净。一个快乐的仙子！我们手拉着手步入荆花丛。她昂起头娇痴地问我："义哥，我像不像紫荆花？""像，你就是一朵带露含蜜的紫荆花。""小表妹，你看我像不像那金翅子的蜜蜂。"我心跳着问。"像。"一个低得就要听不见的声音。"那我就要来采花蜜了。"她仰起脸，大胆地看着我，微笑着，花瓣样的两片薄嫩的嘴微微地翘着。我冲动地把她紧紧搂在怀里，在她的润唇上实实在在地写上了一个"吻"字。

我们之间真真切切产生了爱情，而且爱情的洪流一发不可收，我们迷醉在爱情的花丛中。

然而我很快就清醒地认识到，她毕竟是我的小表妹，我们之间是不能越过兄妹情的门槛的，社会和医学都为我们做了注脚，我们必须把这浓烈的爱情化成纯洁深笃的兄妹情。她也非常清楚地认识到了。

她要走了，我去送她。她摆弄着裙领上的飘带，把头低得很低：“义哥，我永远是你的妹妹，对吧？”我明白她的意思，深情地回答：“对，我永远是你的哥——哥！”她扑向我，我赶紧张开双臂，最后一次拥抱她。

从这以后，她不再来看蜜的漩涡、忘情地用手指抹满嘴的蜜，我也不再去姑姑家。每当奶奶问：“你表妹怎么不来了？”我就回答她，表妹分配工作了，成天上班没时间。姑姑问：“你义哥怎么好长时间不来玩了？”她就推辞说，义哥学习紧，不能分身。我们把满腹的心事都寄托在往来的信上。她每次信的开头都庄重的称我一声“义哥”，信尾都录一句“要做真正的男子汉！”每次收到信，我都要洗了手来读，回信时信首亲昵地叫声“小表妹”，最后写一句“祝亲爱的小表妹幸福”……

小表妹是个美丽温柔、娇嫩脆弱而又坚强通达、有深蕴，充满着青春活力的好姑娘。她既让我思念，又让我内心充盈。所以是她给了我第二次生命，给了我生活的勇气，而且还不断地给我进取的力量。“要做一个真正的男子汉”成了弹拨我青春之弦的一支闪着金光的琴弓。

现在又值雨季，紫荆花又开满山坡，蜜的漩涡又回旋起来了，这怎能不叫我深深思念我那可爱的小表妹呢？

思念无错，它是一种恩德！

1982年7月30日至31日草

1987年8月26日改定

鸳鸯潭

老人们说，鸳鸯潭原名映时潭。在它的身上萦系着一个缠绵悱恻的爱情传说。

这是一个不大不小的水潭，浑圆如满月被两座对峙的大山捧到胸前。从此这一泓潭水就偎依在大山的怀抱中，脉脉地仰视着大山，谛听着大山的心声。当无声的春风刚刚用纤柔的指头为大山梳妆、“春草远看近却无”的时候，水潭的平滑水面就泛出暖暖的、嫩嫩的春色，机灵的牧童就知道春天来了，冻结的笑脸就绽开了。当桃花、杏花、山丹丹花、灵芝花，百花盛开，竞相吐艳的时候，圆圆的潭就像醉美人的一张脸，绯红绯红的，流光溢彩。水面再不是平静的了，随着飘来的阵阵花香，升泛起阵阵幸福的涟漪。聪慧的牧童知道春意浓了，春草就要肥起来了，他开始把牛羊赶上山。当泛白的桃杏压弯了枝头、山草葱郁的时候，一阵热融融的风吹来，水面上浮动着浓厚的绿云，乖巧的牧童就知道夏天来了。他让羊群憩在深深的塘草中，自己端坐在水边上，把夏之韵吹进他悠扬的笛声中……当雪花把大地包裹得一片素洁的时候，潭水也素洁极了，幽静清澈，多情的牧童就知道潭水该倚在大山的怀里冬眠了，就恋恋不舍地把羊群赶下山去，回到村子里。

精明的牧童知道水潭最先告诉他大山的时令，于是给水潭起了个最贴切的名字——映时潭。

在清朝末年，村霸胡狗儿那个在城里读了两年洋学的儿子胡逸仙看上了映时潭变幻的美，也许他有“逸仙”的本性，或是从历代文人骚客那儿找到了祖宗，突然发动全村的百姓在映时潭边上修起了几幢清雅闲适的书斋亭阁，立了几座水榭回廊，摇着羽毛扇当起什么“山中雅士”来了。后来，胡狗儿大概为了便于看护山上的树木地产，把全家也都搬到了映时潭。胡家霸占了风光旖旎、幻丽多姿的映时潭。从此牧童失去了属于他的童话般的世界。

一天，长大了的牧童带着他十七岁的妹妹小娟正在映时潭北的山坡上牧羊，不期撞上了从山上赏光回来的胡逸仙。看到他们，胡逸仙倏然愣住了，两只绿眼珠就像注上了水银，直勾勾的，一张多毛的嘴半张地看着小娟。小娟吓得赶紧躲到了哥哥的背后。胡逸仙的妹妹胡小妹把愣怔未醒的哥哥拉下山去了。牧童搂过受惊的妹妹，望着妹妹的脸，心不禁抽紧了。

牧童十岁那年，父亲就中暑死了。他接过父亲留给他的放羊鞭便成了牧童。美丽勤劳的母亲风里雨里拉扯着他们兄妹俩。村霸胡狗儿看上了母亲的美丽，起了邪心。一天当牧童和妹妹上山牧羊的时候，母亲因不堪胡狗儿的侮辱含羞自缢了。十二岁的牧童和八岁的妹妹失去了唯一的靠山。孤苦伶仃的兄妹俩怀着对胡家的满腔仇恨，相依为命，像崖畔的两棵松树倔强地生长着。大山有情，在苦难的生活中，牧童长成了英俊的小伙子，妹妹出脱成水灵仙女般的大姑娘。尤其妹妹，村里的乡亲们都说：这姑娘莫不是仙女下凡，是咱穷山村里的一颗最美的珍珠。

在山上，胡逸仙看到这颗珍珠的姿色，一下子就被璀璨的光芒摄去了魂魄。

不难想象，灾难自然而然地降临到这一双单薄的小兄妹身上。要过年了，胡逸仙差牧童给他六十里以外镇上的舅家送去几只羊，牧童当天在镇上过夜。胡逸仙则发了从他老子那里遗传的兽性，在风雪交加的夜晚摸进了牧童的家……可怜的小娟同妈妈一样被猖獗的恶势力摧残了。山村失落了最美的珍珠……

牧童从房梁上把妹妹抱下来，搂着妹妹软塌塌的身子，哭啊，哭啊，哭到天都昏了，哭到地都暗了。“吃人不吐骨头的豺狼呀，你们吃掉了我的妈妈，又吃掉了我唯一的妹妹，这是血海深仇！这血海深仇一定要报啊！”牧童恨火中烧，鼓凸着两只眼睛，操起斧头就要冲上映时潭。好心的乡亲死死拽住他，跪下来央求他：“牧童啊，牧童，不能去啊，那里虎口早就张开了，你不能白送死去啊！”……

牧童抱着妹妹的尸体昏了过去。他死死地抱住妹妹，谁也甭想从他手里夺走！他把妹妹抱了多少日子，就病了多少日子！他不吃不喝。当乡亲们给他端来热腾腾的面汤时，他就往妹妹嘴里灌……人们都说他疯了！人们都说他癫了！全村两百上下人口都哭了。伤天害理呀！伤天害理呀！乡亲们心中充满了对胡家的刻骨仇恨！

在乡亲们的劝导下，牧童把妹妹葬在了她生前最爱跟哥哥去的映时潭边。

从此，每天晚上，一串悲怆、哀绝的笛音就萦绕在映时潭上空。曲调凄然惨烈，瘆人心脏。映时潭也羞耻地掩面抽泣。

胡逸仙听着这凄凉的哀音恐惧得缩紧了身子。他很想把牧童赶走，但牧童眼里燃烧着的复仇的火焰、乡亲们义愤填膺的抗议使他不能轻举妄动，杀人后的惊悸也使他失去了那个断然的勇气。

这一年的年关冷得出奇，漫天大雪大如鹅毛，厚厚的积雪泛出寒光，刺骨的寒风夹着雪粒打在人们的脸上钻心的痛。乡亲们说，这是天公悲伤了，这是天公发怒了。人们更恨那杀人的胡家了。

但映时潭的上空仍然回荡着那悲怆、哀绝的笛声。纷飞的白雪也因装着过重的悲哀飘得很慢。大雪已把牧童的身子埋了半截，那张因过分痛苦而扭曲的脸，冷峻地对抗着风雪，笛梢上的红带子像他喋出来的血。

一双颤抖的手把一件棉袍披在牧童的身上，他一愣，慢慢转过身来，却猛地从地上跳起来，一把撕下棉袍，愤怒地摔在地上，凶悍的目光直盯着来人。来人是胡小妹，一个端丽白润的姑娘，她受不了牧童那盯视，骇得不成，下意识地将双手举到胸前，浑身颤抖着，惊惧的眼里透出哀怜的光。

“要干什么？母狼！”

“你……你……你要注意身体……不要冻……冻坏了。”

不听则已，一听愤怒，牧童一把抓住她的肩膀，露出凶恶复仇的光：“你，你们还有人性吗，不要这样假惺惺，我要宰了你给我妹妹报仇！”由于过度激动，他呼哧呼哧地喘着。

胡小妹惊惧的脸反倒开朗了，放松了。“你打死我吧，打死我我要好受些。”“啊！”牧童倒惊呆了。扑通，胡小妹跪在他的脚下，雪很快埋了她大半截身子。她坦然地看着他，坦然地说：“牧羊哥哥，你杀了我吧，我求求你……”牧童更惊异了，冷峻地盯着她……他眼圈开始发酸，一丝怜情悄然冒出心头。他突然看到了笛子上的红带子，这是妹妹亲手给他系上的，心里想：妹妹！我死去的妹妹！我死去的妹妹！他睥睨地看了她一眼，“哼”了一声，决然离去。

……雪开始浸到她的胸口，胡小妹泪流满面……一会儿她晕倒在地上，雪立刻淹没了她。

第二天，映时潭飘雪的天空仍然回荡着那悲怆、哀绝的笛声。但听得出，这笛声又掺杂着一种什么别的情绪，时隐时现。到底是什么情绪，连牧童自己也说不清楚。

似是一双颤抖的手把一件棉袍披在他身上。他一颤，没有转身，缓缓地从地上站起来，随手从身上扯下棉袍子：“你到底要干什么？”声音缓慢但不失冷峻，身后有嘤嘤的低泣声。他有些烦躁，猛地转身，大声喊着：“你这样做，究竟是为什么？！”胡小妹抬起头来，脸色苍白而泛出青色，她痛苦地摇摇头，说：“不为什么，只要你不要太悲伤了，保——保重身子。”他的心一沉，棉袍从手中滑落，然后低着头默默地走了。姑娘捡起棉袍，贴在脸上呜呜哭了起来。丫头二妮把她搀了回去。

第三天，映时潭飘雪的天空依然回荡着那悲怆、哀绝的笛声，但笛声中有了明显的迷惘不安的情绪。似是一双颤抖的手把一件棉袍披在他的身上，他没有挣脱，只是埋头吹着他的笛子。

第四天，第五天……飘雪的十五天中，映时潭的上空总是飘着那种笛声。总是一双颤抖的手把棉袍披在他的身上。迷惘、困惑、不安的情绪在他的笛音中表现得愈来愈强烈了。

第十六天，雪停了。虽然天空仍是铅一样的沉重，但毕竟使牧童迷乱的心胸稍稍地得到一点安静。往日的悲怆、哀绝的笛音被一种深沉的、低回的音调所代替，那里有深深的怀念和莫名的忧愁。

沙沙、沙沙，一串轻轻的脚步声由远及近。十五天来他一直听到这个声音。棉袍轻轻地披在他的身上。他站起身来，平和而冷静地问：“小姐，这样做究竟为什么？是来可怜我，羞辱我吗……”“不——不，牧羊哥哥，收我做你的妹妹吧，这样我才好受些。”她急切而恳切地说。他突然严肃起来：“不，你是仇人家的女儿，不是一根藤上的瓜，是拴不到一块的。你走吧，别再来纠缠我！”好似冷酷的命令。胡小妹的脸涨得发青。“什么仇人家的，难道马粪上就长不出美丽的花儿，朽木疙瘩上就长不出鲜蘑菇？我恨死他们了，你凭什么把我看得和他们一样坏呢？！”她的脸又变得通红，是受侮辱后由青变红的那一种。“不管怎么说你是仇人家的人，和咱穷人不是一条心。”他坚持着，但话语却远没有刚才那样大的底气。胡小妹怀着一颗不被理解、羞辱的心痛苦地摇摇头，狠狠擦一把泪，踉踉跄跄地走了。牧童看着地上那一串紊乱的脚印，也不解地摇摇头。

这时，丫头二妮跑过来，捉住他的胳膊：“牧羊哥哥，你可别再冷落小姐那颗心了，她可实心实意地向着你呀。小娟死后，她大骂胡逸仙是畜生，是披着什么，什么“雅士”皮的奸鬼。胡逸仙把小姐打得身上青一块紫一块的，没有一块好肉。她趴在床上还不停地骂，口上说着和胡逸仙断绝兄妹关系。她说她生在这样一个罪恶家庭里是天大的不幸。她说她要为这个罪恶之家赎罪。每当提起小娟她都禁不住流泪。每当她听到你在潭边吹那伤心的笛子，她就在床上翻滚，难过得直抓心口。她还拉着我的手说：‘二妮，牧羊哥哥太悲伤了，我的心都要碎了，我要想尽一切办法安慰他，不然我就去死。’那次她跪在地上很久，直到昏倒了，要不是我把她背回屋去，恐怕早就冻死了。哎呀，那个吓人呀，我折腾了半夜才把她救醒过来。牧羊哥哥，你可别再折腾小姐了，看她伤心的样子，我都悄悄地不停地流泪……”二妮的眼圈红了。“唉，我还要去为小姐治伤，她的腿在那天晚上冻坏了。牧羊哥哥，小姐可是个好人啊！”二妮什么时候走的，他不知道。他心乱如麻：难道小姐真的与她的爹、他的哥不同？难道她真有那么厚道的人心？要做我的妹妹……一想到妹妹，他就心酸得难耐。他擦着模糊的泪眼，跌跌撞撞地下了山。

……

他做起了噩梦。小娟站在他面前，满面泪光：“哥哥，你可不能忘啊，我是被他们胡家害的呀！母亲也是被胡家害的呀！胡家欠咱们老少两代的债呀！你可不要信那母狼的话，她是母狼！母狼！母狼！！”“是狼哪有不吃人的！”从一个见不到底的深渊里传出一个忿忿不平的声音："我恨死他们了，你凭什么说我跟他们一样……牧羊哥哥收我做你的妹妹吧！"

胡小妹跪在他面前，泪流如注，一会儿大雪没过她的胸口，后来把她全部埋没了。二妮闪出，叉着腰指着他的鼻子："你为什么冷落小姐？她可是好人啊！""不！坏人！""不！好人！好人！""坏人！"……两个声音争吵着。他被震得捂上了耳朵。"你忘了报仇，你不是我哥哥！""你凭什么说我跟他们一样？！""你为什么冷落我们小姐？！"小娟，胡小妹，二妮一起扑向他，把他推下无底深渊。"啊！"他被吓醒了。他瞪大眼睛看屋里的一切：屋里黑咕隆咚，透过的风撕碎了的窗纸，几颗寒星神秘地向他眨巴着眼睛。一阵寒风吹进屋来，冷得刺骨，他裹紧那床破棉套："天哪，快把我的爹妈还给我吧，一个孤儿家该怎么办呀，这一切都是为什么呀！"就这样，他强挨到了天明。

天一亮，他就上山了。围着妹妹的坟看了两圈，又朝小姐的闺房远远地瞭望。

由于思念妹妹，他几天没吃东西了，昨夜又为那难办的事苦恼了一夜，他身体有些疲软不支，迷迷糊糊地把羊赶向山头，恍恍惚惚踩上一个绵软的东西，脚下一滑就什么也不知道了。

等他醒来，发现自己躺在一个完全陌生的地方。"小姐，牧羊哥哥他醒了。"二妮惊喜地喊道。"啊！"胡小妹跑到床前，含笑注视着他。"我怎么在这儿，不，我得走！"他愠怒地嚷着，想坐起来，但一动，四肢酸痛得他嘴一咧一咧的，坐不起来。"别动，这是小姐的屋子。早晨我到潭边提水发现了你，我急忙喊来小姐，瞒着老爷把你抬到这儿。哎呀，你浑身摔得可吓人了。"二妮叨咕着："我和小姐就盼你醒来，可你跟死了一样，把小姐吓坏了。她，她老是伏在你胸前，听你的心还跳不……""死二妮……"

胡小妹羞红了脸，深深地低下了头。牧童为了不让眼泪流出来，紧紧地闭上了眼，但两颗混浊的泪却不听话地从眼角挤了出来……

晚上，胡小妹叫长工把牧童背下山去。

山里的小姐毕竟有别于市镇阔家的小姐。由于他们生在山里，长在山里，如贫苦人家的女儿一样恋着大山。在大山上攀援，在大山上赏景，和穷人家的孩子一起纳鞋帮，说女儿家的笑话。这些她们的家长也很少限制。山村小姐出出入入蛮自由的，在外玩耍的时候远比在闺阁中的要多。

于是，每天胡小妹都有机会偕二妮下山看牧童。带来偷偷搜来的跌伤药和补养品。她一口一口地喂汤、一口一口地喂药，腾出手，就缝连牧童划破的衣服。牧童不能上山为妹妹吹笛子，愁闷得很。他偷偷看着小姐那温柔端丽的脸庞，竟更深地怀念起妹妹来。妹妹活着的时候就是这样的关怀体贴自己呀，他愈是怀念妹妹愈觉得小姐亲切，这种矛盾的心理搅得他心烦意乱。他发着高烧，常在梦中喊妹妹。小姐看着他干裂的嘴唇和因痛苦而抽搐的脸，心如刀绞。人家的妹妹被自家的哥哥害了，而自己又替不了人家的妹妹。“唉，我是地主家的女儿，我是他仇人家的女儿。”她心中荡起一种极度的悲哀和绝望。

牧羊哥哥待她妹妹多好啊，两兄妹多亲热啊！怕妹妹在家里寂寞受别人的欺负，牧童每天都带上她去放羊。在山上，春天他给妹妹簪一头的鲜花，夏天带她在潭边嬉戏，秋天他给妹妹摘各种野果吃。他给妹妹梳头，他给妹妹讲从大人那儿听来的笑话，他吹笛子叫妹妹唱歌。看着妹妹像花一样扑闪在他身边采花摘果、抓蝴蝶、掏小鸟……他也乐得如花般绽放，觉得自己还配做哥哥。妹妹病了，他就整夜整夜地守着，生怕妹妹撒手离开他。

妹妹想妈了，他就搂着她陪着流伤心的泪……他深深地爱着妹妹，就像爱护手掌心上的一颗珍珠那样珍爱她。这一切，胡小妹都听说过，也有的亲眼看见过。她非常羡慕牧童兄妹的情谊，有时还十分嫉妒小娟有这样一位好哥哥疼爱她。她痛恨她的哥哥胡逸仙，他除了戏弄她就是打骂她，从来没有爱过她。她生母死得早，爹爹又不关心她，虽然身为阔家小姐，但从来也得不到家庭的温暖。伴随她的只有凄苦的长夜和寂寞难挨的白天，她靠着从二妮那得到的姐妹情抽长她生命的丝。她时时幻想着有像牧童那样的好哥哥来疼爱她，她也幻想着将来有个像牧童那样的知心人。不知怎的，她对牧童有一种无限的敬重和爱戴。她经常藏在草丛里柔情脉脉地看着那亲昵的一对儿。当牧童的笛声伴着小娟的歌声飞扬起来时，她的心就颤得厉害。牧童很健壮也很俊俏，这对她有着无比的诱惑力，她真想抛开她的家庭，求牧童收她做妹妹。当小娟死后，她更恨这个罪恶之家。牧童那悲怆、哀绝的笛声把她的魂都抛到天空给撕碎了。她心疼牧童，甚至可以说爱着牧童，对！是爱着。像牧童这样好的人儿，谁能不爱呢？她真想把牧童的全部悲哀都担在自己的身上。她愿意像妹妹那样伺候他一辈子，哪怕为他去死……

“妹……妹，给哥哥点水吧。”牧童烧糊涂了，不停地起伏着胸脯。她起来舀了一碗凉水：“哥哥，来了，喝吧。”她被自己脱口而出的话惊呆了，牧童一愣，猛地挺起身来，张开双手在半空划拉着：“妹妹，你在哪儿啊，你在哪儿啊？你在哪儿？”她哭出声来：“哥哥，我在这儿。”牧童猛地睁开眼：“不！你不是我的妹妹，你是仇人家的女儿！”“啪！”碗掉到地上摔碎了。牧童清醒了，看到眼前不住地抽泣着的她，嘴巴一咧，竟呜呜地哭了。

映时潭的水又泛起暖暖的、柔柔的春色，春天来了。大病初愈的牧童赶着羊儿上山来了，身子虽然有些虚脱，但春风吹来，他的心有了渐渐回升的暖意。他伸伸胳膊，身心一阵轻松，青春的活力又洄流在他的血管里，这是妹妹死后他第一次振奋起精神来。

他奔到妹妹的坟前，看到上面有人培上了一层新土。土中还露着鹅黄的草叶和白嫩的草根，他怀着一种久违了的渴望和深深的怀念，把脸贴在妹妹的坟上，流出了激动的眼泪。

“牧羊哥哥，你全好了啊？”牧童抬起头，小姐含笑注视着他，他感激地点点头，默默地把羊赶上了山。

“牧羊哥哥！”当牧童把羊赶到梁头，到下午歇晌时，胡小妹上山来了。放下手中的荆篮，她坐在牧童身边，牧童不由得躲开了她，坐到她对面，“小姐，你这样缠着我，你到底想干什么？”“哦，看你的鞋烂得都穿不了了，我……我给你做了一双鞋。”说着从篮子里拿出那双鞋。这鞋是精纳的帮，耐穿的底，是跑山路的那种‘四层板’。”“不！你说，你这样做到底为什么？”她走过去摇着牧童的胳膊：“牧羊哥哥，收我做你的妹妹吧，我会像小娟一样……”“不！你是仇人家的女儿！”“我的心早就不是他们的了！让我做你的妹妹吧，牧羊哥哥。”

她把他的胳膊摇晃得更厉害了。他茫然无措，半天才困难地嘟囔了一句：“我心乱得很哩……小娟她会恨我的！”“不！小娟要是知道，有一个像她那样爱你……关心你的人，她会高兴的。”“你还是走吧。”他茫然地说。“我走，但这双鞋你一定要穿上，你……你……”她扭身跑下山去。牧童端详着那双精致的“四层板”，喃喃自语：“世上还有这样的女孩子，她真的……”

从这以后，每当他把羊赶到梁头，要歇晌的时候，她都要上来，默默坐在他身边，直到他起晌赶羊吃草。她每天都来坐，默默地。

一天牧童终于挨不过她了，就轻声地说：“小姐，你这样折腾我，我可受不了了。”心门一开，感情就像出了闸门的水，势不可收。她向他倾诉了她的悲惨命运和对他的无限敬慕。“牧羊哥哥，我没有给我温暖的亲人，我恨我生在这样的家庭，你就收我做你的妹妹吧。”“可，你是……”他本想说“可你是地主的小姐，仇人家的女儿。”但一看到她那双稚怜渴望的目光，又咽了下去。他没有回答，只是把手轻轻搭在她的手面上。她带着期待更带着希望走下山去。

从此，每天晚上，映时潭上空萦回的笛声里，凄婉和迷惘的调子消失了，代之以清新、温情的旋律，如梦如幻。虽然那声音还掺有淡淡的哀愁，但胡小妹敏感地意识到，牧童心中开始有她了。于是，每当黄昏牧童吹笛子的时候，她就从潭边青枝缝里深情地望着他。他也知道她在注视着自己，每次吹完笛子也都要亲切地回望她一眼。

胡家的“狗”们嗅出了异味，惊恐不安。胡狗儿严厉地盘问二妮。胡逸仙则怒冲冲闯进胡小妹的闺房，旁敲侧击，愤然质问。胡小妹恨透了他，怒视不语。胡逸仙火了，铺天盖地，一阵猛打。胡小妹艰难地从地上爬起来：“我就是喜欢他，我现在就要嫁给他，看你怎么办？！”这是她平生第一次表现出属于自己的勇气。“啊！”胡逸仙恼羞成怒，兽性发作，撕碎了胡小妹身上的衣服，把她猛地推出门。“臭婊子，你就这样见你那放羊的去吧！”胡小妹看到自己赤裸的身子上伤痕累累、血迹斑斑，恨、羞、绝望猛撞胸臆，她疯了似的跑到潭边，纵身跳了下去。就要没入水中的那一刻，她突然看到了山坡上牧羊的牧童，眼睛中嗖地迸发了一点生的火花：“牧羊哥哥，快救我呀！……”

“咕”她沉入水底，她又拼命蹿出水面：“牧羊哥哥，救我呀！……”听到这凄绝尖厉的呼救声，牧童拼命跑到潭边，拼命地向她游去：“别慌，妹妹，我来了！”“哥哥……”她拼着最后力气挣扎着。他抓住她光滑的胳膊，胡小妹没有了最后的力气，软绵绵地靠在他的怀里……

仇人见面分外眼红，牧童怒视着吓得哆哆嗦嗦抖个不停的胡逸仙：“畜生！恶狼！”他一步步逼向胡逸仙。“好……好……好……你小子勾引我家女人，不从管制，早晚要给你点厉害看。”说完，胡逸仙仓皇逃回书房。

二妮搀着胡小妹走到牧童跟前，胡小妹跪下了：“恩人！”牧童慌忙把她搀起："妹妹，受惊了。""哥哥！"她扑入牧童的怀里，泪如泉涌，他认她为妹妹了，她的愿望实现了，她流的是最幸福的热泪。

"哥哥，是你救了我，我是你的妹妹，我是你的人了，快把我带走吧！"

"不，我是没娘的孩儿，我都无处走，带你去哪儿啊。"

……

牧童转身迈着沉重的步子，一步一步向山上走去。"哥哥！"胡小妹一阵晕眩，二妮把她搀回闺门。

这一切都被躲在书房里的胡逸仙看在眼里，他恨得咬碎了两颗牙，"噗"唾一口血水："等着吧，臭小子，等着我打碎你的骨头！"

紧接着，胡狗儿就罢了牧童的羊鞭。

丢了饭碗，从此牧童就靠乡亲们的周济维持生活。胡逸仙带打手找了他几回麻烦，他都在乡亲们的帮助下躲过去了。

这天夜里，天燥热，牧童很晚才睡下。"哥哥！……"他猛地坐起来，引耳谛听。"哥哥快开门！"他开了门，二妮搀着胡小妹跌跌撞撞挤进屋来。胡小妹紧紧抱住牧童的腰："哥哥，带我逃吧！""哪儿去呀？你一个小姐家。""小姐，什么小姐呀，我要是再做小姐早晚要死在胡逸仙手里……"说着胡小妹撩起衣袖让牧童看她胳膊上，腿上的伤。牧童哽咽着说不出来话。二妮急了："牧羊哥哥，你就快带着小姐逃吧。昨天胡逸仙就折磨了小姐半宿，扬言要砸碎你的骨头。这个关头了，你就带小姐逃吧，逃得越远越好！"牧童重重一拍大腿："唉！"坚定地说："只要青山在，就不怕没有咱们的活路！"

当夜，这一对深受磨难的年轻人踏上了逃亡的路。

胡逸仙气得哇哇叫，带着雇来的打手，搜了半个月的山。最后都垂头丧气地回来了。

乡亲们都为这苦命的爱侣暗暗祝福：让他们白头到老，永乐于世吧。

这样安安静静地过了四年。山里的猎人悄悄捎来话说，这一对年轻人成了夫妻。他们像兄妹一样互敬互爱、和和安安，躬耕打猎过着幸福美满的生活。还传说，胡小妹给牧童生了个胖女儿，大人孩子三口之家享受着神仙般的世界。乡亲们都颔首说，这是老天爷长眼，搭救落魄的苦命人。

然而老天爷并不总是睁眼，不久，灭顶之灾就降到了这一对刚刚开始新生活的夫妻身上。

胡逸仙恨心不死，暗暗查找到了牧童夫妻的住处，在一个漆黑恐怖的夜晚围住了他们的山洞。他们从梦中惊醒。看着幢幢鬼影，知道已经逃不脱了，一双夫妻紧紧抱在一起。

“哇”，孩子哭了，胡小妹从懵懂中清醒过来：“哥哥带走咱们的孩子，带走咱们的孩子！”牧童也意识到了什么：“小妹，你抱孩子逃，我跟他们拼了！”“不！我一个女人家怕没有力量逃脱，哥哥，你快走吧，得留下咱们受苦受难换来的孩子！”牧童给妻子磕了个响头：“等着我！”他抱起孩子像狂狮一样跳了起来，怒吼着，用板斧杀开了一条血路，奔向更原始的远山。

胡小妹被抓回了映时潭。她又被兽性发作的胡逸仙扒光了衣裳，打得皮开肉绽。“前边就是水潭，你还跳哇，你牧羊哥哥还会救你来的。”不，她不想死，她要等牧羊哥哥来救她，上次，就是牧羊哥哥救了她，她现在依然对生活怀有本能的希望。况且，现在已不是从前了，她多了一种生活的寄托——只要她知道他和自己的孩子确实还活在世上，就是死，也无怨了。她忍受着极大的痛苦，等待着，等待着。

可是胡小妹彻底绝望了。人们传来消息说，牧童跑进了原始森林，正要坐下来歇口气，被撵上来的打手团团围住了。他们呼喊着要为同伴报仇，一同向牧童砸去。可怜的牧童和两岁的女儿都惨死在乱棒之下。她的心碎了！在传来消息的当天夜里，她举身投入了映时潭的怀抱。

事实上，牧童没有死，他机智地逃脱了打手的追踪。他把孩子托付给慈爱的老猎人，返身来救他同甘共苦的爱妻。当他听说胡小妹被胡逸仙欺骗，饮恨投潭的时候，新仇旧恨一下子烧起了无边的恨火。他瞪着凸出来的血红的眼睛冲上了映时潭，一把通天的大火烧了胡家的“雅斋”。

胡狗儿和他的七姘六妾当场烧死。胡逸仙带领打手扑上来，牧童血红的眼凸得就要跳出来了，他呼啸着杀了上去，把十几个打手全部砍翻，砍掉了胡逸仙的双腿扔到了火海……

他放声大笑，笑得浑身都颤了起来。但终于因过分的劳累和多处伤痛，他在笑声中倒下了。冥冥之中他看见了对他恩重如山的妻子，他向着挚爱的妻子，深情地呼唤着：“妹妹，哥哥救你来了。”他爬到潭边，身子一倾，“咕咚”一声跌入潭内。一圈圈涟漪不停息地波向远方……

几天后他们的躯体浮出水面。多情的潭水把他俩推送到一起，面色安详，就像亲热地睡在一起。乡亲们都流下了酸楚的泪水。

一个老夫子眼里噙着泪，悲痛地说：“这一对年轻人承受的苦难，这映时潭是装不下的，他们相爱的情谊，也比这映时潭的水还要深。自古人们就用鸳鸯来比喻心酸的爱情，这映时潭倒不如改叫鸳鸯潭。”

乡亲们便把他们安葬在映时潭边，为了纪念他们，在墓旁立了丈许长的一块墓碑，上面刻着：鸳鸯潭。

于是，鸳鸯潭就永远栖息着两个耳鬓厮磨的鸳鸯，这便是鸳鸯潭的传说了。

1982年8月3日至6日草

1987年9月17日改定

抒情

傍晚的苍幕

和着这嘈杂的声浪，
飘来阵阵的醇香，
也掠过几缕咸臭，
这是人头攒动的地方。
渴求、贪婪、奸诈、忌恨……
似无形的火，
在死寂之中，
隐隐地点燃爆炸的引信。

看吧，一向睥睨一切的眼，
此时——
专注了，低垂了，可怜地发呆，
干涸了而又拼命地揉。
听吧，那慷慨激昂的声音，
此时——
晦涩了，喑哑了，低下尘埃。

一瞬惊愕之后，
舐舌呜哝。

盯着这一弯弯，
实有的、肉感的、颤动着的曲线，
心神不定地咀嚼。
啊，
这使人僵直的影像，
这使人垂涎的诱惑，
剥去了道貌岸然的画皮。

1981 年 7 月 6 日晚

生活

海有多深?
天有多高?
面对着这亘古就有的大问题,
她喋喋不休地发问。

海的蕴藉,
天的包容,
一点一滴、一丝一缕,
难道不值得你联想与评析?

浪的呼啸,
云的聚涌,
大千世界广阔而多变,
难道不吸引你去做一番驰骋?

我也是这样想,

所以我烦。

我说，

不，我没有海的肚量，

也没有天的胸襟，

我只好甘于平庸。

像地上的蚂蚁，

把米粒当高山，

态度端正、坚定不移。

1981 年 9 月 9 日晚

有赠

秋风把繁叶吹落了。
时光把韶华染白了。
没必要哀叹，
这是必然的来临。
像流水落涧，
必然是深潭。
像少女出嫁，
自然是人母。
若问我于何时变得如此世故，
是从认识你的那一天开始。

1981 年 10 月 5 日赠 W 女士

小鸟

有一只小鸟，
在我的心窝里扑闹。
从东到西，
又叫又跳。

我的心动了，
我的心痛了，
我的心绝望了。

但它飞到别人的林中去了，
而且被别人一棍子打落了。
那人说，
它不请自到。
虽是误闯，
但疑似冒犯。

我把它捧在手上，
擦拭着羽毛上的血迹。
泪流满面，
但揪痛过后却释然了——
幸亏不是陨于我的棒打，
罪在罪上就无罪了。

1981 年 11 月 19 日写给一个单恋的男士

山村春景

一

隐居的山村，
像一只古朴的船。
绿浪使它轻快地摆，
花海使它惬意地游。

浪尖，紫燕翦水，
花瓣，凤蝶嬉戏。
起伏、摇曳，
女儿腼腆却春情四溢。

村口一泓小溪流，
两岸袅娜是嫩柳。
溪水跟柳走，
柳随溪水流?

二

百灵喝了泉水，
踮着素足，
引着粉颈，
唱时髦情歌。

鸳鸯被歌声迷醉，
毫不遮拦地亲嘴，
重温悠悠的神话，
流淌着今世的眼泪。

小松鼠开始顽皮，
树枝、崖畔都留下它的足迹，
乖巧的小脸挂几丝羞赧，
人妻之梦隐隐萦回。

布谷鸟刚从田里回来，
在树梢上把风尘抖去，
“咕咕，咕咕——光棍儿好苦”，
情愁却唱成欢乐之曲。

三

泉水不拒春阳的艳冶，
开镜梳妆般波光粼粼。

垂岸的青藤就是头绳，
绿色的发波荡漾水草的温馨。

鱼儿曳着闪光的裙裾，
去沾惹水面漂浮的花瓣。
嘘几点泡泡，
召唤海的女儿。

四

最是月牙穿云时分，
山野里弥漫了团团香雾。
花的暗姿包容着村姑的剪影，
庄稼小伙兀生春愁。

月下盘坐着爱唠叨的大娘，
把月光纳进希冀的鞋底。
盼小孙子早点落生，
盼小牛犊早一点进田耕地。

五

月夜的山村，
像贞淑的姑娘，
睡在绿树的帘帐中，
匀和地呼吸，

不惊动相思的人。

月的清晖，如梦，
山村的梦，如蜜。

六

着了春装的山，
丰腴、绵厚、凝重。
风儿缓缓地吹来，
像少女起伏的胸。

春风骀荡玉音玲玲，
像琴弦架在谷中。
苍老的心田流进新水，
张开锈剪让窗花火红。

1982年5月2日至6日

春和夏之交替

一阵清凉，
一阵炽热，
春和夏握手，
用风的指头。

依然盘旋着花香的回流，
绿幕又扯得厚实凝重。
白鸽从春飞到夏，
启示的哨音恢宏。

抓住春的裙裾，
揭开夏的面纱。
一下子得到两种美的享受，
懂得感恩，敬重天地造化。

1982年5月21日午时

给一朵小花

她，
有时在荒野，
摇摇无助，
任狂风无礼，
暴雨侵凌。

她，
有时在阳台上，
款款而欢，
默默地接受，
阳光的抚慰，
少女的亲吻。

她，
有时……

无论在何地，
何种境遇，
她都本分地开放，
自自然然，
默默无语。

1982 年 5 月 21 日午时

老井

总是那么平静，
像被遗落的一块镜子，
把亘古的蓝天独映。

长久的历史，
承受着“井底天”的轻蔑，
默不作声。

任云卷云舒，
冷静自处，
深沉得有些凄凉。

辘轳系着水桶，
总是能盛得盈满，
即便是大旱之年。

1982 年 6 月 14 日晚

夏夜，唱给我爱人的歌

一

蝉鸣把燥热埋葬在西天下的远山，
翠柳的纤手撷来纱般清爽的夜晚。
路边的小花对星星发出隐隐的笑，
蓊郁的草丛托掩着我和我的心肝。

二

枕在我爱人温热柔软的胸膛上，
感受它海波般汹涌而柔和的起伏。
清醒地谛听那惊惶而甜蜜的动荡，
叫心中的不平化成沉甸甸的惆怅。

三

苦的命运使我沉沦于酒精的麻醉，
成功的渺茫让我染上烟草的恶癖。
是她的芳唇给我带来洗涤的甘露，
洗掉酒熏烟锈，还我纯洁本真的朝气。

四

她摸着我的残腿深情地喃喃低语：
“我是你的手杖和填平坎坷的沙砾，
生活的道路有我的搀扶，你放心前行。”
热血撞击心扉，冲动地把她紧紧拥抱。

五

她是浸润我心灵沙漠的第一缕绿色，
她是支撑我生命航船的第一湾河脉。
她如莹洁的素帕擦亮我理想的标灯，
她如布谷鸟清泠地唤醒自弃的噩梦。

六

爱情啊，你是一册百读不厌的诗卷，
我们最爱在绿荫里依偎着低声吟咏。
夏风细细送来了一阵阵醉人的芳香，
我们屏住呼吸细细品味这爱的欢畅。

七

给予，是爱情得以成长的伟大真谛，
在不断的奉献中无声地充实了自己。
猥琐的自私在笑里藏刀隐藏着杀机，
境界的低下最终要酿成爱情的悲剧。

八

青春的胸膛像平川山谷宽阔而幽深，
珍惜的阳光和煦地洒满了爱的早晨。
爱情的魅力把我们引向纯洁的语境，
迎接风雪冰雹，安享不离不弃的坚定。

九

纯洁的爱情从来没有附加的条件，
忠贞不渝是春天之水把花园浇灌。
从萌芽到结果感受着息心的呵护，
我们要放进新鲜空气把污浊驱散。

十

病人如裸根对呵护有更强烈的呼唤，
爱的渴望似旱地求生，比常人更迫切。
爱的定义对他们而言乃第二次生命、
温柔的目光、关切的话语、救命的良丹。

十一

世俗的大棍曾棒杀过我爱情的嫩芽，
自卑的恶鬼也曾剥夺过我爱的勇气。
常人的感情世界都伴随着凄风苦雨，
何况我风中之烛般飘摇的羸弱之躯？

十二

是她把纤细而温暖的双手伸给我，
把我从绝望的渊薮拉回希望的人间。
她顶着从角落里刮来的世俗的厉风，
那无畏的勇敢冲破阴霾让众人惊艳！

十三

我攥着她的小手放在胸前吻在嘴边，
专注地凝睇她充满稚气扑闪的大眼：
“你为何竟这般勇敢纯真执着地爱我？”
“因为胸腔里绷紧的是我自家的心弦！”

十四

美哉！人世间自然由闪光的灵魂主宰，
爱人，把我推上锦绣无比的澄明乐园。

我要用诗歌的妙韵抹去一切嘈杂晦暗，
高奏的凯歌振聋发聩，自己也力量平添。

十五

是的，不幸的伤痕虽比笑容保留得长久，
但歌声永在，远比哭泣更令人荡气回肠。
抛弃忧郁，不要让以往遮去远望的目光，
我要勇于正视人生之旅永不弥合的创伤。

十六

夜已深，枕在爱人温热柔软的胸膛上，
双手轻轻地抚弄着她秀美低垂的发辫。
她红唇的芳泽似不竭的流泉永润我心，
爱情的甘美似维他命催我暖融融入梦。

十七

她是我苍白心幕上的一颗最亮的星星，
照亮我因迷醉而伸向辽阔的幻想天穹。
我不由得变成涌动的潮水飞溅出的浪花，
浮载着爱的白帆安享海风喁喁地吹送。

十八

我怎能在她的胸膛和臂弯里沉入酣梦，
一如停泊的铁锚被投进港湾那样平静？
我应该是大海之子、暴风雨中的海燕，
为爱的使命，即便在梦中也要不停飞升。

十九

启明星要我起航，只留忠贞思念给她，
思念的时间愈久，凝聚的纯美情丝愈浓。
许多杂质会在思念的湖泊里得以沉淀，
无邪的情愫也会在晶莹的泪花上结晶。

二十

船儿出海、海燕飞升，不留恋眼前的诗行，
深情回望裙裾飘曳，她立在起航的地方。
那是魂牵梦绕、多情驻守的爱情模样，
让远行者心存温柔，义无反顾劈波斩浪！

1982年7月23日至24日

关于生活模式

一

荒野的草，
可算最卑微的了吧?
然而，它恣意地拔节，
竟把石头掀翻!

大漠中的沙砾，
可算最渺小的了吧?
然而，它借助风的力量
竟不经意间赫然成丘!

戴枷锁的奴隶，
命运是最卑微的了吧?
然而，压迫的深重掘开了反抗的洪流，
竟一夜间成了历史的主人!
…………

于是我暗暗告诫自己：
不要被自卑的绳索套住了手脚，
不要被生活的重轭压弯了身腰……
生长的力量冲破天，
坚持的永恒穿透地，
抗争是人生最好的武器！

二

有人问我生活的模式，
啊哈，我跳起来回答：
傻瓜才在模式的迷信中作茧自缚！
头颅如果被自家的肩膀扛起，
就会认准该走什么样的路！
…………

我愿是荒野中的草，
扶摇着身儿唱自家的欢歌。
我愿是大漠中的沙砾，
旋转着腰肢跳自己的舞步，
我愿是戴枷锁的奴隶，
用强悍的野性砸碎命运的枷锁！

还有，
我愿强烈地拥吻我爱人的唇，
我愿玩味大海上的动魄惊心。

我愿矮下身来痛饮甘洌的泉水，
我愿做清洁工从拂晓扫到黄昏。
我愿为瘸了腿的兄弟当一辈子拐杖，
我愿在黑暗中挖掘，直到洞开光明……

三

鄙视嘲讽的恶水扑来了，
正好试一试我信念的樯帆。
世俗偏见的套索飞来了，
正好亮一亮我勇气的锋刃。
艰难困苦如险峰兀立，
正好砥砺我意志的脚板。
失败挫折如暗夜蔽日，
正好磨炼我韧长的心肝……

四

探求自己的生活道路，
焉能用旧的条条框框？
谁愿意做流水线上的零件，
总是从一个模子里走出？

生命因探索而多彩，
灵魂因出类而闪光。
不要信奉什么圭臬，

也不迷信什么先贤。
我愿我生命的航船——
在自己开辟的航线上破浪前行，
哪怕飓风翻卷，
每时每刻都会被掀翻！
我愿人生之旅——
无拘无束地向大漠深处延伸，
哪怕旱魃瞠目，
一不留神就会被扑倒！
因为——
破碎了的船板是强者的标本，
倒下了的身躯是自我的丰碑。

1982年8月2日下午四时

精灵

令人窒息的香波，
令人颠倒的艳蕊；
风不来，亭亭玉立，
风嘘来，袅袅娜娜。
香波轻抚着艳蕊。
——颤颤地，
我的心也颤颤的。

艳，梦一样的幽艳，
香，酒一样的幽香。
幽幽的，幽幽的，
似唇一样的情种，
搅人不安的精灵！

我试着从你身边挪步，
决心不再看你一眼。
月亮升起来了，
只露半边脸。
它说不敢再看你，
怕重重跌落人间。
月亮诡谲地向我笑着，
月华也像无数怂恿的手——
你与她就近在咫尺，
何不怜惜花期的短，
赶紧做折花的人。

风也传来你的心音：
我的青春就要被盗走，
你要想留住它，
现在还来得及。
月亮。夜风。她的心音。
谁能经得住这般的诱引？

但，正因为她美得令人心痛，
我想到——
她的素足虽娇媚却抓不住大地，
她的肩膀虽然秀美却撑不住天空，
一切是那么的无力。
于是我退却、远离——
怕我的粗暴，

揉碎了她的心肝；
怕我的多情，
让她永远失去了自己的春天！

1982年8月7日晚

山乡一束

流泉

村西有一泓流泉，
日夜流在人们的心间。
绵绵夏雨又涨了它的声势，
把村里人牢牢地拴在身边。

雾霭遮不住嬉闹的人影，
水声隔不断开心的笑声。
汲水而濯人身通泰，
掬水而饮心中盈梦。
何故有这泓清泉？

山花香，野果甜，
是日月把它沁浓；

田埂长，人影密，
它也是庄稼人的汗水汇成。
多情在多情之中，
它永远与人心共鸣。

怨女

人都散去了，
她哒哒来到泉边。
彤红的衫子像火苗在夜色中扑闪。

双脚放进温热的流泉，
双眼痴痴地注视着远山。

太阳对她有特殊的垂怜，
握锄的手臂依旧白润光鲜；
夜风撩动了她满头的秀发，
衔一绺在嘴边竟泪雨涟涟。

这健壮的女孩有何幽怨?
莫非她失去了爱情的靠山?
满腹的心事只能向哑泉倾诉，
而青春的梦幻却过重过酣。

夜话

月牙儿掩一块羞涩的面纱，
葫芦架下坐满了敞怀的妇人——
“这清清的风不归老爷们儿独有，
咱老娘们儿也要自在风流！”

“男人们都在矿上养膘懒身，
撒手儿让咱们扛起了这沉重的家。
说什么老祖宗的地肯定会荒在咱们手里，
哼！看咱们修行的庄稼哪一点比人差？”

女队长的话打开了妇人的话匣，
叫喳喳，笑哈哈，月落也不歇。
山里的生活全靠她们坚韧地托起，
甜蜜的自豪撑破了山村的夜。

捉蝎

从朝到暮孩子们都在捉蝎，
跑多少路，
翻多少山，
他们无心记忆。
晃着满笼满瓶的收获，
做个鬼脸，
得意的笑开放在满脸的汗垄里。

早晚，小憩，午歇，
大人们也在捉蝎。
脚底板没有搁下的时候，
喘息声中，
跑出田埂里从没有过的收益。

药材公司下放到山里，
新政策给山里人带来福分。
满山挖不尽的宝贝，
从此也能走出山门。
只要老少抖开懒筋，
贫困的门楣——
也会贴上富裕的门神。

泡菜

山韭，野葱，大叶姑姑榛——
泉边蹲满了濯山菜的人。
洗净拌盐渍缸，
山里人最爱泡菜鲜。

粥碗上盖满了泡菜，
窝头眼里塞满了泡菜，
苦的滋味。
甜的感觉。

缺牙的奶奶咕哝着泡菜，
说脸上的皱纹就是被它舒展的；
红脸的妮子脆响嚼着泡菜，
说腮边的酒窝就是它酿开的。
泡菜——
是远古而来的饮食文化，
是身心安妥的习性之花。

羊倌

雷声一响你心一惊，
刚端起的饭碗搁一边。
急急火火奔羊栏，
任凭雨大路滑风满天。

驱散扎疙瘩的羊群，
挡严被风吹开的栅栏。
抱紧被母亲失落的羊羔，
像哨兵坚守到雨霁天蓝。

阴云惨雾遮不住你的笑脸，
风雨雷电迷不住你的双眼。
你与羊依偎成一个家庭，
爱到深处已无语无言。

1982 年 8 月 8 日于故乡之夜

有一种情

有一种情是造化给的，在它面前：
艳美的肉欲销声匿迹，
忠贞的爱情也不可比拟。
友情吗？
说不清，这是个难解的谜。

也许这情来得太虚飘，
也许世俗的纠缠使它面目可疑。
但我确实感受到了啊，
张着五指对天发誓，
抛弃杂念，把它紧搂进怀里。

它来自平凡，也许未必值得留恋，
但一有它笑，
我沉软的灵肉就会砰然弹起。
沸腾的血液就要让我在空中画几个圈，

呼啸着奋笔疾书，就像握着如椽巨笔！

也许它是对碎心人暂时的安慰，
最后要招来恨与爱搅翻的混水。
但在混水里游泳照样能洁身光耀，
爱了也害了，
却心甘情愿地举起超度的幡旗。

抓住它吧，发挥它吧！
底蕴是纯极的一汪清泉，
无论怎样面目皆非！
你能说母爱不是至深情的尤物吗?
它就像母爱那样神圣得不容置疑。

虽然我根本不相信什么造化，
但我也不刻意地探究这种情的谜底。
我要坦然地接受它，
并主动升温助其不断结晶，
放纵着身心的快感久久地沉迷！

1982年8月22日

苦难中懂得了珍爱

我持着人生的初衷，
探求这人间全部的情爱，
追求这世间彻底的真率……
但——
稚嫩的触角刚刚伸开，
悒郁绝望就盈个满怀。

我是一棵就要烧着的还魂草，
再也经不起风吹日晒。
求助的根系已经扎下，
渴望的枝叶已经展开，
就等载雨的云儿飘过来。

生活怜惜这罹难的魂儿，
让天使送来滋润的甘霖。
复活的生命愈加葱俊，

扶摇偃仰笑对风尘，
酷烈的骄阳也觉温馨。

苦难中懂得了珍爱，
失去了就再也回不来。
该追求的就放胆追求，
该珍爱的就百般珍爱，
哪管世俗的脸面是好是坏！

1982年8月27日 for my very dear old sister

绿色的先导

她总是穿绿色的衣，
她总是穿暖色的袜。
从春艳穿到冬素，
从双眼穿到心尖。

黄昏，我送她到公路的尽头，
摘一朵素馨花插上她的辫梢。
她瞪大眼睛看着我，
总是一脸懵懂无辜的样子，
嘴角却挂着一丝猜不透的笑。

清晨，我等她在路边的田野，
手里拿着一捧火红的芍药。
小草拨弄着我的脚踝，
像调皮的儿童率性的戏语，
平息着我久等的焦躁。

地平线上跳动着绿色的火苗，
可是小草派来和我对话的代表？
她接过芍药，贴紧彤红的笑脸，
不问等待的辛劳，
只问芍药和她哪个更妖娆。

她说她知道我要说什么，
不需要我再喋喋不休地表达。
她说她虽然喜欢火红的芍药，
但更喜欢青绿色的小草。
她说绿色是她走向生活的通行证，
绿色是她女儿家最本分的年华。
她说像喜欢绿色一样，
她也喜欢温暖的颜色——
暖色是春天的先导，
因为她相信，
绿色的希望、金色的收获，
要靠自己的双脚。

她说——
亲爱的，想必你是真心地爱我，
那么一定要首先爱这脚下的小草，
因为我是小草的来世今生。
而芍药是乱性的姐妹，
它让相爱的人贪心丢魂。
想我了，你就吻吻这绿色的小草，

一问一答平静自己的内心。

我迟疑地点点头，

因为等待中正有多余的欲念，

脸上倏地爬上了羞愧的红潮……

1982年9月8日

秋天的果园

秋天来了，
清爽而温暖的风
吹来了，
青春和爱的味道！

小伙子们坐不住了，
大姑娘们坐不住了，
扬腿跨上自行车，
手捧着快被风掏走的心儿，
投奔风的故乡——
熟透了的果园。

啊哟！
这是天青色的果子，
这是黄澄澄的果子……
尝这个——酥香，

品那个——酸甜……

秋的彩衣在这里剪裁，
秋的梦想在这里放飞。
成熟的颜色是美的，
——流光溢彩；
成熟的味道是美的，
——蜜醴清菲。
成熟迷蒙了青年们的眼，
成熟醉了青年们的心扉。
把这鲜美的果儿贴在年轻的颊上，
把这甜美的果儿贴在红润的唇上。

小伙儿说，
——这是我的颜色；
姑娘忙说，
——这是我的芬芳。
秋风把我们招来果园，
网兜里装满了秋光，
青春和爱在秋风里也成熟了，
欢笑中，我们交换着品尝。
秋风不停地吹送，
似要把这青春和爱的香味，
吹入幸福的缅想——
未来的远方。

1982 年 9 月 19 日于北京农职院实验果园

有一个青年

他眼里放着憨朴的光，
他嘴里讲着憨朴的话，
也长着一副憨朴的容貌，
他是一个憨朴的青年。

而他的心却不止是憨朴，
心尖上多长了一双闪光的眼。
穿过树林，
透过嘈杂，
走过喧哗，
像一块锃亮的明镜。
虽经世俗却不染风尘。
把人性之光，
反射在一个老人的脸上。

不过是每天，

给看门的老人，
提上两壶热水，
免得老人颤抖蹒跚。
但老人的心花，
却开在青年的胸前
和熙攘的众人面前。

他是个憨朴的青年，
心尖上多长了一双闪光的眼。

1982 年 9 月 22 日

说爱也无妨

说爱也无妨，
更何况真爱！
和风已吹到了那个地方，
尽管现在还是这般荒凉。

说爱也无妨，
更何况真爱！
虽是无意间漏了的一粒种子，
欢快的小苗会固执地为你歌唱。

说爱也无妨，
更何况真爱！
秋风中你的无心会结出果实，
莹莹地去沐浴太阳的光芒。

说爱也无妨，

更何况真爱！

到时你还要收获这果子的种子，

当仁不让地把快乐珍藏。

1982 年 9 月 24 日

志

别无病呻吟了，快走向自然圣地，
因为太多的温存厮守与娇情无异。

视野本是阔向四方的远大距离，
眼光怎能在原地舞得无声无息。

爱情在绝望者的花瓶里插一支希冀，
美酒却使安逸者烂如稀泥。

生活该给你的时候自然会给予，
风流的下跪只是中世纪的把戏。

最可悲的，不是你没有如锦的外衣，
怕只怕鞭子在手你却放不开坐骑！

1982年12月23日下午四时

秋韵

秋意

暮云拉秋风来做伴，
大树既庄重又凄凉。
早知秋意这样早，
遮风挡寒加衣裳。

天空是张阴郁的脸，
雨点做了她的信使。
红笺温存她的情，
春兰秋菊不同时。

1982 年 9 月 26 日

秋菊

大树冷得摇晃着身子，
嘀笃，嘀笃……
滚落下凝重的露珠。
树下，一个美丽、孤单的姑娘。

卷曲的落叶接满了露珠，
寒月在那里晃动。
她俯睇着，
咬紧了指头。
眼前倏然起了一层
灰蒙蒙的雾，
恼得她踏碎了那月，
恨恨地。

还是自己抹去了泪水，
用冷削削的指头。
踩着自家娇巧的影儿，
徘徊复徘徊——
一个美丽、孤单的姑娘。

突然她张开双手，
苍白的唇绽开了秀美的红桃。
不远处有一株不闹的秋菊，

幽幽地，幽幽地，

月光下，它幽幽地开放……

1982年9月27日

秋月

圆圆的，

今宵的月亮太大太沉。

抖抖的，

挂月的柳梢就要断了。

他的种子早就播下了，

暗暗地，在一个飘雪的冬天。

春月成熟的时候，

种子没有发芽。

月落到花丛里的时候，

他说，

——春天只该埋头播种。

夏月成熟的时候，

种子还没有发芽。

月落到浓荫里的时候，

他说，

——夏天只该吸足雨露。

秋月萌芽了，

种子也默默地萌芽；

秋月生长了，

他也默默地生长；

今夜，

秋月成熟了，

他的果也熟透了。

他说，

——该收获了！

谁不说秋天是收获的季节。

她却拉住了他的手：

别急，柳梢就要断了，

月亮要掉下来了，

我们该托一把……

1982年9月28日

爱

一

青春啊，
你弥溢着春天的气息。
吸吮你这醉人的芬芳，
我的心被烦躁和冲动的绳索羁縻！

青春啊，
你是火的性格，
燃烧起来就再也扑不灭，
任何抑制无异于杯水车薪。

青春啊，
你是爆发的时候！
爆发的冲击使我不能考虑别的，
即使是冒险也是最大的欢乐！

我的青春曾在冬夜里蛰伏，
痛苦无望使我无计可施。
冬夜里来了一个精灵，光明了黑暗，
她引导我，从冬夜度到春的白天。
我叫道："你来得正好！这里给你留着牌位。
我爱你！因为你的光辉使黑夜逃退。"

我的青春，
一旦醒来就再也不会合眼，
春天花园里有一枝玫瑰最美丽。
她攫去了我的光芒，
对世间别的一切我闭上了眼睛。

青春是一面多宝贵的镜子啊，
她拭去了上面的污尘，
理当把她照亮。
每天早晨若能对着这样的脸儿凝视，
那将是何等的快乐幸运！
谁在夜晚被醇酒醉死，
未到天明便会清醒。
可若被爱情所醉，末日才是黎明。

也许，
从现在开始，我的心上就被撕开一个伤口，
殷殷的血儿浸着这夜莺的温柔
和忧伤的甜蜜。

我被青春的芬芳迷醉，
我被梦幻般的冲动麻木。
若我痛苦地死去，
那就是她把盐撒在我的伤口。
若我醇醉般睡去了，
那定是她温馨的素手抚在我的胸上！

二

感情的负担压得我
眼花胸闷。
疯狂的迷恋使我辨不清
哪里是平地哪里是深渊。
自惭和羞怯消耗着我的勇气。
昏瞀和自傲又支使我向前……
无奈啊——叫苦连天，
心泪涟涟。

不管你是多么的高贵，不管那荆棘满枝，
不管你是仙子还是俗胎，不管花中有无毒蛇……
谁让你领我走进这玫瑰花园，
不来上一朵怎能心甘！

愿打愿罚全都由你，
愿亲愿抛全由你定，
是我把自己变成奴隶出卖给你，

只为能天天闻到你衣袂的芳香！

啊！啊！！
这世界只有玫瑰是花朵，
只有玫瑰是女人！
你是花朵，我就是树木。
你是阳光，我愿是一滴花露……
这诗人们用烂了的比喻呀我也来用，
只因这春情似海，如火如荼！
但，你若是魔鬼，
我愿永坠地狱之中！

三

我是青春和老年的结合体，
秋霜冬雪使我过早地成熟。
孤傲的心从来没有失眠过，
玫瑰却叫我终夜辗转反侧。

平日的豪爽隐匿得一干二净，
恋爱上我原来是个低能儿。

有时想，快些逃身去吧，
无奈，我生命之火燃烧在玫瑰花园。

怯懦恼得我捶胸顿首，

怕只怕这销魂的利刃搁在喉头。

怕什么，不敢爱的人不如乞丐敢于伸手！
男子汉不应有惧怕的理由。

愿我永远没有老年，
它是扼杀勇气的罪魁祸首！

握住吧，这青春冲动的手，
任它把我拉向泾水渭流！

四

秋叶说：凸凹先生，
此时是仲秋，难找春水流。
小鸟说：凸凹先生，
你没听见我成天在提醒吗？
不要在秋草上停留太久。

谢谢了，我虽没有踏秋叶听声的雅致，
但却有坐秋草沐浴秋阳的兴头。
看不见，有个啮秋草饮秋阳的痴憨小伙，
每日都在玫瑰花园端盘膝头？！
……
我等待，
等待吸啜玫瑰芳唇春水流；

我等待，
等待来年金秋时偕同玫瑰闹秋收。

五

世界最钟情于我，
把一切都给了我！
一下子得到这巨大的幸福，
薄的心壁承受不了这重的压力，
我快活地伏在玫瑰的肩头哭泣。

若此时再有别的希冀，
黑夜就会把我搂到它的怀里！
玫瑰给夜的脸涂上了釉彩，
如白昼，荡净了我的心肝，
我的面颊绽放着光辉！
不要，不要，不要这苍白的比喻，
我只要在玫瑰的心头低泣。

啼泣吧，啼泣是温柔的，
啼泣使我的心灵更加美丽。
玫瑰是最神秘的女神，
我只能以香火每日为她施礼：
我的双唇就是两只进香的伙伴，
点燃它们送到玫瑰的唇旁！

六

可恶的周末，
你的门楣把我和玫瑰隔开。
这边想她想得我就要死去，
那边玫瑰却享受着无拘无束的自由。
真的，爱这样深厚，
简直嫉妒她有自由！
为什么我不变成爱的笼子呢？
把她这只小鸟圉在里头。

啊，听，
玫瑰的声音像酒，
我的耳朵喝也喝不够。
她夜莺般喃喃的娇音，
这世界不会再有！
啊不，我决不给她开音乐会的理由，
让世上的傻瓜跟我分享。
若是那样，
心灵的破碎要痛得我无法忍受！

夜深了，想她已收拢爱飞的双翼，
快把这鸟装入心头，
她灵魂的芬芳和美好的歌喉，
要给我催生个最美、最甜的小小宇宙。
啊，别胡想了，快在这梦里畅游！

七

我的才力从来没有现在这样充沛，
只因感情的泉流淌在笔头。
谁的心田里不长出鲜花来？
他的语言绝不会芳芬四流！
啊，玫瑰，我的心头肉，
你的丰腴比煞了我的枯瘦，
但你的爱情却把我的思想酿熟，
美丽的形式就应该嫁给优美的内容，
撼世的文章由爱情挥就！

我整天做着诗人的梦想，
诗情却被月亮这个清寒的修女偷走。
丘比特的神箭把我射入玫瑰，
玫瑰的素手帮我请来了缪斯诗仙，
神明的缪斯指点我：
多吸啜生活的蜜醴吧，
把自己的气血融到里边。
以玫瑰的芳心做诗笺吧，
最华美的诗篇凝在那上头！

1982年10月10日早6时至午12时

玫瑰花园

rose，英语，玫瑰之意。“rose”在本文意为玫瑰花神。据说玫瑰花神的花园花事极盛，玫瑰花有千万种之多……

啊，刚从梦中醒来，
朋友就问我那里有什么时鲜。
我叹口气作答：
我误入了玫瑰花园——
那花园如汪洋一般盛大，
那花园里面香气冲天。
我脱掉衣衫疯狂地采撷，
要兜回无限的色彩美化人间！
花了眼：未摘下这一朵，
又把那一枝折断。
玫瑰出现在我的面前，
处子般，笑容温柔，
欣赏着我的迷颠。

我慌忙地躲进花丛的深处：
赤裸裸地，赤裸裸地，羞见人面。

啊，刚从梦中醒来，
朋友就问我那里有什么时鲜。
我叹口气作答：
我化作了一片薰衣草，
一个如水的少女用我熏她的衣衫，
幸福的波澜涌动在她的心底，
噏动着小巧鼻翼，嫩唇喘息：
好香啊，好香，什么也敌不过你。
姑娘，你可曾启动纤足，
流连到玫瑰花园？
我躺在茂盛的花丛，
日夜染受花香的浸润，
慢慢地，我也通体香透。
若没有玫瑰的香熏，
姑娘，我只是一块，一块粗糙的村泥！

啊，刚从梦中醒来，
朋友就问我那里有什么时鲜。
我叹口气作答：
有一帮俗人闯入 rose 的花园，
又折又踩，连吁带喊，
眼睛里烧着火一样的贪婪！
玫瑰睡得很沉，

嘴角还绽着温馨。
我无力的呐喊更助了偷儿们的声威，
我弥面的泪水更长了丑儿们的诗意。
一阵嘈杂，他们退去了，口喊着“胜利”！
花园被毁了，风掀起土雨。
我枯瘦的手颤指着他们的背影：
“可怜！可怜！你们真可怜！”

啊，刚从梦中醒来，
朋友就问我那里有什么时鲜。
我叹口气作答：
玫瑰花园又开绽，
玫瑰花园又喜笑欢颜，
春风还是一阵阵地吹，
春雨还是一阵阵地淋，
花的繁盛令人惊叹！
如水的少女也寻到这里，
喃喃地，她也穿上了花衣。
强盗们也返璞归真，
忠实地，做了花园的护监。
我却老得又黑又丑，
老年的腿已迈不过花园的栅栏；
就朝着行人的路上大声喊叫：
“来吧！花园，花园，这是玫瑰花园！”

1983年1月16日

小镜

——对爱追求的意念

她白嫩嫩的手，
悉心擦拭着这尘封的小镜。
我心中烧着惊惶的火，
怕只怕反射的光芒，
刺伤我泪水迷糊的眼睛……

这镜来自我第一个挚爱，
只为春潮上脸时照出嫣红的花容。
十八岁的哥哥来到小河边，
纷披的秀发是小河光润的神经。
小镜是哥的心，
逗引着她睒睒的眼睛，
让阳光和春水相融。

当冬天被雪花领到窗前，
逆风从我的腿上掠走了青春自由的樯帆。

黑黑的笼子里困囿着一只绝望的雏鸟：
凄凄啼呖，渴求复归自然，
哝哝呜咽，乞求一丝光线。
……
门缝里滚进一爿小镜，
溜进屋角射着幽幽奇寒！

想来是阳光不可遮挡，
地热终要汩汩腾翻。
偏有一双弱小的脚跨过破烂的门槛，
脚窝里散发着地热的温暖。
偏有一双纤纤素手扒开霉腥的笼子，
指缝中流淌着阳光甜香。
哦，我心旌摇曳，
颤抖的唇拼出两个音符——生机。
生机啊，复苏是你的容颜！

她发现了这尘封的小镜，
伸手掏出洁白的手绢。
我吓得抓紧了她的手臂：
等一等，我把它的故事给你讲明……
——不要讲，这霉味的故乡，
新的篇章中，你我是主人！
快擦亮吧，这尘封的小镜，
让它照出青春和爱情，
让它照出生活的美丽与真纯！

1983年1月20日

水似的姑娘

少女呀，
你看到风吹落的残花，
也要怜惜地偎到嘴边。

少女呀，
你看到伤落的雏鸟，
也要睒睒双眼织成泪帘。
你为什么就不抚爱一颗心呢？
而且是爱你爱得流血的心。

啊，你太单纯了，
太单纯了，
我水似的姑娘。

1983 年 1 月 22 日

月光曲

“你想走了吗？”
“我也不知道。”

“夜多辽阔啊！”
“因为有月亮。”

“月已西移了。”
“我也该走了……”

“为什么？”
“浸润我的是月光。”

“我不懂。”
“……”

“我美吗？”

“很诱人。”

“那，你该懂了。”

1983 年 1 月 23 日

我如果是少女

我如果是少女，
就在春天里穿最洁白的衣。

在春风里飘逸，
在春雨里沐浴，
仰卧在嫩草中，
我便是青翠欲滴的绿。
掩在百花中，
我就是姹紫嫣红的旗。
滴上红的我就是红杜鹃。
染上黄的我就是兰花花。
沾上紫的我就是紫蔷薇。
……
女儿是大自然的花朵，
纯洁是少女金贵的画屏，
在人生的春天里流连，

纵情开放，无遮无拦。

然而，我要系紧鲜红的纱巾，
时刻准备着，
为我美丽的眼睛拭去欲望的风尘。

乡土诗谱

石碾

犁刀破凌，
种子下地，
至中秋月圆，
始结苞穗。
因不急于生长，
便籽粒饱满，
一如愁怨。

金黄到碾盘之上，
承享人情重量，
粉身碎骨之后，
才闻岁月之香。

妇人欢喜，
在碾道上奔忙，
不停的脚步，
总是循环回原点，
即便是走过万千遥途，
也不计入征程。

后来她渐渐明白，
若自己诞生，
就要离开。
一如子女离开双亲，
羊群离开栅栏，
男人离开枕，
猪离开食槽，
玉米离开苞皮。

然而，
离开的脚步刚刚迈起，
眼泪却已迷蒙了双眼。
石碾即便停转，
也吱咯地碾在她的心上，
一如招摇之树，
离不开根须。
向往的信念，
敌不过对石碾的眷恋。

荆棵

生于瘦寒之地，
于是身矮。
在山石上扎根，
于是虬曲。
一如农人，
活得艰辛。

却没心没肺地疯长，
遍布山野，
喜乐在风雨之中。

花繁之时等待蜜蜂，
叶落之后等待斧斤，
被采撷时花香内敛，
被砍伐时隐忍无言。
因为，
有红唇上的甜蜜，
有农人灶间的温暖。

一如恨时吵闹，
爱时喁喁耳语，
内心安妥则自足。
生长之外的一切，
譬如自身的有与无，
譬如他人的赞与毁，
都悉数略去。

十一楼的窗

这个房间在十一楼的西面，
玻璃窗大得像没有窗。
窗前有一张床，
单人，
却隶属于一个四十岁的已婚男人。
那个男人很无聊，
因为他不停地写作，
作品篇篇都能发表，
却像篇篇都没有发表。
稿费单子一握进手里，
他就掉眼泪，
文学的职业，
却与文学无关。

后来连眼泪都掉不出了，
就凄苦出掉眼泪的样子，

弄得眼圈红红的，
像一个很要好的女知己，
莫名其妙地死掉了。
后来他竟相信，
真有这么一个女知己为自己死掉了。
她死前留下了一张手绘，
画的是一张单人床，
面貌与十一楼窗前的那张一模一样。
他确信，
她的死因，
就是对这张床的渴望，
虽然她从来没到他的房间来过。
确信着，确信着，
他的眼神便开始涣散，
头也负债般地低垂。

他开始惩戒自己，
不修边幅，拒绝吃喝，
然而他却一天天发胖，
胖得像一面墙。
站在窗前，
把那张床遮黑了。

一天，一个细脆的声音，
把他从昏睡中惊醒。
他发现一只陌生的黑鸟站在窗台上，

隔着玻璃望着他。
脸型妩媚，
像女人动情时才有的那样。
他心情亢奋，
手脚轻缓，
幽魂一般把脸贴在窗上，
黑鸟果然未被惊动，
且平静地看着他，
他心中有了一丝亮色。

那鸟从容地挪了一下身子，
留下了一摊新鲜的鸟粪。
他皱了一下眉头，
鸟毕竟是鸟而不是女人，
不属于期待。
他推开窗子，
鸟并不惊走。
感动之下，
在鸟的黑色羽毛上抚摸了两下，
鸟只是呱呱地叫了两声，
没一丝惶恐。
陌生的鸟不怕陌生的人，
男人也像鸟一样呱呱了两声。

后来，他退回了身子，
从书柜兼储藏柜上，

找到了一个干硬的面包，
他掰了一块，
立刻就碎在手心里了。
回到窗前时，
那只黑鸟已不在了。
他摇摇头，
把面包屑撒在窗台上，
他自信，那只黑鸟还会再来。
面包屑是预留的情义，
甚至是隐隐的得意。

黑鸟果然又来了，
自然察觉了人的用心。
但是，
只是迟疑了一下，
便从面包屑上踩了过去，
停到了一个干净的地方，
羽翼收拢了一下就飞走了。
刚才驻足的地方，
又留下了一摊新鲜的鸟粪。
男人的心抽缩了一下，
难道这世间还有不食之鸟？
他不能相信，
再撒一层。

黑鸟依旧来，

依旧不食，
只遗粪便。
到了后来，阳光柔洒的窗台上，
赫然的一列鸟粪，
组成了一个豪华的省略号。
男人的心被刺痛了，
无心写作，
久久地站在窗前发呆。

鸟竟不再来，
那鸟粪成了唯一的证明，
证明这个死寂的地方，
曾经有过鸟，
一种比人还自由的东西。

因为知道鸟不会再来，
虚空的心反而充实了一些。
无望赐给了他等待的理由，
竟等来了一场小雨，
把窗台上的那列鸟粪浸润了。
阳光安静地照射了几天之后，
每摊鸟粪上竟钻出了针样的嫩芽，
那一排小翠，
小小的，小小的，
小到他心里去了。

嫩芽绽放不久便开始枯萎，
眼睁睁地见证翠色短暂之后，
他心中最温柔的部分被触动了。
他咧咧地哭了起来。
然后他打开了窗，
决绝地站到窗台上去，
伸开双臂做好了向外飞翔的姿势。
他看见，
邈远处那只黑鸟朝他飞来，
窄窄的小脸上泛滥着豁然的笑。
他明白，
他一生的价值，
就在于这一次的飞翔了。

身子朝前倾去的瞬间，
身后想起了轻柔的敲门声。
他一怔，凝固在那里。
“开门吧，我知道你就在房间里。”
一个熟悉的女音自信而暧昧地说道。
他苦笑了一下，
出于本能，
也出于对私密气息的反感，
他只好结束这个过程，
给女人开门。

送走女人，

他冷冷地看了一眼窗，
无可奈何地摇起头来。
此时的心境居然异常平静，
飞翔的欲望消失得无影无踪。
他躺倒在单人床上，
期待着。

奇怪的是，
那份激情再也没有在期待之中出现。
无所用心的日子里，
他的头发渐渐地白了，
白得令人肃然起敬。
他再也不在窗前伫立，
因为那会让他感到羞耻。

说给自己

人过四十，睡眠突然就差了，总是辗转到了零时，方迎来睡意。初始，有苦不堪言的味道。到了后来，竟习惯了——觉得这个时段，正可以胡思乱想，从人生经历里提炼出一些理性的东西。果然就有想法出来，虽纷纷杂杂、枝枝蔓蔓，却也繁沓得不可收拾。便窃喜，便忙不迭地记述在枕畔的几张散叶上。闲时翻检，居然还有些可资玩味，虽不足以示人，却足以涵养自己，感到：四十岁的确是不惑的一个界面，究竟是有话可以对自己说了。

——题记

一

斯特林堡的室内剧《被烧毁的庭院》中，陌生人问染坊主：

“你的双手为什么这么黑？”

染坊主答道：

“因为我摸了带颜色的东西。”

染坊主的回答很有意味，因为他是染坊主。

我的一个朋友，全身上下都是那么秀气，唯独他的一双手是那么粗糙，龟裂的部分还缠着卫生胶布，我不禁问自己：他的手怎么这么粗糙？

现在可以替他回答了：因为他摸了过多细腻的东西。

我不禁窃笑不止，因为他是个花花公子。

二

为什么过去耿耿于怀的人与物事，
现在却不以为然了？
为什么当下的境遇，
总能从过去的某些经历中找到似曾相识的感觉？
窃以为，
一个人成熟起来的过程，
恰恰是不断与“过去”和解的过程。

三

一个偷了主人家十年东西而不走的仆人，居然在邻里之中，获得了“忠诚”的美誉。

主人虽愤愤不平，却无法申辩，因为人们总是反问道：既然他是小偷，为什么他不逃走？

所以，不逃走的窃贼是个智者。

四

有这样一个人——

他想考美术学院的时候，检查出有色盲的毛病。但当他落第之后，对颜色却有了极强的分辨能力。他后来想去当海军，可是一到了甲板上，就晕船，只好扫兴而归。但是，落选之后，居然就不晕船了，而且还爱上了坐船旅游。

后来他的性格大变：不喜竞争，而是乐天知命，随遇而安。

但是，他却没有因此就胖起来，很瘦。

五

偏见是一种惰性的东西。

比如你一旦被认定是一个“勾引女人”的人，即便事实上，你是个守身如玉的正人君子，你的角色形象也不会得到改变——人们只接受最初的印象。

这的确是一件可悲的事。

但更可悲的是：那个外界强加给你的角色，慢慢地，你居然真的接受了，且真的去勾引女人了。

六

磨难产生耐心，耐心产生意志，意志产生希望。但希望真的会得以实现吗？如果没有从磨难中汲取经验和教训。

七

过去让人懊丧，未来让人彷徨，在左右为难、进退失据的情形下，最好的选择，是扮演好当下的角色，隐忍地做好手中的事情。

八

雪花是坠落的星星，
这就是乐观的心态。
己心妩媚，则世间妩媚，
便没有坠落的星星。

九

乌拉圭诗人贝内德蒂和中国的北方农民都说：你说你有，当然你就有。

所以，“有”的感觉一旦充满内心，即便贫穷也会富有。我们之所以总是感到没有，盖因为从来就没有“有”的感觉。

十

贝内德蒂还说：既然他的女儿被敌人杀死，敌人怎么能不对他产生憎恨？

依这样的逻辑，我们可以得出这样的结论：既然你施恩于他，他一定会是你的恩人。

或许有这样的两个解释：

第一，因为他接受了你的恩惠，便成为你仁爱的载体和证明；第二，他接受你的恩惠的同时，也承认了他的弱势地位，你强者的形象和感觉也就因此而诞生了。

十一

鸟儿为什么不怕稻草人？

因为它发现，一只普通的苍蝇在它的木头手臂上爬行。

弱者为什么常常不惧怕强者？

因为他发现了强者的破绽。

——这一切，与勇气无关。

十二

像对待酸葡萄，你最好的解决办法是把它扔进嘴里吃掉一样，对那些不可改变的东西，你最明智的举动是保持沉默，并隐忍地承受。

所以，贝内德蒂如是说：

“好吧，我不再玩绝望的游戏，
不再用忘却给回忆文身，
有许多东西需要讲和并保持沉默，
也有许多葡萄用来填进嘴里。”

十三

“缓慢，但是到来！”

你默念着这样的句子，一定不会绝望，甚至失落也难以与你为伴。

十四

小人进不得天堂，因为小人心灵卑劣，身存罪恶。

但圣人也进不得天堂，因为圣人不相信天堂的存在。

于是，所谓天堂，正是普通人能去的地方。

十五

守卫快乐，除了防备快乐之外的种种侵害因素之外，还要警惕“快乐”对快乐的伤害。

十六

人们追求永恒的深层原因，是死亡的不可抗拒。

但永恒又是一个虚幻的修辞。

所以文人，便对文字有了固执的感情。

但常人有常人的方式：男人的怀抱里，如果有心爱的女人拥抱着，仿佛就是抓住了永恒。

十七

抚爱是肌肤的节日。

但抚爱又是一种心灵的语言——

因为当抚爱不在的时候，感到孤独无依的往往是心灵。

十八

树的颤抖并非因为寒冷，勇士的战栗也并非因为怯弱——
前者是风，后者则是激情。

十九

如果你是三叶草，
就不要长出那第四片叶子。
如果你不得走向远方，
就不要频频回首过去。
——正如燕子，
回到过去的屋檐下的时候，
已无巢穴可栖。

二十

因为痛苦总是不期而至，
所以快乐也需要经营。

二十一

姑娘走路，如果一步美过一步，我们会把它归结为轻浮。老朽走路，如果一步慢过一步，我们会把它归结为稳重。

世间的评判，往往因人而异。

二十二

强者之争，终有停息。
弱者之战，永无休止。
因为弱者，从来不承认自己是弱者。

二十三

人在仇恨中为他人钩织罗网的时候，
鸟儿们却在结伴飞行。
人与鸟儿的区别还在于：
人在得意时骄矜，在失意时恳求。
鸟儿们却一如既往，
当行则行，当止则止。

二十四

爱情，的确像小女人的散文，
它使无味变成情调，使平庸变成非凡。
然而，爱情又的确是一种稀有资源——
它是坏日子的咒符，是反抗绝望的《广陵散》。
同时，爱情使孤独与孤独融合，
找到与生活和解的合法理由。

二十五

黑暗不是遗忘，而是对遗忘的延迟。

当美丽的回忆变成面孔，黑暗便具象成失望。

二十六

因为没有触摸，所以我们久久地想念。
因此，所谓思念，是想象中的触摸。

二十七

爱情之所以是爱情，是因为不能遗忘——
久远的爱情是一种隐痛。
那个曾经的爱人，即便隐身在远处，
也像一条执着地蠕动着的虫子，
毫无商量地啃噬着我们的平静——
有过爱情的心灵，像一片破败的叶子，
永远错过了完整的季节。

二十八

薪金的减少是不可怕的，只要你懂得了“零”的含义——
在死亡面前，再多的拥有，也是零。
因此，“零”所象征的，便不仅仅是虚无，而是虚无背后的正义：
在人间，无论尊卑，无论富贫，无论强弱，
都是平等的。

二十九

当一对朋友能够心平气和地平分金钱的时候，
他们的情分也就所剩无几了。
当两个恋人能够准确无误地指出对方缺点的时候，
他们已到了分手时分。

三十

劝别人好好地活着，
实在是一种居高临下、无关痛痒的话。
因为“好好活着”的前提是“活着”。
人们首先要取得生存的权利，
然后才能解决如何生存的问题。

2005年8月18日于北京石板宅

游记

文化边城——凤凰

在2000年的9月中旬，我终于到了湘西。

去湘西是我的一个久远的梦。编织这个梦的两条经纬：一是浓郁的“沈从文情结”；二是对沈氏笔下那座有落洞、放蛊和沉潭的诡异习俗的神奇瑰丽的边城的好奇与向往。

一

乘“芙蓉王”号列车到了湘西土家族苗族自治州的首府——吉首。吉首拥有湘西历史上著名的三个苗族聚居区，即乾州、凤凰和永绥。湘西永绥的全部苗民、凤凰苗民的十分之七、乾州苗民的十分之三，都参加了发生在清朝乾嘉时代的川、黔、湘三省的最大的一次苗民起义。三地有相同的命运和血脉。所以，我刚下火车，便生出肃然的情感。

站口，一个敦厚的中年汉子沉静地举着接站牌。我们知道他就是凤凰县著名的苗族学者吴曦云。

凤凰不仅是沈从文的故乡，还出了黄永玉、黄永厚这样杰出的书画家。所以当我的朋友——散文家祝勇向黄永厚老先生提及要造访凤凰时，黄老先生热诚地说：“凤凰是我的故乡，我要尽地主之谊，行程和吃住都由我来安排。”他便把接待事宜委托给了故乡的晚侄吴曦云。

吴曦云的吉普车刚走上了吉首的市街，风雨便骤然而至了。雨淋进车内，洒到身上，沁凉的抚慰使旅途的劳顿释然无几。

车在雨中缓慢地行着，吴曦云笑着说：“你们北京人，有皇家之气。一进我们湘西，天公就作美，以清水泼街，恭迎圣驾。看来天公也是个湘西人。”吴曦云的打趣，让我们感受到了苗族人的开朗与豁达，这与外人传播的苗族生蛮不化的印象，相去甚远。

二

让我更感到苗族开朗豁达的，是凤凰人充满历史理性的文化观。

凤凰，背依南华山、青龙山，前傍沱江，整日笼罩在青苍翠色之中。黄永玉在凤凰的家居就干脆起名为“夺翠楼”，所以“青翠”是凤凰的景色之魂。青江、翠峰和吊脚楼构成了典型的边城风景，令人生出沈从文《边城》中，船女翠翠和大老天保一般绮丽的心思。

所以，当一个当地苗族人问我：“客人在找寻什么？”

我说：“在找寻翠翠。”

那人一笑：“你是受沈从文《边城》的毒太深了，我们的翠翠也早已上大城市了。留下的女子，都是翠翠的妈了。”

我被他逗弄得大笑起来。我是被苗族人那灿烂的豁达感动了。

其实，我所找寻的翠翠，是凤凰的文化。沈从文的“翠翠”，已成了边城文化的象征符号了。

在边城逡巡，不用刻意造访，均会随时发现文化的影子——个弹丸之地，就有一个位居全国第三的孔庙；爱好书画的老人与孺子比比皆是，临沱江而立的书画社就有好几个；傩戏院的旧厅堂里，就有一群翘辫小儿，跟一个白脸长身的女子学画罐子与苹果的静物素描；沈从文与黄永玉就读过的文昌阁小学，其教学设施与氛围不逊于京城名校；而沈从文故居的富丽与典雅，是许多欧陆大师的居所望尘莫及的。黄永玉、黄永厚的胞弟黄永前老先生，以一张顽皮的童子般的笑脸，守望着“古椿书院”浑然的书香，一有客人来，便卸去前廊下的连扇木门，摆出硕大的画案，亦饮亦书……

最震慑人心的是凤凰的两处建筑：一是三潭书院，二是字纸楼。

三潭书院，坐落在凤凰吉信。因漆树潭、杨柳潭和罗布潭三潭在望而得名。同治十一年（1872年），时任贵州东兵备道的湘西吉信镇苗族人吴自发，从无处发放的阵亡将士的薪饷中拨出白银8万两，令心腹运送回籍而悉心建成此书院。吴自发本人不识字，身居高位，却远离享乐，寄心于兴学，开一代尊重文化之风。

至于字纸楼，是一座明代砖石结构的古塔，系焚烧字纸的专设。凤凰对刻写有文字的纸张十分虔敬，认为不可乱弃，亦不得乱烧，要“请”到字纸楼去，念着祈恕的祷词谨慎地烧毁。那么，字纸楼上那一缕淡淡的青烟，便是文化再生的一缕缕香火，直温暖到读书人冰滞的末梢。

凤凰人对文化的情感从哪里来呢？

苗族学者吴曦云有着极为理性的认识。他认为，苗族虽然是屡遭欺凌与镇压的民族，但也是屡被异质文化开发与提升的民族。或者说，苗族被压迫的历史，也正是其文化产生的历史。从这一点出发，放大民族矛盾和民族仇恨是不文明的，看重从文化融合到民族大同才是明智的。吴曦云在《中国南方文化的融汇点——边城凤凰》的论文中说：

自明宣德八年（1433年）起，封建王朝曾多次调集湘、川、鄂、滇、粤、桂等外省官军到凤凰镇压苗族起义，从而带来了外省文化的影响。另一方面，浙江山阴人傅鼐自乾隆六十年（1795年）起坐镇凤凰统治苗疆十三年，其属员幕僚多为江浙人士，这又带来了江浙文化的影响。再就是清咸同年间，在镇压太平军的战争中，凤凰崛起的两位实授提督，六位总兵，九位副将，十四位参将，他们转战南方诸省，后来衣锦还乡时亦带来外省文化的影响。还有，自清顺治年间起，江西客民络绎不绝地徙入凤凰经商，这又带来了江西文化的明显影响。特定的历史令汉文化与苗文化在凤凰相交、融合，使南方各省的文化因子在这里组合排列，形成了别具一格的凤凰文化。这种文化的表象在语言、建筑、饮食等方面俯拾即是，其深层次的反应是孕育了形形色色的出类拔萃的人物。

从此可以看出，凤凰的文化形成，是战火兵潮的产物，或曰武而孕文。因此，它便具有了独特的文化内核：崇武尊文。通俗地说，其一，文化依仗军人传播与庇护，军人也因文化而得到历史上的提升，文攻武卫同样是最高的境界。其二，行武与从文，成为凤凰人的两种人生追求，或者说，是两种最受人尊重的职业选择。所以，凤凰“竿军”厉害，凤凰的文化根基亦根深如凿。既出将军，亦出大文人。沈从文的祖父是将军，沈从文本人也当过“竿军”的副爷。因为他太文弱，字写得实在好，便被爱惜文化的军爷劝而为文了。

沱江边的“边城诗社”社主，隆寿颐年的曾君武老人，不仅表达了与吴曦云相同的文化观，而且他诗书的主题干脆就是文武两道。抄两幅他写的堂幅作证：

君子无凡庸习气

武人有果敢行为

君子胸中无芥蒂
武陵源上好栖迟

文武兼修的文化观，使凤凰人变得异常达观：他们不太倚重仕途，也无太重的商贾气息。旧时的“湘西王”田应诏在炙手可热之时，急流勇退，把大权交与副手陈渠珍，自己则寄情于书画戏曲，留下了太多的人性故事，至今仍在湘西人的口上咀嚼不止。而今日的凤凰街头，载客的机动三轮川流如梭，但那的哥却低眉顺目毫无霸道之气，客人乘坐在边城跑一遭，也只要两元钱。学者吴曦云，原是凤凰的“高官”，系县委常委、县委办主任，可谓凤凰县的“大内总管”。县委换届之时，还让他任更高的职。但对边城文化的研究兴趣攫住了他整个心，便毅然辞去了官职，潜心于研究。虽布衣芒履，眉宇间却饱绽着堂皇之气，成新一代边城名士，风流自在。

三

理性的文化自然要造就出开明达观的人。

而沈从文《湘西》的册页中，关于落洞、放蛊和沉潭的描述，却给我留下诡异和愚昧的印象。去过凤凰，亲身感受到边城文化的历史温暖之后，我才省悟道：那是一个有着十足的大汉族意识的汉族读者“读”出来的味道，与沈氏的文本无关。

真实的情状是，开明的边城文化，使苗民的恋爱极为自由与自然。在宴会上，特别是在“椎牛会”、赶墟场中，青年男女往往用山歌或眉目自由地缔结丝萝。我们特意到了山江镇墟场。在吴曦云的指点下，我们发现，赶墟场虽然是贸易活动，但青年男女却无心做买卖，而是目光流动，顾盼不定——用苗族的说法，他们赶的是“边边场”，译成汉话，即追姑娘。

山歌自然是男女相识和相爱的媒介。曲子不多，歌词则变化无穷。他们不直接通报名姓，而是用对歌对出来。如果姑娘率然地唱出她的姓名，则心有瞩意，可以接着对下去。苗歌的歌词意境浅露，但语句净洁，内容多半是由自然界的物事联系到人的关系。下面是苗歌的汉译：

男唱：

昨天各在一边岭，
你歌牵走哥灵魂，
唱到天黑心不宁。
接木靠的树蔸深，
叶绿发根靠土润，
唱歌全靠妹有心。
丝线白，棉纱青，
阿妹穿梭我掌灯，
用心织布布织成。

女唱：

阿哥口乖像蜜糖，
喝下蜜糖甜又香，
有心跟哥配成双。
我劝哥哥细端详，

红铜难比黄金亮，
莫把燕雀当凤凰。
我劝哥哥细思量，
青藤缠树同生长，
同吃同游是鸳鸯。

一对青年男女若以心相许后，人迹稀少的深山或幽谷，便是相悦的福地。草地和洞穴是他们的婚床，星月与清风乃是他们爱情的见证。他们爱得自主而自由，以至汉族也心存惊悸，称其为“放野”。所以，自由结合的苗族，大都会终生和睦，绝少离异，其恋爱观比汉族要开明得多。

所以，苗族不会捉住一对暗自愉悦的男女，捆起手脚，沉到潭里去。“沉潭”是湘西的汉族军人和官僚士绅，在汉族观念桎梏下所演出的一种封建闹剧，是边城本土文化的一个异质。

至于“落洞”，则是汉族对苗族女儿的一种情感伤害。汉族驻军和衙属，难免要与当地人发生情感纠葛，便在两种情形下导致女子落洞：一是汉族的始乱终弃。苗族女儿恋爱后，对感情是极为忠贞的。所以，当被汉族男子遗弃，而又珠胎暗结之后，生下婴儿，便拖着血身子，走到阴冷的洞穴中去，静静地死去，以此来雪族耻。二是汉族的情感霸权。当一个汉族丈夫疑心他的苗族妻子有外染时，汉族的占有观念，会使他把含冤的女人逼上绝路。这时的苗族女儿是不会申辩的，磊落的心地和做人的尊严，会使她坦然地走上异途。沈从文写道：“她含笑死去。死时且神气清明，美艳照人。”这种美艳，足以穿透汉文化中封建阴霾的厚重与沉重，让人感到人性的光明与温暖！

“放蛊”则属于民俗文化的范畴，与汉文化的“巫医”相类。所不同的是，苗族还把放蛊作为惩恶扬善的一种手段——一旦哪个人作恶多端，引起公愤，有心人就会把“蛊物”放到他的厅堂之上。众人为避晦气，会对他敬而远之，不理不睬。此乃一种精神惩治。这比汉族的巫医，一味装神弄鬼、“施医弄药”，多了几分人性，系人间的一种可爱的智慧。

沈从文在凤凰的墓碑，是一块天然的青石，上面雕刻着他的两句话：

照我思索，能理解“我”。
照我思索，可认识“人”。

这几乎是两句偈语。

不进入沈从文的文字世界，哪能懂得在历经风雨与磨难之后，沈从文的生命为何表现得如此儒雅与柔韧？不进入湘西的腹地——凤凰，哪能懂得边城文化？虽出生于狭小地域，虽生于水与火，却能水火交融，异常开明与豁达。

文化与人一样，均有自己的出身与生存逻辑。

这便是到边城找寻“翠翠”的意义了。

2000年9月10日于北京石板宅

蜀行笔记

一

我去九寨沟，走的是成都—都江堰—汶川—茂县—松潘—黄龙—九寨沟的路线。

过了都江堰，就见到一条混沌而狭仄的河流，这便是著名的岷江。我是溯江而上的，一路的风景，便都因岷江的水姿而绚丽、变幻。

岷江流域，山虽高，但谷狭壑浅，江水就像潜伏在皮肤下的一条血脉，流得潜潜而不张扬。

我想到“婆娑”这个词。

岷江的水，正是婆婆娑娑地流着，漾动而摇曳，像微风中的树。

车中正放着好莱坞大片《角斗士》，恢弘的气势、悲壮的情怀，逼人心魄，令人唏嘘。再看窗外的岷江，全不察车内人的情感起伏，依然款款地摇曳着，悲喜两无。

那么，“婆娑”这个词，之于岷江的水，是确当的。

然而，车行一日，人迹寥寥，几百里岷江，虽婆娑得舒展，却寂寞。

正嗟叹间，车停了，导游徐小姐说：“歌厅到了，有听歌的，尽管去听好了。”

几百里山川过后，人们“听歌”的欲念是强烈的，奔窜而往。

一黧黑小儿倏地闪出身来，庄肃地伸出手：“每人一元。”

岷江的寂寞已非往日的颜色了。

二

过了茂县，岷江水突然就叫“叠溪”了，因为远处有一座有名的叠溪山。

在人的观念中，水和山是相依相傍的。山或因水而胜，水或因山而名，二者是有所顺从的。

这次，是水顺从了山。

因为翻过叠溪山之后，就是高原了。尽管还有许多山状的地貌，并且也以山命名，却不是真正的山了。那么，水的顺从就有了它当然的理由。

远看叠溪山，灰暗而枯瘦，瘦小如在劳役之下的一个川西汉子。

车行到山脚下的时候，小雨滴零了。雨脚虽不绵密，但雾岚却倏地扯动起来了：一块一块的碎雾飘走在山的皱褶之上，擦去了山的积尘，抚平了山的沧桑。叠溪山抖了一下，料理出一派青翠和腴润。

这瞬间之变，一如川剧之变脸。

车沿着盘山公路缓缓而上，像被一层层雾托起来一般，飘逸得心惊胆战。

透过雾隙，看到两峰夹持之间，赫然有一座村寨——民舍为三层木构，房前屋后均有经幡猎猎，系典型的藏寨。到了山顶俯瞰，发现寨子坐落在主峰腰间的一座子峰之上，正如大袋鼠袋中的小袋鼠，平安、宁静而无忧。依藏传佛教的经本，无忧便是福。那么，这个藏寨便幸福着。

才发现，刚烈的山，交合于柔润的雾云——且屹立、且摇曳、且凝定、且呼吸，才是山水曼妙的境界，才是天地活着的精蕴。如此村寨便是它的子嗣，人则是它的心跳，或梦。

翻过叠溪山之后，天地大爽，无雾无雨，只有干燥的风。诧然回首，见叠溪山顶的雾仍与天体相接，袅袅不绝。便感到，与其说叠溪顺从了叠溪山，不如说诞生了叠溪山。

阴柔是阳刚的养护，始信然。

三

不久，就到了松潘县的教场镇。说是镇，其实是山路边的一个大一点的寨子。

在这里，岷江水兀然发生了异变：婆娑的细流不见了，却有一爿连一爿凝固的潭。水微波不兴，绿得深幽而神秘，像童话里的魔水，便令人生出莫名的敬畏。

镇上有一个地震遗址博物馆。

文字记载：1933 年 8 月 25 日，这里发生了 8.7 级大地震，有一个藏寨全部覆没，只余一人。地震造成了地质结构的变化，形成毗连的地陷，且深不见底，摄人魂魄。地陷容载了岷江之水，愈合成现在的潭。潭水因深而静、蓝，被当地人称为“海子”。

“海子”，乃静止的湖泊。

九寨沟最大的海子，即海拔三千余米的则查洼沟顶端的长海，是九寨沟的“景眼”，被当地人视为神海，但当译成英文的时候，他们也谦谨地写作：LongLake。

他们对“海子”的内涵是确知的。

但“海子”是一个现场感极强的词。它把水的深度、容量、颜色、流变、温度，甚至历史，所有生命情况，均涵盖。

这是一个大词。

自然的沧桑，非这样的大词不可以名状。

凝望那神秘的海子，我心悲怆：美丽的景致，是人与自然的伤口啊。

那里有对灾难的承受与遗忘，那里有前人为后人无言的供奉。那么，敬畏山水，与其说是敬畏造化，不如说是敬畏生命与人。

海子——亡灵的栖地，乃灵魂之湖。

四

一杆巨大的经幡在前边招摇着。

经幡下，是藏传佛教的圣地——川主寺。

川主寺大殿翘起的屋檐，正指向对面诺尔盖山上的红军雕塑。

那个雕塑，是一手挺枪，一手捧花束的。

寺里的法师，是一手揖胸，一手敲经槌的。

皆安泰怡然。

寺里的小徒拼命地招徕游客们去开光、去灌顶，颇闹躁。

他们说，一个大师正在此处设祭，不去膜拜一番，真是可惜了。

一个闽南佛学院来实习的小僧做解说，那位大师的说法多精彩处。比如戴法物。世间的“男戴观音女戴佛”的说法是不正确的，那是武则天执政时针对男权的一种逆向宣传，与佛的教义无关。释迦牟尼主智慧，观音则主平安，那么，你有什么愿望便戴什么佛，这才与佛的境界相谐。

毕竟是知识僧人，懂得佛性的养成靠的是主观自觉，而不是欺哄。

到了功德箱前，他说："佛门之尘靠僧人打扫，僧人靠施主养活，不论多少，皆为善恩。施主们请。"

便争先恐后地放几钱恩德。

而依规矩，施恩德时是不能点钞票的，应随机地从口袋或钱夹里抽一张，抽到什么面值就是什么面值，是不得更换的——佛讲"天意"，而不讲"人为"。

我抽出的是一张五元币。

放过之后，小僧便给施主献上哈达。但我等数人，却没有得到那条洁白的哈达，诧异间，听到一声小语："捐款二十元以上乃可得之。"

我不禁看了他一眼——他的佛学知识是精确的，他的宗教情感却是世俗的。他的佛性，不过如此。

对他失了兴趣，便踅到寺门外。那里有一排转经筒，油漆得精美，便率性转了起来。

一个小僧跑了过来："你转错了，要朝右转。"

"朝左转又如何？"

"你会招晦气的。"

便干脆不转了。终于明白，对教义的遵从，是以失去自家的自由为前提的。

走进一户藏家。

松潘的藏族属安多藏族，以农耕为主，院里的那个高大的晾晒架上，正一面晾着小麦，一面晾着青稞。房屋是木结构的，三层回旋。我问他如何住法，他说，一层住牲口，放饲料；二层住人；三层则供神，储藏粮食。并说，此地的藏民都是这样的住法。

安多藏民的心里，有神圣的生活秩序：畜→人→神。

政教合一的历史，使藏族全民信教。房前屋后、路口关隘，均竖着成排的经幡，幡面上印着密密麻麻的经文。问其奥妙，他说：“我们不识字，风便替我们念了。”

我指着那高大的晾晒架，说：“在我们华北，小麦是先脱粒后晾晒的，省力好保管。而你们是先整株地晾晒，然后才脱粒，既占空间，又爱发霉，不好。”

他逼视着我说：“谁说不好，不好，祖上还能传下来？”

五

黄龙风景区，在松潘县境内，属岷山山脉。1992 年被列入《世界自然文化遗产名录》。

它海拔近四千米，奇景均依山而列。

才到山脚下，同行的人就有三分之二有了高原反应，便坐在山门的石栏上，望山兴叹。

听说山顶有被人誉为“人间瑶池”的五彩池，我便有了异常的兴奋。因为，依个人的经验，大凡被人称誉的风景多名实不符，便有了探究的欲念。

便遗众人于身后，兀自上山了。

跋涉了不久，便遇一栈桥，桥边的次生林中，有一媚脸小鼠，全不顾周遭好奇人的唏嘘和叹叫，专心地捧食一枚干果。这让我感到欣慰，看来这山上的风景或许真的很原始。

前行不久，我便失声大叫：一条巨大的“黄龙”从天而降，像要把观光客统统覆盖了一般。

这条黄龙，在导游图上被称作“龙背鎏金瀑”。山势形态极像龙背，长有里许，山的底色一派金黄，令人目眩。原来那是钙化物的沉积，名曰“钙华”。陡而长的钙化山体被水瀑包裹着，浩浩荡荡地冲击而下，让人想到帝王的气势。

或许这就是炎黄族的历史气象。

再往前走，山势突缓，出现一片连缀的静水池。水池被遮掩在松杉树丛之中，水光打在低垂的树叶之上，再折入人的眼帘，虽然清洌，但柔润。鱼小而静，弱草却扶摇，这才让人感到，那水其实是活着的。

一路跋涉，冬虫、夏草、瀑布、森林、云海、庙堂、曲径、栈桥、溶洞、溪滩、藏寨、鹿麂、美人、鸟鸣、人唱、秀岩、温泉……万千奇景比比皆是，乃景观之集大成者。

于是，兴致高得不得了。虽然高原反应已使头疼欲裂，但却有十足的沉着：胜景之下，人安能有恙？恙也无妨，此处可医；不医无妨，此处可葬。

到得山顶，那五彩池果然被雪山的手小心地捧着。

赤橙青蓝紫，五爿大池，五种颜色，如梦如幻。

但远看是色，近看却清，如早春芳草。斜阳之下，虽池畔人头攒动，水中却无半缕人影，甚奇。

一池中有一瘦树，叶绿而稀，结着一树大而黑的干果。凝眸时，却发现是一树屏息而栖的鸟儿。

得了一种启示：在这样的天水面前，人也应该是屏息而立的。

在屏息而立中突然有了一种冲动：便是把一双且红且汗的手伸到水里去了。手心有一种蠕蠕的痒，让你忍不住笑出声来。

把手捧到眼前，手光滑白皙如凝脂。“啊，怎么像一双女儿的手了！”

这一声低吟，让身旁的一个少女会意了，她也把本已白皙的手伸进水去。

“彩池的水是不能污染的，请把手拿开。”

一个景区的管理员竟就在身边站着。他的低喝，让我和少女都怔了一下。

少女懵懂地看了我一眼，竟双手掩面，呜呜地哭了起来。

本来是追求清白的，反而不清白了，她委屈啊（在美丽的自然风景之下，少女是敏感的）。

下山的时候，我想到了岷江。如果黄龙的水是岷江的源头的话，那么，岷江的寂寞是理所应当的——

贾平凹说，一锋太锐，天必钝之。

风光太健的岷山之水，是懂得藏锋的。

六

下山之后，那些裹足不前的同伴，均斜倚在舒适的旅行车之中，已调养得十分惬意了。

“山上的景色可好？”懒懒地问。

“好，好得像爱情模样。”

问者不懂个中意蕴，摇摇头：“其实好与不好都是无所谓的，我们的目标是九寨沟。”

我懂他的意思，但我还是为他遗憾，因为他是个诗人，遍地风光，遍地风流，之于他，是不应该有“妻妾”之分的。

他诗得可疑。

周作人在《上下身》中说，把生活分成片断，仅取其中的几节，而把其他都弃去，这是不懂生活的一个表征。每一段生活都是生命的一部分，割是割不去的。所以，工作、饮酒、喝茶和旅行都有同等的意义。而且，喝茶的快乐，是吃饭所不能具有的；饮酒往往比工作更能认识自我。总之，正如沛德所说，生活的目的是经验本身，而不是经验之果。

所以，他缺乏对际遇的敬重，他把自己耽误了，或者是浪费掉了。

车迎着夕阳走在高原之上。

光线刺进车窗，使人睁不开眼睛。司机放下了遮光板，乘客也都拉上了窗帘。但车内仍如堆了盈满的银，白得灿然。车内人便受不了，呼叫着把车停了。奔蹿着跑到车下，纷纷呕吐了。

无恙者仅我。

下得车来，仰天而望，那个浑圆的大太阳就低低地悬在头顶。发根有灼烧的感觉，太阳的金轮似正与人的发梢粘连着。太阳的边际，是一遭绒绒的火焰，因而它不是在照耀，而是在燃烧。

天低，云淡，太阳在燃烧。

我的心突然就像高原一样，变得辽阔、豁达与热烈了，且有了强烈的歌唱的欲望。

但众人均痛苦万状，歌唱显得不合时宜，便作罢。

我突然感到了素日的卑微：身居狭仄的斗室，沐几缕昏黄的斜阳，心胸幽闭着，声音嘶哑着，千思万虑着，敏感着毫无意义的事情。幽暗，使我们的生命钝化了。

为什么藏族姑娘的歌声都那么宏阔辽远呢？因为那是太阳的燃烧锻造出来的旋律、太阳的金线抽丝出来的音符。

高原的明媚、辽阔和热烈，使她们的生命有了金子一般的质地。

于是，人，的确是境遇的产物。

境遇成就了我们。但，一成不变的境遇却败坏了我们。

所以，当境遇不易改变的时候，便在山水之间放逐。旅行，不仅使我们开阔了视野、宽阔了心胸，更本质的是使我们完成了对境遇的短暂疏离，使我们看到了新的可能，使我们对生活保有了应有的热情。

在行进的车中，我继续这种冥想；在绚烂的阳光下，冥想是一种幸福。

有两个藏族姑娘招手，车子登时就站了。

司机对不解的乘客说：“长天远地，眼里应该有人。”

我觉得这是一句好诗，车内的那个诗人是做不出的。

车恢复行驶之后，两个搭车的藏族姑娘说：“我们搭车不能白搭，我们给大家唱歌。”

便款款地唱。

唱的都是藏族情事，吐的都是醉人的高原之音。车内被高原反应折磨得蔫软的旅人便像晒草遇露水，棵棵都支棱起来了。

看来，藏族姑娘是很懂风情的，因为当她们感到车内的气氛开始活跃起来的时候，便说：“我们对歌吧。”

就对。

我是个有歌唱缺陷的人，但高原的嘹亮之音已使我不能自持，便也率然应和了。

唱了腾格尔的两首劲歌。

姑娘竟说：“就阿哥你对得好，我们定你做情人了。”并说：“我们送你一个藏族名字叫‘牦牛扎西’。”

“牦牛扎西”，我反复呢喃着，心有所动。

“牦牛”的意象，真好。

七

终于到了九寨沟。

莫名地生出一种朝圣般的情感。九寨沟很著名啊。

九寨沟总长近 50 公里，自由踏勘，需假以时日，而我们是随团而往，时日不多，便坐景区提供的环保型纯天然能源汽车。

九寨沟呈“Y”字形，由树正群海沟、则查洼沟、日则沟三条沟组成。沟谷两侧，青山叠翠，万木峥嵘，瀑布跌宕，百鸟踟蹰。从海拔1980米的九寨沟沟口溯流而上，到海拔3000米的则查洼沟顶的“长海”，再到日则沟尽头的“剑岩悬泉”，沿途阶梯分布着118个清幽明净的高山湖泊——海子，错落着一个接一个的大型瀑布和瀑布群，绵延着从常绿阔叶林、落叶阔叶林、针叶林到草甸、绿藻、地衣、苔藓的繁盛的原始植物群落。所以九寨沟的经典风景是海子、瀑布和原始森林以及三者辉映下的野趣和神秘。

九寨沟所在的九寨县在历史上叫“南坪县”，沟里那条贯穿了大小海子和瀑布的河流叫“翠海”。据《南坪县志·翠海》记载：“羊峒番内，海狭长数里。水光浮翠，倒映林岚。”九寨县是藏区，所以有“羊峒番”之称。那时科技的局限，只能作“长数里”的蠡测。但“海狭”“水光浮翠”“倒映林岚”的描述，正准确地勾勒出九寨沟风景之魂。

无水，树便干涩无韵致；无林岚，水便清寡无内涵。如爱情中的男女，在相互拥有中把自己成就了。

九寨沟的山亦属岷山山脉，除了“翠海”源头的雪山披银挂雪、巍峨宏阔以外，流域两侧的山是极朴素的。然而，沟狭、林密，有一种逼人魂魄的簇拥感，人不敢钻进那细小的林罅中去，担心一旦侧身而进，便瞬间就消失了。

还有那上百个海子。水绿而深、静，林岚倒映其中，镜像如幻。立身于畔，便感到那里或许就有一些莫名的灵怪，会随时摄取她最爱的人。心中生一种不由自主的惊悸。

还有海子里的鱼。

那鱼均三四寸长，成簇地游在邻岸之处，绵软而懒，身上且无鳞。名曰“裸鲤鱼”。

虽然是可爱的生灵，但无鳞之身，谁又敢掬之入掌呢？因有异象，便让人联想到“无常”，就不亲切了。只有纳罕和敬畏。

水深而怪，林深而怪，为大幻。所以，九寨沟之境，有一种化不开的神秘与诱惑。

什么是神秘呢？心向往之，又退避之，在进退不定中，听到了自己的心跳。自己的心跳能把自己吓死吗？大幻之下，是也。

九寨沟最著名的瀑布是珍珠滩瀑布、树正瀑布和诺日朗瀑布。

珍珠滩瀑布，因山体被广阔的钙华覆盖着，便有光晕纷飞，华丽得铺张。

女游客是欢喜于它的，大呼小叫地甩了鞋子，用赤脚去接它的水沫。

诺日朗瀑布，高25米，宽300米，规模宏大，便弄出磅礴的气势。在水雾冲腾中我只想喊诗，喊雄性之诗。竟喊出来了，那就是杨炼的长诗《诺日朗》中的句子：

> 高原如猛虎，焚烧于激流暴跳的万物的海滨
> 哦。只有光，落日浑圆地向你们泛滥，大地悬挂在空中
> ……

“诺日郎”，系藏语，意“男神”。那么，这暴跳的大瀑，便是一种上天的启示：男儿之身岂能苟且？要落日般浑圆地“泛滥”，像《创世记》里上帝一样呐喊：要有光！之后，便跳下深渊去，把天地开创了。

树正瀑布则是个瀑布群。在那里，梯湖参差，瀑瀑相接，执着如怨，义无反顾。是《诺日朗》的续诗，是“天地开创”的注脚。但它最奇绝的诗句，不是它自身，而是飞瀑中的树。

在叠瀑之中，耸立着一株株、一丛丛高原特有的灌木。他们扎根于水底，傲迎于激流，常年遭水流的浸泡和冲击而不倒伏、不烂根，郁郁葱葱、风姿绰约、惊世骇俗。

而奇迹是它们自己创造的：其主根扎在碳酸岩岩缝之中，却还有许多长短不齐的须根在水流之上漂浮着。这些须根是树木的气生根，供母体以空气、以阳光。生命的管道被打通了，万劫不复之境却是永生的福地。

于是，不仅仅是人，自然万物也均是境遇的产物啊！

不过，在逆境之中，人会抱怨，止于等待。而万物无言，自创生机。

人愚耶？物愚耶？人欺，天不欺也。

八

回程途中，峨眉山、乐山大佛，甚至武侯祠、杜甫草堂，也是游了的。但之于大自然的启示，那些人文色彩的叙说，显得过于牵强与平淡，便废笔不记。

2001 年 9 月 16 日至 22 日据日记整理

鸢都夜游

潍坊，风筝的故乡。

到潍坊去，鸢笛的呼唤让人们心潮激荡！

D55 次动车组到了潍坊车站，刚一跨出车厢，我便极目远望，看蓝天白云之上，有没有几尾自由飞翔的风筝，因为我是为圆梦而来！

果然有三两尾在游弋，高天之上，它们很小，似有似无，彳彳亍亍，像隐忍的悬念。

我感到，这很好，飞翔是一种信念，是一种品格，无须张扬与铺张，有那个忘我的姿态就够了。

接站的车队行走在北海路上，车里的人都惊叹不已。因为道路极为宽阔，笔直向前，像没有尽头。两边的花树也繁盛似海，路面上没有一丝粉尘。车子行进得很通畅，像一尾纸鸢，从容舒展在广阔无碍的天空之上。潍坊文联的李锋书记感于大家的兴奋，得意地笑着："天下之路在山东，山东之路在潍坊。你们看，这话说得说不得？"

"说得，说得！"大家异口同声地说。

这宽阔、舒展、美丽的景观大道，正与鸢都的美誉相匹配，难怪被评为"全国市政金杯示范工程"。

夜晚，我婉拒了当地文联同志的陪同，悄悄地走上街头，作私人的踏访。因为陪同，往往是有目的的“引导”，所看到的美丽，多与真正的美丽无关。

我穿行了几条街道，发现每条街道都是那么宽敞、明亮、整洁，均是街树扶疏、华灯璀璨、空气清新。最触动人心之处，是它的风筝造型的灯箱设计，这条街道是轻盈展翼的蝴蝶，那条街道是扶摇振翅的鹰鸟……每条街道，都有一个风筝类型，从头到尾，一以贯之，形成统一的氛围。总体来看，个性鲜明，各具其美，直让人感到：所谓风筝之城，那华美的鸢鸟，不仅争鸣于长空，而且也翔游于大地，天地间萦回的都是风筝之魂。

来潍坊之前，仅以为她之所以以鸢都著称，是因为她是风筝的发源地，有全国第一座风筝博物馆和一年一度的风筝博览会，是历史的独赐，是“节庆”的效益。亲自感受，却发现原来风筝是这个城市的细胞、空气、精神，已人文化、生活化了。

我不禁对城市建设的设计者生出一种敬意：他们尊重鸢都人的历史情感，风筝载德，以风筝凝聚人心，以风筝塑造灵魂——有明确的城市理念。

仔细观察，我还有一个发现：每条街道，所有的临街建筑，无论是学校还是店铺，无论是旅馆会所还是居民住宅，无论是绿地还是雕塑……都是在统一的格调（包括墙体颜色、建筑风格、霓虹灯图案）统领下，有秩序坐落，而不是各行其是、率性而为、杂乱无章。远远望去，整个街景浑然一体，没有突兀的部分。它们和谐相处，每一处都是完整的乐章中最适合的一个音符。

于是，走在街头，我心情舒展，感到自己就是一只风筝。因为这是个适宜畅想和飞翔的空间。

我走了很远很远，流连忘返。最后竟至忘了回下榻的富华大酒店的路，只好打了一个的士。上车之后，我兴奋地对的士司机说：“你们潍坊的街景很美，我都迷路了。”司机笑着说：“那我就代表潍坊人谢谢你了。”司机的话让我很吃惊，一个跑生计的人，居然很自然地表现出一种主人翁式的亲切与温情，我不禁问道：“您贵姓?”司机说：“免贵姓加，加减乘除的加。”

“姓加？我还是第一次听说，凭直觉，您的原籍恐怕不在潍坊吧。”我说。

“您的感觉真好，在河北定州。”

“从哪代迁居至此的？”

“曾祖父那代。”

我掐指一算，不过四五代，时间也就是在明清时期。便联想到河北、山东一带的义和团运动，于是问：“是不是闹义和团，闹过来的？”

“既是也不是。”他解释说，曾祖父是个私塾先生，爱好历史文化，他很向往潍坊，因为古时的潍坊是天下名郡，出了许多大名人，其中有“三皇五帝”中的虞舜、孔子精通鸟语的七十二弟子之一公冶长、齐国政治家晏婴、让梨的孔融、农学家贾思勰，还有赵明诚、李清照和刘墉，等等。所以，义和团的时候，人员串通，他来到这里就不走了，用他的话说：“选吉地而居，泽被后世。”

“他老人家是希望家族里出人物。”我说。

加师傅笑笑：“可能是这样。”

“家族里可出过名人？”

他摇摇头：“工农商学兵，全是无名的小人物。”

我问他：“是不是有失落感？”他毫不犹豫地回答：“没有。”他说；“这个地方，不仅古时候出名人，现当代也出名人，王尽美、陈少敏、马宝三、王统照、臧克家、王愿坚、崔嵬，还有好多，我说不上来。说句实话，一提到这些人的名字，我浑身都来劲儿——一是脸上有光，二是有盼头，因为有这些名人在前边‘照’着，我们家族说不准什么时候就真的出个大人物。”

他的话让我很感动，别看他只是个出租车司机，而且还是个“移民”，却有着强烈的文化认同感和历史自豪感！我不禁感到，这个城市，有这样的民间情感做支撑，其兴速焉、其势勃焉！

愉快的交谈使我产生了新的冲动，我问道：“这个时候，潍坊最美的地方在哪儿？”

他毫不犹豫地回答：“在虞河边儿上。”

白天，我曾听潍坊文联的同志说，潍坊市委、市政府最得意的一笔是斥资5.3亿元所进行的虞河改造工程，使历史上的一条污水河成了一处人人向往的人间胜景。所以，明天安排的第一个参观项目，就是这个工程。于是我问：“它是不是你们市委、市政府的形象工程？”

我口气里的不恭，加师傅感觉到了，他说：“即便是形象工程，你也要看它是不是让老百姓受益，而虞河景区正是属于我们老百姓的，您不能有偏见。”

他的话勾起了我的兴趣：“你能不能带我去一趟？”

他笑了笑：“我乐意奉陪。”

我们从北宫街转入虞河景观带，首先进入了虞河古道景区。这个景区全长620米，河道较窄，像起伏迂曲的古栈道。东岸紧靠花鸟虫鱼市场和古玩市场，从北至南设有“山欢水笑”老年广场、观水亭、流水听音、儿戏乐园、七星广场等景点。西岸也依次设有宇星广场、晚香亭、韩熙载夜宴广场、怡心廊廊桥怡梦等景观。景区内大树参天，白皮松、毛白杨、雪松、云杉、银杏、国槐，树干笔挺，枝柯清秀，与花灌木、景石、草坪、水脉有机融合，绿贯南北、层次分明，再佐以碧桃园、丁香园、紫荆园、海棠园等特色园林，真是清幽古趣，相邀而生。老人们在园里打太极拳、练剑，怡然自得，似是桃花源中人。

下一个景区是九州方圆景区。全长830米，除设有一湾飞虹、七彩五环等标志性景观和超然台、四时亭、芳兰圃、秋千园等园林景观外，最让人动心处，是把潍县解放纪念馆和潍坊体育场等功能性设施融入景观之中，在大树围合、花草争艳、碧水弄月的情调之下，人们既可以休闲娱乐，又能体育健身、接受爱国主义教育。这时，河水倒映着盏盏彩灯，流光闪烁，如梦如幻。人们或散步、或伫望、或安坐、或流连，均不察夜色已深。

进到康桥水岸景区，我的目光被凌空而架的一座跨河大桥而吸引。这座桥叫凤凰桥，桥下的水是虞河与潍坊的另一条大河——张面河的交汇之流，水势汤汤，珠玉交迸。桥上的人流不息，低头赏水、远眺河灯，构成一幅风韵独具的滨水观光图。不禁胡诌两句：虞水有康桥，徐公浑不晓；红粉终究薄，布衣抚勋劳。这里的“徐公”，自然是指徐志摩的，他的杯水风流，怎堪比这虞河之上的大众的欢歌笑语！

接下来是乐道钟声景区。这个景区的中心景点是乐道院。乐道院是日本侵华时设置的集中营，曾关押过盟军战俘、奥运会冠军和美国驻华第一任大使，有重大的政治、文化和历史价值。因而景区里有叙事浮雕和主题雕像，有呼唤世界人民团结、胜利和友谊、和平的文化氛围。还有一个氛围，就是水的氛围——在景区内，绿树繁花包围下，设有沿河戏水区、溪水景观带。这是人性的构思。因为无心的戏水太奢侈，有心的追悼太沉重，而我们人类的品性，是同唱英雄史诗与欢乐颂的。那么，这样的景区是妙的，妙就妙在它与平常百姓相适宜，且有艺术品位。

带着这样的回味，我们进入了慧泉金湾景区。景区内设有鲁班文化园（鲁班是风筝的发明人）、慧泉别苑等景点。鲁班文化园，占地面积近两万平方米，整体造型是一只巨大的飞翔的蝴蝶风筝。园中心为鲁班的巨型雕塑，周围设有音乐喷泉、种类繁多的风筝雕塑和造型各异的步行廊架等。夜幕四合，清风送爽，隐约的古筝乐曲在长廊里回旋，让人生飘然欲仙之感。这正与风筝的韵律相仿佛，我醉了。

带着这种情调，我再游江山多娇景区、石桥漱玉景区和虞水帆影景区的时候，便感到，虞河之畔，俯拾皆珠玉，放眼即星辰，邀集了天地间的通灵与大美，潍坊人真是有福了！

我的诗人情怀不可自已，放声叹道：虞河无大名，却有超然禀性——它既是流动之河、自然之河、生态之河，又是文化之河、历史之河、艺术之河，更是人性之河、民生之河！百姓游于此，栖于此，历史、文化、自然、艺术，均可受用。潜移默化间，人性得到涵养，心灵得到愉悦，精神得到提升。当地人自称“清流碧水风筝城，潍州新貌赛苏杭”，不为过也！

“你的祖上是有眼力的，你们的家族是一定会出名人、出人物的。”我对加师傅说。

2007年6月26日于北京石板宅

鄱阳三韵

淹旷

到了鄱阳县，乃知鄱阳湖。

鄱阳县位于鄱阳湖东岸，公元前221年建，是秦始皇统一中国之后，实行郡县制后首批设置的县份之一。因而具有2229年的历史，比鄱阳湖早得名800多年。鄱阳县历来是郡、州、路、府驻地。历史证明，鄱阳湖因鄱阳县而得名，鄱阳县因鄱阳湖而扬名。从文化角度说，鄱阳县是鄱阳湖的发源地，是鄱阳湖文化的“根”与“源”。

我到鄱阳造访的时间，是2008年7月19日至23日，天逢大暑，当地气温持续在38摄氏度。但是，足走乡间，舟行水上，无溽热感，虽微汗浸面，却不湿衣背，浑身清爽，吐气从容，令人称叹。

称叹是因为这是一方福地：地是湿地，水是天水，造化赐福。人称水是自然之肺，湿地是自然之肾，这里的湖面与湿地绵延5000平方千米，被誉为“亚洲最大湿地”，吐纳之间，自然是漫天清爽。足落之处，鹤鸟齐飞，一如游园惊梦。桨拍声细，群鱼共涌，恰似闲庭信步。满目原始与和谐，浮躁的人心立刻就静了，恨不得顷刻就化为鄱阳鱼鸟。此乃身爽之后的心爽。

当地人说，此地有鱼122种，鸟300余种，且多为世界濒危物种。这就对了，因为珍奇鱼鸟也如人，是有心性的，栖止之地岂能无诗？而湿地与天水正是孕育诗意的地方。

鄱阳湖的水域真是大，接天壤地，令人怦然心动，无以形容。站在东鄱阳湖公园的湖心亭看水，水虽然是静止的，却总有往上漾动的感觉。这种盈满的意象，正如寄情田园牧歌的刘绍棠先生形容大运河：只要再放上一瓢水，水就溢出堤外。然而总也不溢，盈满却守成，富饶在深处。

晚间，在依湖而建的饶州饭店卧看当地人编录的册子《鄱阳风情》，读到唐代诗人张九龄的一首《彭蠡湖上》（鄱阳湖，古亦称彭蠡湖），不禁站了起来。诗云：

沿涉经大湖，湖流多行泆。
决晨趋北渚，逗浦已西日。
所适虽淹旷，中流且闲逸。
瑰诡良复多，感见乃非一。
庐山直阳浒，孤石当阴术。
一水云际飞，数峰湖心出。
象类何交纠，形言岂深悉。
且知皆自然，高下无相恤。

据考，张九龄是第一个摹写鄱阳湖的诗人，笔下气象可谓繁丽肖刻，但最让我肃然起敬之处是“淹旷”一词，把鄱阳湖魂魄一笔勾定。

陆地被水浸润，曰为“淹”；大水汤汤，一望无际曰为“旷”。“淹旷”一词，暗含着陆与水的辩证关系：水陆之间，且纵横，且交织，你中有我，我中有你，情之切切，一如真心男女。

有人说，鄱阳湖明明是一脉内湖，放眼望去，怎比大海还辽阔、还苍茫？

是因为有陆的比衬，陆狭，则水旷。

而大海只有它自己，空蒙四合，犹如黑夜。除了黑之外，不见豁然境界，便反而小了。

联想到湖光与人事、自然与人文、历史与现在，无不相互承载、彼此交融，均是“淹旷”意象。“淹旷”一词真好。究其外延，是风化的风流，是苍茫的沧桑。

天籁

入夜，在鄱阳县城漫步，在鄱阳湖上弄舟，总能听到繁繁、细细、切切的弦音与人歌。清澈与隐约、躁近与邈远，撕破了夜幕，引人不归，不甘入眠。

好像鄱阳人活在戏中。

鄱阳的民歌，就叫鄱阳渔歌，都是水音湖韵。譬如《开船歌》《撑船歌》《撒网歌》。

鄱阳的曲艺，也干脆叫渔鼓。

鄱阳的舞蹈，虽然不叫渔舞，但舞蹈的取材与形式，也均是湖上风物。譬如《龙灯舞》《蚌壳舞》《采莲舞》。

鄱阳的大戏自然是赣剧，但是他们觉得这样叫，失去了来路，与水的福荫远些，私下里还叫饶河戏。鄱阳曾是饶州府，府内有河叫饶河，它是鄱阳湖源脉之一。饶河入戏，既可回味往日的传统，又可以唱得像水一样自由。

说到鄱阳渔鼓，当地人说，他们这里有一道名菜，叫“春不老”，这种菜似芥似菘，俗称水菜，其状类似北方的雪里蕻。它叶厚而黑，茎却白而嫩滑，腌渍后香味绵长，颇为人喜。每逢“桑下春蔬绿满畦，菘心青嫩芥苔肥”的时节，鄱阳人最繁盛的农事就是采挖“春不老”，遂成鄱阳的一大美景。

说鄱阳渔鼓，竟说到“春不老”，颇感新奇，便问：“春不老”与鄱阳渔鼓有什么关系？

答曰，“春不老”的腌渍，首先要切碎，“笃笃笃”的切剁之声，彻夜可闻。整个鄱阳县城——东城与西城，南街与北街，此起彼伏，遥相呼应，夜都感动得浑身震颤。“笃笃笃”的人之喜悦，岂能不衍生出渔鼓？

便想到鄱阳渔歌中为什么最爱唱那首最经典的歌《十八岁妹仂洗藜蒿》。因为藜蒿也是鄱阳湖的天赐美食，以至于范仲淹任鄱阳知州时，独钟情于藜蒿，腊肉炒藜蒿，居然是他的保留口味和待客佳肴。试想，身姿袅娜的鄱阳妹子，清波荡漾的鄱阳湖水，于是那个洗藜蒿的现场：一袅娜，一荡漾，衬之以芊芊芳草，多美！且美美皆美，妙不可言。情动于中，无法言说，自然诉之以歌。

那晚，与楚地大文章家王开林同赏饶河戏，竟看得手舞足蹈、心旌摇荡、颔首击节，状如顽童。盖因饶河戏，一如细流融汇，相邀入湖，既有典雅华美的昆腔京韵，又有秦腔、拨子、浙江调和安徽梆子丝丝入耳。撼人之处，是在如梦如幻、如泣如诉的慢板与皮黄将人醉入忘乡之时，兀然一声弋阳高腔，把人的魂魄陡地送到清绝的云端之上——红尘抖落，灵魂超度，见到天光。

开林叹曰，这哪里是人在唱戏，分明是鄱阳湖的湖语托身——大水辽漫，自然兼收并蓄；长风乍起，自然陡生波澜！

谁言不是？

民以湖为居、食以湖为园、曲以湖为根，自然承享天赐、自然承接天启、自然承传天籁。说鄱阳是宜居之乡、美食之乡、戏曲之乡，是造化生态，而非人工弄巧。

鄱阳之水天上来，湖神摇袖送清音。

高风

鄱阳湖既为中国最大的淡水湖，自然是水产腹地，天然鱼仓。

《鄱阳县志》载："世俗风物，传承久远，汤肴劳素，各有所长……燕（筵）率常品，虽鼎食家不必珍异。"就是说，在鄱阳，因水产丰饶俯首可拾，珍稀时鱼也成"常品"，盖"无鱼不成席"也。

鄱阳五日，食鱼多矣。始知鄱阳时鱼乃：春鲇、夏鲤、秋鳊、冬鳜。

珍稀者，谓之为"鄱阳三鲜"，即银鱼、鳗鲡、凤尾鱼。"三鲜"扬名，虽附丽于名人掌故——1946年，蒋介石在庐山开办"三青团"骨干培训班，特命蒋经国备下"三鲜筵"以示倚重；朱德老总转战江西时独爱银鱼，以至于进京之后，仍期望江西来人能带此物。但"三鲜"名重，实仰仗于其自身品质与品格——

银鱼，古人称之为白小、儿（音ní）鱼，白而小，终其一生，长仅二寸。在古代，鄱阳人洪适写有《银条鱼赋》：

> 滋银条之小鱼，实群游于深水。闯双目之如漆，体洁白之无比。绝肺肠与鳃鳞，信清莹之堪美。盈一掬之十百，唯铢两而已矣……

体小，而游于深水；无足轻重，却洁白自持。品质殊"堪美"。更奇崛处，造化未赋予它产卵之具，银鱼在产卵之时，须觅砂石磨割剖腹，行毕，即殁，由是，银鱼仅能存活一年。生命短暂，却壮怀激烈，且生生不息，品格殊可感。

鳗鲡也是的。

虽是淡水鱼，却要到长江入海口产卵。整个行程，为保种群纯正，不啖不饮，体能来源仅靠消耗皮下脂肪，到了产卵地，鱼就清瘦了，所剩脂肪仅够产卵，卵毕，即死去。卵孵化之后，幼鱼又溯流而上，回到鄱阳湖。周而复始，艰难困苦，不舍栖地，亦如家乡赤子、爱国忠烈，义无反顾。

至于凤尾鱼，当地人喜晒鱼干，即便是被人劈成两半，在烈日下曝晒，羽翼依旧舒展，肉色依旧莹白，肉质依旧鲜嫩，有不变的品质。

鱼之风骨，必昭示于人。

鄱阳人江万里，乃南宋名臣。为人峻直，一身正气，力主抗元。朝廷腐败，不纳忠言，他不忍同流，退隐乡里。南宋国灭，不做贰臣，在鄱阳芝山西南凿水池，取名“止水”，率全家十七口，蹈池殉国。谒“止水”遗址，与著过《天地雄心》的王开林同声叹曰：水虽止，灵魂却依旧荡漾，且掀卷高风，直击长空。

鄱阳湖水流到现在，更孕育了不俗的来者——

陈世旭兄以鄱阳湖水洗心，不堕俗务，“闯双目之如漆”，执着于文章事业，成卓然大家。鄱阳后生范晓波，笔立鄱阳，心无旁骛，跻身“中国 21 世纪文学之星”。更有鄱阳土著陈先贤，发达的机会多多，却不商不官；屡遭不公，却不怨不艾——潜心挖掘鄱阳的历史文化，戮力编纂鄱阳的风物典故给鄱阳积累了宝贵的历史文献，且塑鄱阳魂于时间深处，令人唏嘘不止。

都说人杰地灵，鄱阳可谓地灵人杰。

湖人合一，气韵悠远。

如花美眷在承德

天下，美丽的风景可谓多矣。

但，美丽的风景如果不能化作心灵的记忆，也仅仅是瞬间的感动而已。而承德，不仅让我感动，而且让我感恩，因为它承载了我生命中最温暖、最妩媚的部分，与我的情爱有关。

多年前的一个春深时刻，我偕一如天青色的女子到了承德。起因很简单，承德有园林，有草原，而且离京华近些，仅 180 公里的距离。这还不是核心的原因，最诱人处是承德有一条“热河”——清波荡漾且温暖，与初恋的意象相仿，摇荡心旌。

到了承德，已夜幕四合，武烈河弄响，虽迤逦如带，却波声沸然。夜之黑，放大了河的神秘，她拽紧我的衣角，喃喃地说道：“我只身随你来，好像四处都是陷阱，你要护紧我。”

歇在面河的一爿小店，迎面的山上，正中有一个磬槌峰，一独石兀挺，惊心动魄。她说：“造化也重男轻女，弄雄风扑面，覆盖温柔，好令人心悚。”

我说：“这很好，对我，你不得不依恋。”

真是依恋的，相拥榻上，明明缠抱着，她却也嫌有间隙，说：“抱紧我。”

第二天，首先造访的是避暑山庄。我们从丽正门进入，相挽前行。由于是散客，无导游指点，一切都靠自己感受，所到之处，必得观察与思索，走得自然徐缓，但正好沉浸，所得便多。

始知丽正门的寓意。

“丽”，在这里不指美丽，而是“依附”。“丽正”出自《易经·离卦·系辞》：“日月丽乎天，百谷草木丽乎土，重明以丽乎正，乃化成天下。”意思是说，日月依附于天，草木依附于地，皇帝要像日月一样合乎自然规律依附于正道，方能教化万民和统治天下。”

我嘿嘿一笑，说：“你看见没，女依附男，才有日月一般的光华，草木一般的深秀。”

她说：“哼，你这是断章取义为我所用，你没看见，连皇帝都得正，方能得民心治天下，况你个黄口小儿？”

相视而笑，彼此会意。

庄中景名和匾额均出自康乾二帝，不疏才华，风流有自，顿生敬佩，齐声说：“原来皇帝也是大才子啊！”我们二人都觉得，即便是有权势，若无婀娜情致，也是冷的、恶的。所以，即便是皇帝，也不能只有刀枪，内心锦绣，反而可亲可爱，令人忍不住地就想归顺。

但也发现，匾上的文字有多处失范，譬如“避暑山庄”的“避”字，“辛”下多了一横，还有一处的“藏”字，写成“蔵”，缺了两笔。疑惑时，正有庄内人员逡巡，便请教。人说，非讹误，系皇上有意为之——多一笔，寓江山广阔，丰茂富饶；少两笔，因为那两个字形正是刀枪模样，而大清一统，各族团结，万民和顺，再刀光闪闪，乃有失和谐也。

她击节叹道：“真是好字！”

我问：“好在哪里？”

她说：“好在君王仁义。”

我说："君王仁义，类似作秀，关键在于他有绝对实力，便可以任意增删，纵横捭阖，凡人见之，就信服，以为理所应当。若换了你我，总是错的。"

到了心仪已久的热河，竟是一脉小水，她摇头一笑。

我说："小水为何有大名？因为它与江山社稷有关，你没听说'一座山庄，半部清史'？这正如古诗名句，虽一句两句三句四句，却是大作，因为它是历史的文化记忆。"

她似有所悟，走到戽车之畔，转动轮叶，戽上温水，掬而洗面，说："既然是圣水，自然要沾沾仙气。"

我一笑，说："热河泉边洗洗手，好运年年伴你走。"

她说："你来得倒快。"

我说："游在前边的一个老婆婆撂下这么一句，让我捡到了。"

整个山庄的疆域真是阔大，有园林（且园中有园），有山峦，有湖泊，有庙宇。自然、人文、宗教、风俗，涵纳交融，浑然一体。园林之中，北地与江南，燕京与蛮夷，举国的风格都凝缩在这里，像大盘盛碎珠，挤在一起闪烁，迷眼又迷心。那些庙宇又称"外八庙"，承载着满、汉、蒙、藏、维各地各族的宗教信息，且儒、道、释怡然共处，一派和谐景象。大有"看承德，乃游民族万水千山；读承德，乃读历史万代千卷"之感。我们身陷其中而不能自拔，把三天假期都用掉了，预计中的坝上之游只好作罢。

站在"北枕双峰"的峰巅，俯瞰庄园。发现庄园的轮廓状似一把张开的芭蕉扇，扇柄恰在皇家殿堂，给人以"掌控自如"的寓意。仿佛帝王在殿内一伸手，就能把整个江山都揽进自己的襟怀一般。

她说："这是皇帝的野心。"

我说："这是实力的象征。"

再细想那外八庙。竟也看出帝王的别有用心：所有的香火都在这里烧着，你等何须再另起炉灶？拜就是了。

康乾盛世，百代无恙，万寿无疆，“怀柔”二字，岂能叙说周详？还是实力使然也。

我对她说：“人也如江山的，岂能只有容貌之美？要腹笥充盈，有内在魅力。”

她说：“你这是在给我上课。”

“岂止对你，也是对我自己。”我说：“江山其实是一卷大书，应该学到点什么才是。”

她想了想，嫣然一笑，说：“我听你的。”

在庙宇之游中，给我们留下最深触动的，自然是普乐寺中的欢喜佛。因为在爱情中的男女，敏感于“欢喜”二字。

欢喜佛起源于古印度原始宗教。男代表智慧，女代表禅定，二者如车之双轮，鸟之双翼，缺一不可。男女双抱合体，智慧与操守双成，即所谓“悲智相合”，方为一完人，方圆满具足，以至于业障摧毁，修正有得，乃“大欢喜”。换言之，欢喜佛之欢喜，为降服对方，亦被对方降服之欢喜。

她说：“原以为欢喜佛是鼓吹纵欲的，却这么严正，倒好像是一部爱情的辩证法。”

女孩子一有悟性，便愈加可爱，虽众目睽睽，光天化日，我也忘情地把她抱进怀里。

返程之后，我用两年的时间，写了一部近五十万字的长篇小说，书名就叫《欢喜佛》，颇得女读者喜爱。她则拿下了硕士学位，分到了一个风雨不虞的好单位。两个人颇有些顺风顺水。因为欢悦，更因为两个人都不断地发展自己，日日上进，互相敬佩，使情感有所附丽，遂不愿分离。

据说，之所以叫承德，是因为那个时期，民族团结，江山一统，国泰民安，人民发出心声：要感谢皇帝恩德，承载明君恩泽，忠心报国，合欢共好，千年不怠。

我要说，粗砺的男女走进承德，被那里的历史、自然与人文滋润之后，会顿生柔厚，爱情会茁健地成长起来。至今，虽已经世风摧折，但承蒙承德的教化与开启，我们的爱情依旧有天青色的模样，在我心中，她是我永远的如花美眷。

情长怨巾短，景美恨语迟。与她斟酌一番之后，感到千万大词终敌不过一个小词：感谢承德。

她一笑，说，还应补上一个小词：愿她无恙。

2008 年 10 月 16 日于北京石板宅

抚仙湖小语

埃利亚斯·卡内蒂说过，河流不仅可以载舟，更是产生情感和思想的地方，甚至其本身就是情感，就是思想。

这是一句很费解的话，但一来到玉溪抚仙湖岸边，一登上脚踏船漫游于湖上，便豁然觉得，卡内蒂其实说的是人与自然的关系——自然之于人，功利之外，更多是情感和精神之源，因此，人应放低姿态，对自然存一份真诚与敬意。

抚仙湖的水，浩渺无际，是阔大的。水色凝碧，是深的，却有温和内敛之象，好像天然就是让人来亲近的。它水波荡漾，层层叠叠，一波漫过一波，却不喧哗；它接天壤地，却不遮蔽山岚和岸树，以至于山与水，各显其美，林木也玉树临风。

于是，人一来到近前，凡尘立刻就飘散了，顿生赤子之情。

陈福民先生是著名评论家，深知文坛深浅，赞与诋是轻易不能说出口的。陈戎女士是资深编辑，法眼甚高，对别人的文字挑剔得近乎苛刻。但是，一望见抚仙湖，他们都迫不及待地甩掉平日的面具，素面朝天，纵情拍照，快门揿得毫无节制，疯了。

抚仙湖这部“书稿”，真不同于人间文字。它不藏机心，不事巧饰，美得无遮无拦。所以，他们的拍摄是一种忘情的阅读，急切地把好的字词、动人的情感、醉人的思想圈点下来。

岸边的痴迷是不够的，一行人都嚷着要到湖上去。善解人意的培禹老师就租来船。船是脚踏船，因为岸上只有脚踏船。问曰，为何不预备机动船？湖人答曰，抚仙湖是生态之湖，容不得任何污染。

便明白了，为什么抚仙湖有内敛和谐之美，因为玉溪的抚仙湖人内心温柔，懂得怜惜，呵护得好。

游在湖上，虽起伏不止，却不跌宕颠簸，虽风行耳畔，却不惊悚恐怖，以至于人行湖上，虽大呼小叫，心却是定的。知道这样的水，虽然勾魂，却不断魂，类似爱情。庆邦先生干脆下到水里，“裸游”一番，尽管已是岁末之冬，抚仙湖却让他心暖。

抚仙湖给人另外一种思想的，是它的一种特别的物产——抗浪鱼。

据说，鱼之名系康熙帝所赐。康熙年间，一个叫康良的书生进京赶考，带了许多小干鱼作为干粮。煎食之时，发出奇香，引来了微服私访的康熙皇帝。帝问曰，此鱼何名？良答，无名。帝曰，如此美味，岂能无名？良解释道，这种小鱼在小民家乡数量甚多，密密麻麻，人称“海蛆”，一般妇人尽可大量捕得，便被看作下贱之物，吃一半丢一半，毫不怜惜。康熙愠然，曰，你既叫康良，朕便赐它名为康良，且定作贡品，既然它那么容易被捕捉，就依物以稀为贵的天理，让它来三去七，轻易不让人见到它的身影。

这个传说体现出抚仙湖地区人们的智慧，立意之处，是喻康良鱼的金贵。

康良鱼的名号，果然就记在《康熙字典》中，不过那是两个象形的古字，今日的字库里已找不到了，便简易成“抗浪”。

抗浪鱼真的就金贵了，它体色银白，一如月之华，且不放纵生长，终生只三寸许。它挑剔水质，不清澈，决不寄身，且每年只在三至九月间短暂出现，余下的光景在湖底隐忍。所以要想在湖面上撒网捕捞是不可能的。矜持的品格使它身价陡升，今日的市价，竟每公斤高达3000元。

于是，抗浪鱼虽小，却有黄金之贵重。

奇鱼一如奇人，必有异秉。抗浪鱼的卵是半黏性的，必须附着在沙石、岩礁之上，且必须有逆流、有温差，而兼具种种条件的就只有湖岸。所以，抚仙湖的岸边，湖人顺鱼性而着人力，开掘出许多沟渠与山洞（鱼洞）。每当春回大地，特别是雨水落地后，抗浪鱼便从深水中游到岸边浅滩，在沟渠和山洞里的岩礁上产卵。产卵后便游回深水中，看不到一点踪影。它们来去都有规律，这个规律就叫“来三去七”，即来三天，去七天，至立秋节气后，便渐渐稀少，以至绝迹。当地渔民用木制的水车从绿树掩映的石洞泉眼里把泉水车出，经过沟道流入湖内，泉水与湖水的温差和流速恰好契合了抗浪鱼的产卵习性，鱼儿抢水而上，钻入了渔民们预先放置在流水沟道里的竹笼而被捕获。这种捕鱼方法历代沿袭，古老而独特，人们称之为“车水捕鱼”。

车水的动作与现代的捕捞方式相比，是缓慢的节奏，是一个节制而美的过程。还有，捕到的鱼，因卵含体内，是不能剖腹而食的，要全身煎煮。湖人曰，食法不当，暴殄天物，人将不仁，莫如鱼也。如此种种，既怜惜了鱼，也涵养了人。

清波、绿岸、鱼洞、水车、竹楼，古典而浪漫，蕴含着大美，是可以入镜头的。游人尽情拍照、流连忘返便是很自然的事。

抗浪鱼的故事、抚仙湖的清澈，给人一种肃然的氛围，心灵情不自禁地纯净起来，感到现实的获取真是小，功名利禄更是虚，唯重生爱人才是情性之境——它可以使内心妩媚，对万物与人伦懂得感恩。

远眺阔水与长天，我心温柔，忍不住地笑。

正此时，看到陈戎女士手托着相机伫立在一棵古榕树下，面湖凝视。暗黑的枝柯衬得她目秀唇红、额面莹白，像嵌在抚仙湖畔的一颗珠玉。我赶紧趋过身去，让《阳光》杂志的徐迅兄给我们拍了一帧合影。

我一直是叫陈戎老师的，尽管我实际年龄比她大。二十年前她从来稿中发现了我，坐公共汽车到几十里外的乡下，给我以文字上的指导。岁月可淡化一些神圣的东西，把恩德变得习以为常，但此刻的抚仙湖让我明白了，什么都可以忘却，不能缺失的是对美好的珍重。

回过头来再思量埃利亚斯·卡内蒂说的那句话，觉得他说得真好。好在他内心机敏，把天启化作人语，以文学的方式流传下来。

2009年12月15日于北京石板宅

醉竹海

箐斋

虽刚从台湾归来，已是身心疲惫，但一接到培禹老师到长宁的邀约，还是率然应下。因为长宁有竹海，令人神往。

从宜宾机场乘中巴赴长宁，沿途就有修竹扶摇，把一条灰白公路匝成秀色长廊。翠色悦目而洗心，疲惫顿消，渐生欢悦。

到了长宁，也不歇息，车子径直开到一乡间村落——梅白乡白虎村，那里有长宁大儒周洪谟的故居——箐竹书屋。这座书屋，又曰箐斋，虽在典籍里有大名，远远望去，不过是在山腰处的几间青瓦小屋。一条青石小径掩在茂竹之中，拾阶而上，一派清气。脚下的阶石，浑黑而湿，有水泽之光。但脚踩在上边，却不打滑，一步是一步，让人感到踏实、温润。路旁有鸡，从容地觅食，偶有粪便也无异味，而是与竹林的气息同一。到了箐斋，有雕梁、有匾额、有楹联、有壁刻，古旧文物的元素都是在的，但是也有青草盈膝，更有瓜棚豆架，还有一只黄色小狗，逗玩在游人的脚下，毫不惊慌。于是，整个故居浑然如自然中物，与山林融为一体。所以，当有人感慨大儒之所以重金修缮，使其富丽堂皇、典雅幽奥，而不应该如此荒凉一如远古朴野之时，我不禁从齿缝里嘘了一声：真是浮世浮心，离本真远了。因为儒学就是朴学，就是民间之学，是入世的，一如修竹之所以秀，就是因为它的根深深扎在原野之上。我觉得，长宁人做对了，他们让大师魂安在他自己的岁月中，不人为惊扰。

然而，在心里，长宁人却给了周洪谟崇高至上的地位——一个小小的县，居然建立了一个专业的“周洪谟研究所”，常年进行“洪谟文化与长宁发展”战略研讨，并把周洪谟的学术思想作为竹文化之源、社会发展之基，且挖掘、且弘扬、且传承、且践行，让人感佩不已，心生敬意——长宁不愧于竹海的涵养，有竹子的品格：向下扎根，向上挺举，自得风流。

凭吊完周洪谟故居，顺路参观了白虎村的新农村建设风貌。那些新民居，均依托着竹林的走向，坐落在适宜的位置。座座宅院，都是前有池塘，后有丛竹，水镜弄影，翠屏叠彩，布衣人彳亍其间，疑为幻境。直让人想到两个词：乐土，乐生。

仙寓硐

长宁竹海真是阔大，站在佛来山山顶的观景台上，放眼望去，翠色漫漶，一如汪洋。微风稍拂，便起万顷波涛，一脉一脉地涌过去，无止无息。忽地就生了水雾，从广远处徐徐回卷，从竹梢上掠过，托苍翠到云天。此时，天地合拢，人似在梦中。

被梦包裹着，我们到了天宝寨——仙寓硐。从山顶到山腰的路，是一个暗红色的天阶，云雾飘摇中，它像一条垂在竹梢上的彩练，让人心旌摇动。

仙寓硐，是一条云中走廊，悬挂在山腰的峭壁之上。最殊胜处，是它的壁画和摩崖石刻，把儒道的故事、演义和教化都镶嵌在石壁之上。其中一座巨大的石刻卧佛，于沉思中有会心的微笑，让人看到了慈悲的模样。在石廊中缓走，顿感肃穆。因为顶上是悬竹，凝露成溪，兀然倾落，脚下便一直湿着，一如在水上行走。而廊下是万仞之崖，崖底的村落像龟背上的纹络，一层一层地皴开去，亦如佛语让人猜。

且行且思，头脚都被打湿了，却不感寒意。突然觉得，佛和道，虽多有差异，一经水韵和竹翠染过，便都安详。不禁口占两句：

脚踩珠玉头笼翠
手拈莲花心寓佛

独行中被培禹老师和喻若然小姐追上，才从恍然之境中回到现实，知道自己不过是一介俗人，心中的禅意是山水附加的。但也生喜乐，主动在“仙寓硐”的碑刻前为他们拍照。镜头前，培禹老师净白，喻若然则妩媚，都比素日可爱。

海中海

海中海，是竹海山上的一个凹陷，竹露与山水注入，成一“海子”，故名海“中海”。

在景区公路上，远远地就能见到海中海的大门。大门系按川南传统牌楼式样建造，且高大、且古雅，犹如万绿丛中一点红。海中海的门楼上有抱柱联，上联：龙鳞漾巘谷，下联：凤翅拂涟漪。

“海”的周围有环湖小道，亦是暗红的砂石材质。如果“海子”是眼睛，她自然可称作黛眉。站在“海”的堤岸上放眼远眺，湖水明净清澈，远处翠绿的小岛把宽广的湖面分成两半，伸向苍莽的竹林中，显得深邃幽远，渺然迷离。

其实，因为“海子”是被远拥而来的楠竹环绕的，湖面虽阔，也嫌小，一如被“匝”在那里。匝，类似襁褓。海中海，便像一个通体莹洁的婴儿，而且是个熟睡的婴儿。竹海之阔，有遮蔽效应，即便水面有波澜，远看也是静的。静得如镜，如冰，勾人顽性，便踏上竹排，划。

一张竹排上分列四人，我、徐迅、燕舞和马益群（人称小马哥）。徐迅深沉，燕舞单纯，小马哥矜持，素日均不苟言笑，但一上了竹排，就都散漫了，尖叫与呐喊并举，俚语与村言交加，一如喜儿在批斗会上怒向黄世仁一泄仇愤，无遮无拦。且比竞着划，逗弄着后边的游人。终于把别的竹筏落得远远，我便放开喉嗓吼——

大锔子钉了三百六，
小锔子钉了二百双，
剩下一个锔子没地方钉，
钉在哪儿？钉在哪儿？
钉在王大娘的脚后跟上！

在南国绿水之上，居然吼京西俗蛮的山腔。大自然之美，虽大美无言，却如似水老酒，于不知不觉中热人心肠，让人卸去铠甲，往真性情和大通泰里走！

不禁想到泰戈尔说过的话：使卵石臻于完美的，并非锤子的敲打，而是水的且歌且舞。蜀南竹海，就一如使卵石完美的水，净化心尘，使人性趋真。真可谓“上善若水，本善若竹”。

的确是的。蜀南竹海不仅步步有景、步步有诗、步步有画，而且步步有禅意、步步有喜乐——使枯槁之心重植绿色，重燃激情，直想拥抱，直想歌唱！我甚至觉得，以书本为师，不如以山水为师，因为它与鲜活的生命接近。

2011年10月30日于北京石板宅

巴西掠影

2012年5月24日至26日，我曾赴巴西进行文化考察，感到足球、桑巴、烤肉和咖啡是它的文化支点。

在里约热内卢吃巴西烤肉，块大肉厚，俄而就饱，能找到蛮民感觉。桑巴很原始，能激发欲望，但不是肉欲，而是生命冲动，不愿苟活。它的咖啡浓烈，如果在国内喝，会失眠，但在产地喝，却能安眠。参观巴西国家足球场时，买明星球衣，把手掌抚在明星的手模上，顿时就有了豪气，但一旦离开，亢奋顿消，因为我不是球迷。

给我感受最深的是巴西女人的身材，高而有摇曳曲线，特别是她们的臀，浑圆而翘，触目惊心。巴西女人不畏惧陌生人，邀她们一起照相，会大大方方地依在你的肩膀上。其表情亲热而自然，好像早与你厮熟。

还有一重深刻的感受，是巴西大街上的文化墙。墙上到处是率性的涂鸦，宣泄着涂鸦者各自的情绪。政府也不强行禁止，采取放任的态度。总体感觉杂乱而美而和谐，全无突兀之感。上边有劝善的内容，也有解构秩序的内容，更有人性放纵的内容。譬如一面墙，夸张地画着一张女人的大臀，她在排解，排泄物也一如花朵，不显恶俗。画上的鸟儿都变态，找不到生活中的对应物，反而更像鸟儿。涂鸦的人，旁若无人地画上几笔就静静地走开，显然他不是为了吸引眼球，只是生命的一种需要，完成了，也就忘记了。

我们在亚马孙河上泛舟，水漫漶到天际，好像在天上游。在热带雨林穿行，植物繁盛，千姿百态，但几乎所有物种都叫不上名字，便感到，在大自然的美丽面前，人只是盲目地欣赏。我们是从亚马孙州的首府玛瑙斯进入河道的。目的地是黑河与索里芒斯河的交汇处。黑河流速是每秒 2 万立方米，索里芒斯河则为 8 万立方米。前者水温 22 至 27 摄氏度，后者为 15 摄氏度至 22 摄氏度。前者因浸泡了大量的落叶和腐殖质，水色泛黑，呈酸性。两河交汇处黑白分明，有地标特征。亚马孙州不通公路、铁路，交通工具是飞机和船。河里有著名的金龙鱼和银龙鱼，金龙鱼有近千斤重，银龙鱼也有数斤重，是印第安人的母亲鱼。另外还富产甲鱼与河豚，赋予了印第安人得天独厚的渔猎生活。政府与印第安人和平相处，并和他们进行文明交易——印第安人用大麻、黄金、玉石跟政府交换日用必需品，并换进枪支弹药，以提升渔猎水平。政府唯一的强制手段，是强迫印第安人读书，为他们办周期 3 年的启蒙班，每人每月补助 80 巴比。当地印第安人的平均寿命是 41 岁至 45 岁，他们懒惰，喜安逸，所以资源丰饶，但生活贫困。

“丰饶而穷”，也是巴西人总体的生活状态。

因而他们不惜命，也不担心抢劫，安检较松，只是象征性的动作。

塔里木感怀

——一条没有流进大海的河流

见到塔里木河的时候，内心翻腾，思绪连绵。因为她与我意想中的模样有大区别：作为中国最大的内陆河，原以为它应该是激流滚滚、大浪弥天的，却流得那么平静、那么舒缓、那么从容，远远望去，满目青碧，一如睡在梦中。

塔里木油田的人对我说，塔里木河虽然壮阔，有吞吐山河的气势，却最终没有流入大海，而是在岁月深处，消失在苍茫戈壁、漫漫大漠之中。所以，塔里木河，在大美之下是悲壮的底色。

本应该伤感的，我却微笑着向它点头。因为故乡的物事早给了我深刻的启示，大自然的道理，有别于人。譬如故乡深山的阴处有一种植物，叫山海棠。即便是生在僻处，无人观赏，可它依旧是一丝不苟地向上挺拔了枝叶，开出鲜艳欲滴的花朵。幼时我很是不解，曾对祖父说，它真是不懂人间世故，既然开在深山无人识，便大可以养养精神、偷偷懒，没必要下多余的功夫。祖父瞪了我一眼，说，你究竟是太年轻，太看重功名，内心浮躁，不知生命真相。在山海棠那里，它只按自己的心性而活，生为花朵，就要往好里开，尽开的本分，至于能不能被人看见、被人夸奖，它是从来都不会去想的……至于塔里木河，东流入海，自然是她的向往和理想，但大漠之途需要滋润，荒凉之境需要水气，她的担当太重，她只能消耗自己。有了她的牺牲，才有了大漠绿洲、珍禽异兽和丰沛的油气储藏。塔里木河尽了她作为河流的本分，实现了自身声名与功利之外的价值，所以她心安，所以她内敛，所以她悲壮而不悲伤。消亡的背后，正是河流的自尊、自信和自足。

告别了塔里木河，进入沙漠腹地。沙漠公路的两旁，是不断现身的胡杨。初冬时节，胡杨斑斓，闪闪烁烁如火。塔里木人说，如果没有胡杨的防风固沙，沙漠公路这条人类的通途就会湮没中断，广袤沙漠就会真的成了死亡之海。胡杨的品格是在焦渴之地千年不死，死了千年不倒，倒了千年不朽，最终变成石油，堪可谓沙漠圣徒。然而，在她刚直坚守的风骨之下，也有灵动与变异的一面，她是一种变叶树木——五年以下，叶细如柳；五到十五年间，细叶与圆叶混杂；十五年以上，就满树的“圆”了，成为名副其实的杨。之所以这样，是胡杨适应环境，懂得顺生——幼株根浅，对抗干旱，芽叶自然要收敛，以减少水汽蒸发；到了树大根深，自然要张扬，以竖起意志之旗。其变异的背后，是顽强地矗立于沙漠戈壁，以履行自己与生俱来的使命——抗风沙，保绿洲。对照胡杨，我不禁想到了“笔锋常带感情”的梁启超。人们常诟病他一生善变，读了解玺璋先生的《梁启超传》，才知道，他之变，是与时俱进、顺应潮流，在复杂情势下，更好地进行民族启蒙的政治智谋，变的皮相之下，恒定不变的是爱国、爱民的旷世情怀。由胡杨到梁启超，我不由得联想到，自然的伟大与人的伟大其实是相通的，只要襟抱夷旷，外在的曲直与隐现是不重要的。

沙漠公路两畔，除了胡杨耀眼之外，还有一种诱人驻足的风景——夫妻井。沙漠里的绿植需要滋润，自然要有井。戈壁阔远，交通艰难，杳无人烟，井近乎与人际绝缘。有井也需要打理，夫妻井周围会建造几间小屋，住进了一对夫妻。我们看到的，是轮台中部的一口夫妻井。驻守的是一对中年夫妻，女矮胖，男精瘦，见人群来到，他们只是乜乜地笑，久也不收敛，疑似凝固在脸上。诧异地问陪同的塔里木油田党委办公室的同志，他说，这是久处孤独的生理反应，他们已经不会笑了。灶间只有一堆土豆和半口袋芥蓝（北方称蔓菁），系易储存的菜种。因为与城镇远隔，新鲜蔬菜的输入几乎不可能，所以他们的饮食很单调，所以他们的面色青灰，类似脚下的浮沙。一只小狗在人群中逡巡，任你逗弄与抚摸，因为久不见人，就不怕人。问夫妻的生活起居，他们笑而不答，只是一味地介绍抽水、输水、喷灌、滴灌的过程。看到人们对他们的工作生出兴趣，夫妻俩青灰的脸上悄然洇出薄薄的一层红晕，竟至指着不远处的那片胡杨林兴奋地说，这胡杨林和方圆百里的沙漠植物，都跟这口井有关。我感到，他们其实是想说，这一切都与他们的寂寞坚守有关，但长久沉默的状态，使他们羞于说出自己的贡献。我不禁怦然心动，觉得胡杨林在阳光下的无声烂漫，正是他们爱情的颜色。

驱车数百里，我们到了塔中油田作业区。这里的油田产量，如果以传统的生产流程计算，需要上千个石油工人。而在现代化的开采条件下，偌大个油田却只有七个人，所以他们的贡献是大的。这七个人都是“80后”的年轻人，来自全国的八个省份，都是重点石油院校毕业的高材生。他们都有机会留在北京总部、或科研单位、或几大油田的管理机关，但他们都自愿地来到采油一线。问他们缘由，他们都很朴实地回答道，本来学的就是石油，远离油井就荒废了。跟他们深入座谈，知道他们都有成就一番事业的追求与襟怀，向上的信念使他们自觉地远离虚荣与享受——虚荣迷眼，享受堕志，最终会一事无成。

只有到了采油一线，才知底细、才知痛痒、才知盈缺，才知学问运用的方向。也因为此，他们奉献着石油开采事业，也成就着个人——他们几乎每个人都有发明专利，有的还拥有两项、三项、数项。当我动情地送上真心的赞美并致以由衷的谢意之时，他们羞涩地低头，并连连说道，要谢就谢脚下的石油——只有地火冲腾，才有青春激情。小小年纪，居然有远大的生命情怀，一如穗实者低垂，虚空者反而昂首，索取者往往患得患失、恨世道不公，奉献者反而内心盈满、懂得感恩。我说，你们想过没有，人间往往是鞭打快驴，能者多劳，你们越是有作为，油田越是离不开你们，你们很可能一辈子都会生活在这片寂寞的土地，永远与市井、时尚、现代生活绝缘，你们会不会后悔？他们说，只有荒凉的沙漠，没有荒凉的人生，这是塔里木石油人的信念，你看见塔里木河了没有，她一辈子也没有流出戈壁大漠，但总是温情浇灌，没有一丝忧戚之色，她告诉了我们，什么叫品格、什么叫无悔。

都说天地境界、天人合一，在塔里木，我读到了令人信服的注脚。

2012年10月28日激情涌动、纵笔疾书于北京石板宅

圆梦之乡

五十岁的人已足够老，不再做绮丽之思，亦即守成于日子，不再生额外的梦幻。然而到了张家口的崇礼，巡游数日之后，我却心性大变，居然激情难抑，浮想联翩，竟然向往永不褪色的爱情。

一

崇礼虽是张家口腹地的一个山区小县，面积仅有 2334 平方公里，人口仅有 12.6 万，却是国际著名的“雪都”。它分布着万龙、云顶、多乐、长城岭四大功能齐备的世界级滑雪场，有各级雪道 82 条，总长 69 公里。还有各类索道和魔毯 24 条，总长 23 公里，每小时总运力高达 4 万多人次。每年都举办“中国 · 崇礼国际滑雪节”，还承办了“国际雪联高山滑雪远东杯大赛”“国际雪联高山滑雪积分赛”，近三年来，在雪季迎客竟逾百万人，堪称滑雪运动的天赐福地和滑雪爱好者的人间乐园。

2014 年初春的一天上午，我和几位文坛名士来到了万龙滑雪场，亲身感受到了“福”与“乐”之所在。

那个巨大的山体平静地伏卧在那里，陡峭而远、近而平缓的各种雪道，层次分明地分布其上，供滑雪者依据自己的功力和胸怀自由滑翔。头顶的天空，碧蓝如洗，通透到目力所不能及的地方。大太阳灼灼地照着，驱杳了风的影子，一派祥和，滑雪者踩在雪道上的声音便窸窣可辨，一如万物在迫不及待地发芽。地面温度已10摄氏度的样子，而雪道上的质地还是寒冬般的坚挺。寒与温的和谐与共，让人惊讶。我们站在温处，所以暖得有些慵懒，而远望时雪光打眼，所以眼帘微合，幻想便不约而至，不禁问自己：如果年轻几岁又如何？

耳边突然传来一声尖叫，因为极顶处几个滑者俯冲而下，掀起的雪花似几条逶迤长龙。那个起点是海拔2110米的高度，中间落差大到550米，滑者便速疾如箭。箭落谷底，立刻就变成了娉婷的人形，舒缓地滑向喝彩的人群，脸上绽放着自得的微笑。待雪帽摘下，却是几个长发女子，不禁让人想到一个大美之词，即玉树临风。此时的我，心跳突然就加剧起来，恨不得立刻就冲上峰顶，也做忘我的滑翔，与青春作伴，醉入梦乡。这时我还联想到，所谓玉树临风，就是虽临海悬崖，却从容淡定，如履平地，却蔑视凶险。这是青春的底色，生命力的象征。于是，在雪场上的第一感受，就是情不自禁地向青春致敬。

雪场的中程赛道，虽然相对平缓，上演的却是更加怦然的剧目——一对对男女滑者，或结伴并行，或相拥而下，显然是恋人在纯洁的雪国公然绽放他们的爱情之花。还有为人父者、为人母者携雏而动，好像脚下的滑板是亲情的纽带，让父爱、母爱在冰天雪地中传递得更加深刻，在相依为命的氛围中迅速升华。他们滑呀滑，雪花飞动，笑靥灿烂，像在花前月下，像在厅堂家园，节奏舒缓，情意渐浓，爱在爱中。爱是一种特殊的支点，所以，他们尽情滑去，永不跌倒。这时，我心中突然有一个呼唤，呼唤我爱的人速来，一起在雪上奔行，以抖落沧桑浮尘，激活审美疲惫，让爱情重现新鲜模样。

在短程赛道的终点，设一彩虹龙门，与其相接者，是一爿碧水瑶池，让滑者在这里实现一个从滑雪到滑水的转换。这个转换有个诗意的名字，叫“鲤跃龙门”。这是个颇具技术含量的比赛，对滑雪者有巨大的吸引。许多人在转换中失控，跌进水里，但后来者，虽然迟疑，却决不放弃。在他们看来，这是对滑雪者品格的检验，所以，宁湿身体，也决不失勇气。许多人成功地实现了这种转换——入水前，他们放慢了速度，以减小对水面的冲击；入水后，向后压滑板，使滑板前部能浮出水面，并辅以适度的并腿劈腿，以保持平衡。整个过程，浑然有序、美轮美奂，人一登陆，便赢得一片掌声、一片欢呼。在激动之余，我感到，在万龙滑雪场，我们不仅能领略到滑雪运动的独特魅力，也能看到处处存在的辩证关系，从而收获哲学。

从哈尔滨来的小说家阿成就说，虽然我们东北也有大量的滑雪场，但冬奥会滑雪场的最佳选择还是在崇礼，因为它日照充足、气候温暖，不使人僵。

感受到万龙滑雪场的“福”与“乐”，我内心盈满，感到自己依旧年轻，未来的人生之路，一如这晶莹雪道，还可以做潇洒的飞翔。

二

没想到，崇礼这并不大的一个地方，居然有一座世界级的冰雪博物馆。它详尽地记述了冰雪运动的发端、演进和生命激情在雪域里亘古涌流的华丽轨迹。这里有飞翔的起点、历史的迁移和冰雪世界给人类带来的光荣与梦想。

更让人震撼的是，博物馆的叙述让人看到了生命的尊严——

一尾极地毛虫被北极厚重的冰雪覆盖之后，它在黑暗中隐忍。待冰雪融化的声音依稀传来，它急迫地钻隙而出，尽情蠕动，拼命进食，因为它知道暖季苦短，冬夜漫长，它必须只争朝夕。在经历了十四年的“封冻”与“复苏”的重复动作之后，它终于抽丝为茧并迅速地破茧而出，化为彩蝶向阳光倾泻的地方飞去。那里有同样经历了艰苦磨砺的一个悲情伴侣，它们必须一见钟情、毫不犹豫地成就一番刻骨铭心的爱情，并刻不容缓地孕育出爱情的结晶，然后在欣慰与安妥中双双凋亡。

这种在死亡中的诞生，何其壮丽，是赞美生命的一阕大歌!

震撼之余，不禁心生惭愧，五十的年龄，正是人生的壮年，我却心如枯井，一味守成，不敢有梦，这真是对生命的亵渎。

毛虫之殇，正昭示着造物主对人类的厚待与洪赐，它让人类在大自然的四季都能承享生命的自由，从容不迫地进退，风流有自。由此我不禁想到，冰雪运动是一则关于“破茧而出”的生命寓言，它告诉人们，对生命最虔诚的致敬，就是时刻摆脱“冬眠”状态，永不慵沉，永不怠惰，永远朝着太阳升起的地方攀升、飞翔!

走出冰雪博物馆，已到了掌灯时分，放眼望去，豁然林立着满街的灯树。那璀璨的灯花，居然是雪花的模样，灯冠微翘，也是滑雪板的形状。巨大的夜幕，被这雪花般的荧光所点缀，闪闪烁烁之间，恍若游走在雪的世界，有摄人魂魄的神秘，便有了强烈的夜游兴致。

夜游崇礼小城，浑不见中国北方城郭轮廓。它有梦特芳丹假日酒店，有汤 INN 温泉，有会展中心，有昼夜影剧院，有飞行俱乐部，有医养休憩会所，有冬奥竞技村，有零关税购物乐园。令人惊异的是，它居然还有教堂以及教堂博物馆，而且所有建筑都是欧陆风格。久久地逡巡之后，我终于发现，它与瑞士的达沃斯小镇浑然相仿。

这一判断被崇礼的女书记李莉所验证。她说，我们就是要把崇礼打造成东方的达沃斯，让城市功能与冰雪运动的内在需求全面匹配。

由万龙滑雪场到冰雪博物馆，再到城市的建设格局，我感到，崇礼，崇礼，崇世界冰雪运动之礼——它从城市的肌体到城市的精神，都凝聚于“雪都”这一灵魂，它已有资格向世界发出邀请，也有胸怀拥抱所有前来寻梦的人。

三

因为崇礼给了我这么多的惊喜和回味，便夜不能寐。正巧我住的汤 INN 温泉酒店有温泉，便泡之。四十多摄氏度的水温让人有炙热感觉，便陶然躺倒，任毛孔自然张开，拂去满身旅尘。通泰之下，心智大开，便想到《康熙起居注》中的记载：康熙帝祖母孝庄文皇后，患有老寒腿，常年蜗居，苦不堪言。康熙孝顺，遍寻良方，行至崇礼、赤城一带，发现温汤多处，当地名医语之云，此汤温高于他处，可医腿疾。康熙大喜，择一名“赤泉”者，陪太后驻跸，浴 51 天，果然痊愈。康熙惊呼，此乃天恩之地。

就天恩之地，我衍生出两重含义。其一，无论帝王还是草民，大地都赐予同样的恩泽。究其本相，崇礼、赤城一带的地热，首先惠及的是芸芸众生，之后才是慕名而来的皇族。其二，大自然的存在，有它无与伦比的内在秩序和伦理道德，它既给你冰雪之寒，也给你温汤之暖，种种物候相伴而生，让万物与人总处在平衡与和谐之中。这就让生命能够自由伸展，崇尚顺生。

温汤泡过，竟更加兴奋，复又回到街头，兀自徜徉。

夜色中的崇礼小镇，山是大的，树是漫山遍野的，而房子建的是极收敛的，人是小的。走进街边的小酒店，要了一杯鸡尾酒。店里不乏饮者，却极其安静。岂止是安静，简直是寂静，寂静得能听得见手表的秒针走动和心脏的跳动。

这种情景让我想到那年的瑞士达沃斯之行所感受到的寂静。寂静之上的寂静，让东西方在这里血脉相通。

走出小店，望见半山坡上，在居民楼簇拥下的一座小教堂。它的身量小巧，高高耸起的哥特式黑色尖顶传递着肃穆的信息。塔楼上的钟表走得沉默，一如不知光阴。我想到，那年达沃斯的钟楼也是这个样子，只不过瘦狭的塔影下，立着一位唇红齿白、身姿绰约的瑞士少女，少女背后，又有白雪覆盖的山峦起伏。这是一幅夕阳造就的浪漫图画，我内心有大温柔，便试着跟她提出了合影的请求。好像要赴一个早就商定的邀约，她温驯地靠近我的肩颈，我的手也极自然地拢住她的腰窝，我们都笑得脉脉含情。雪都净洁，所涵养的人也纯真无邪，她信任天地，也信任人。

站在崇礼的教堂之下，我情不自禁地朝向那个方向，深情地遥问：瑞士少女，你还好吗？

同时我也油然有念，来年，我一定带着妻重返崇礼。虽然她已不唇红齿白、身姿不绰约，但雪都所特有的冰雪境界、温暖情怀和青春活力，也就是冰雪运动的“福”与“乐”，一定会激活她被岁月、被凡尘所钝化、所遮蔽的少女天性，让她重新审视我，走进我，恢复我们爱情原初的模样，以至永不褪色。

感谢崇礼，它让一个五十岁的老男人，又有了少年一般的绮丽梦想和旖旎之思！

禅意丹霞山

到丹霞山之前，我读过许多名家对它的描绘。几乎是满纸的大词，诸如：燃烧、雄奇、壮阔、神秘，让人感到，它是个居高临下之所。还有，一提到它的历史，就与舜帝、韩愈、张九龄等大人物相联系，好像此地之孕育均是人杰，背后是风云变幻、鬼斧神工。一切都与小民远了。

我是个小民情结甚重的人，对壮大的风景有畏惧心理，这一点与汪曾祺先生相仿佛。那年，他与林斤澜登泰山，走到中腰就体力不支了，索性就坐在路边岩石上，他说，老夫气短，不可小鸡吃黄豆——强努。但是，汪老却发现了泰山的另一种韵味：在中腰的百草虽然被登山的人忽略，却也枝繁叶茂、郁郁葱葱，生长得毫不懈怠。那瘦岩上的小树，虽无人照拂，却也不泯挺拔的意志——一切都隐忍在本分之中。汪老认为，这才是泰山的大美。

到了丹霞山之后，我拒绝别人灌输的“雄、险、奇”之说，而是用汪老式的眼风，努力搜寻“之外”的东西。我发现，丹霞山之大美在于那里的山水和人都有定力和禅意。

譬如丹霞山的摩崖石刻，刻上的都是“法海慈航”“诞先登岸”“忍心”“仁泉”“义比山高”之类的与佛有关的文字；而且，虽然岩体如火，却总有清冷的水珠不断线地滴下。这一切，都昭示着：山雄可以自立，但却不可虚妄傲世，要存静虚与怜念在心头；激情可以澎湃，但却不可一味放纵，要懂得用清凉（理性）平抑。

譬如丹霞山的阳元石和阴元石，因为酷似男根和女阴的形象，颇吸引游人眼球。人们惊罕异常，蜂拥而上，盲目朝拜，好像那自然的造像，就是自己的生命图腾，可以和谐自己的百年姻缘。面对游人的亢奋和大呼小叫，当地人，包括小贩、扛夫、妇孺、农人，却表现得异乎平静。他们反问，这些游人都怎么了？在他们看来，男女性器，跟人的耳眼鼻喉、四肢手足一样，不过是人体的普通器官，不必特别看待。依他们的逻辑，我想，阳元石、阴元石一袒露在阳光之下，就有了去魅、去昧效果，使人远离阴私气，坦然地面对生命本能。它还告诉人们，性事既不是洪水猛兽，也不是回天大法，是个自然对应的过程：坚挺而不泛滥，内敛而不萎靡——进退有度、平平常常就是了。

譬如丹霞山的双峰寨，是全国重点文物保护单位，乃清光绪乙亥年（公元 1898 年）迄建的古村落。整个建筑，呈回字回环，占地 9000 平方米，城墙傲岸，四角都有炮楼，城门的主炮楼居然有五层楼高，有不让的气势。城墙里还有走廊三通，可以迅速地运兵，是个缜密得令人称叹的军事重镇。它的功能是防匪患、防略扰、防兵火，墙体上自然留下了火烧、箭射的斑斑痕迹，尤其是那些累累弹痕、炮火轰坍的遗迹，让人想到战事的频仍与激烈。他们祖祖辈辈为家园而战，出了许多义民、壮士和英烈，这背后自然有大传奇、大故事。然而当地人对这一切都是含笑不语，只是把游人引进寨中的古民居，让你看他们门扉上精致的雕刻、厨灶间别致的器具和小巷清幽曲折的格局，让人们想象其祖先旧时的生活。古井旁的小狗极其温驯，见到生人也不躲，任你抚摸，乖怜地舔你的手。一群妇人自发地走到寨楼前的草地上，给游人跳客家舞、唱客家山歌。她们一水的蓝底白花的短衫，一水的玄色筒裤，脚上均是自制布鞋，手中的道具也极简，不过是一根白细的原木。她们敲打着地上的砌石，弄出整齐的节奏，且歌且舞。她们的舞姿原始古朴，她们的歌声清澈幽婉，她们的表情纯真庄重，直让你不忍懈怠，全身心地投入欣赏。她们一曲舞罢，又续一曲，让你目不暇接。她们说，这是我们客家人的非物质文化遗产，唱的都是祖祖辈辈对生活的热爱、对爱情的向往，我们每个人都能唱上百曲哩。我被深深打动，感到这里的人真是重生，淡漠暴力，也淡漠死亡，他们不言战事，不炫耀传奇，只叫你关注他们的日常生活。好像他们懂得硝烟易逝不足挂齿，而温暖和美的民风才是他们永远的牵挂。

在丹霞山，还有一处景观深深地触动了我的心灵，那就是镶嵌在万仞悬崖间的锦石岩寺。寺庙坐落在大山的穴洞之中，四面的山峰如匝，大有遮蔽之势，但两山之间刀削出一线豁口，使天光泻下，把佛门照得通明透亮。这一如天地箴言：佛光普照，须臾不被红尘湮没。因为心中有光，我的情绪有了起伏，便点上了一支烟。一个小尼含笑向我摆手，见我不解，便轻轻地拽着我的衣袖，把我引到寺外的一个商亭，那里正有一个雕木的大烟缸。我说，寺内到处点燃着香火，我以为就不忌惮烟火。她笑着说，香火是香火，烟火是烟火，香火属佛，烟火属俗，佛门净地不能被俗污。

到了十一时，寺里尊请斋饭，那个斋饭仪式，给了我从来未有过的心灵震撼——

斋饭前，人人都要静心净手，然后依次进入斋堂，像小学生在课堂上一样，在长长的窄桌上端坐，不可出大气，更不可出杂音，沉默地等待食物。主持敲响木鱼，率众僧尼颂祷，背后伴以梵乐，让人肃然敛神。每人桌前放一菜钵、一食碗、一汤勺、一竹筷，坐等僧尼布施。斋饭开始，僧尼依次给客人施食，每次都添少许，待你吃净，再回环过来继续添入。最终让你眼前的器皿空着，不剩余食，其立足点，是你应有的用度。这种节俭的用餐，让你不敢造次，落到桌面上的菜米，你也自觉地捡进嘴里。即便是已经腹饱，也不能兀自起立，要陪伴尚在进食的人。众人用餐毕，桌上一片虚空，之后依次携餐具走出，到堂外的汤锅里自行盥洗，轻轻地放到架上。这样的斋饭过程，既让人敬重食物，又让人找到了做人的庄重。

这不禁让我想到了人在进化链条上的位置——人所吃的稻谷与菜蔬，均系植物界的精华，是植物饱纳阳光之后，生命在光阴中最甘美的结晶；所啖之肉，亦是动物界的精粹，动物在自然法则的淘汰中，还是走上了人类的餐桌。至于人类的居停，均选择于风光水气调和丰赡之地，系"诗意的栖止"。就是说，人类占尽了宇宙"阴阳五行"之先，也享尽了生命世界的价值贡奉。所以，人类最基本的情感，应该是谦卑地行世，对宇宙万物感恩。感恩落到实处，就是淡泊欲望，不过多地索取，也不浪费天物，过朴素节俭的生活。其实，一粥一饭足可以让人温饱，关键的是心中要有敬畏、有信仰、有爱意，以驱除心间的冰冷和多余的妄念。这里有禅意，即若无闲事挂心头，便是人间好时节。

丹霞山一行，让我心中盈满。因为它处处供奉着大地道德，也能让小民感受到禅意（人生哲学）对其心灵的引领。它既属于高人雅士，更属于寻常百姓，这样的风景才真的殊胜。

2014 年 6 月 18 日至 8 月 18 日于丹霞山与北京石板宅

土楼叹

到了福建，到了龙岩，到了永定，才知道有土楼。土楼是永定山水的一个凸显物，把那里的一切事物都覆盖了。永定现存方楼、圆楼、五角楼、八角楼、纱帽楼、吊脚楼等各种土楼 30 余种，仅圆形土楼就有 360 多座。所以，耽游数日，即便是永定的河山大好，留下深刻记忆的，也就只有土楼。这一如我的故乡京西，因为有铺天盖地的荆棵，所以人们总是把京西与荆棵对应起来，即便是那里百草繁盛、物产丰饶，也被视而不见，总觉得京西是一块不毛之地。

积五十余年的人生经验，我确信，大自然的每一种存在，都拒绝偶然，万物都在忙着书写它们的历史。一如滚动的岩石在山上留下它的刮痕，河流在地上留下它的渠道、动物在地层里留下它的骨骸、草木在煤里留下它们朴素的墓志铭、雨滴和流沙在岩石上留下它们的雕刻，客家人的大迁徙也在闽地之上留下他们的生命验证——土楼。正如爱默生所说，人类的每一个行动都把自己铭刻在大自然的记忆中，铭刻在他们自己的举止和貌相上：空气里充满了声音、天空中到处是象征、遍地都是备忘录和签名。土楼是客家人生存历史的暗示，它虽然默默无声，却是在向远客和后人从容地诉说，它呼唤心灵的碰撞和高超的理解力。

“客”是人远离出生地后的一个异地之称，而客家人也不是原始蛮族，而是中原汉族的后裔。他们的南迁是历史的作用，其背后是频仍战事的滚滚硝烟和王朝争斗、更替下的民不聊生。迁徙帷幕的拉开，也不是一个简单的动作，而是实力和智力的综合支撑。出生于永定的作家、政论家张胜友是客家人的优秀代表之一，他说，面对天灾人祸，一般草民只能在原地逆来顺受、自生自灭，只有官家的子弟和商家的眷属才有实力、有能力启程致远，在远处圆梦。之所以客家人远居此地之后，能够迅速立身，并拔地而起、多有创造，且频生伟人、杰士、雄才，盖源于其迁徙之初的优越基因。

为什么永定土楼历史之悠久，种类、数量之繁多，规模之宏大，结构之精巧，功能之完备，均是世界之最，堪称土楼建筑的天然博物馆，深层的道理就在这里。

圆形土楼的建筑艺术真是令人惊憾！在崇山峻岭之间，它以浑然一体的形态岿然屹立，气势恢宏，壮丽非凡。圆的外形与天穹远遥呼应，本色的黄土墙与大地衔然融接，宛如天地造化，不显人力。它的建制集天文学、文化学、星象学、物理学、生态学、建筑学、化学、美学、哲学、甚至伦理学于一身，从实用功能到艺术功能、审美功能都百无一疏、无可挑剔，堪称美轮美奂。它背靠青山，远眺溪水，且被万树环匝，占尽了山水的自然涵养，与环境高度融合，让人感到，它是自然生长和本性的结晶。它的内部设施一应俱全——圆形天井里修有水井、祖祠、学堂、议事厅。四层楼的空间布局，既有卧室、会客厅，又有厨房、粮仓，人不外出，也能有数月自足、自适的生活。更让人惊异的是，土楼的防火功能把物理学、化学的原理运用到了极致，一处火起，可自动阻燃，不殃及周边。所以，面对外患，客家人有底气高枕无忧。而它的结构则处处体现着《易学》的哲学内涵，隼有阴阳隼，井有阴阳井，厅堂也是阴阳对应，人居期间，男女、老幼、尊卑，有井然不乱的内部秩序，可和谐相处。土楼对外虽然是封闭的，但对内，每家每户的门窗都开向天井的核心，这种开放的格局，使居民的生活都置身于众人的监督之下，使人们的生活具有阳光品质。因而，它特别适合一个家族合族而居。事实上，客家人的土楼设计，也正是以家族为单元，以至于胡锦涛于 2010 年 2 月 13 日视察土楼时不禁发出感慨："客家土楼是中华文化瑰宝，是大家庭、小社会和谐相处的典范，希望一定把祖先留下的这份珍贵遗产守护好，传承好，运用好。"

在土楼间俯仰，在遥想和体验客家人千百年来的生存轨迹与生命温度的同时，我不由地生出对土楼存在的哲学思考。集中一点，土楼是客家人与历史和文化合作的产物，客家人是民族融合的代言人——因为有中原文化的根脉，客家人才掌握了业已成熟的土夯技艺，即便是流落异乡，也有弘扬传承的原始冲动；只有面对闽地那种热风劲吹、瘴气弥漫、盗贼迭起的自然环境，才激发了创新与改造，阐释的是适者生存的道理。

漂泊与无根，才更企望稳定与根；游魂四散，屡屡承受惊扰，才更企望宁心安魂、群聚而居——所以才有了一座土楼、一个家族的生存格局。这不是因为客家人生性褊狭，恰恰是中原文化冲荡四海、不断与时俱进、立地生根且发扬光大的现实证明。

可以说，客家人的避祸迁徙，背负着华夏民族从历史深处而来、从社会变革加剧而来的深重苦难，他们是负重的一族。他们在南行的路上，茹毛饮血，跌而又起，有坚定的生命意志，且心中始终有光。他们把汉民族过去的一切贡献，现在的一切能力和对未来的一切希望都凝聚在土楼之中——他们为民族的不屈和生生不息造像！

由此，土楼是一个巨大的象征物。它的存在，使得身边的事物与遥远的传说一样美丽神奇，而眼前的现实，一样可以淋漓尽致地叙说悠远的历史——它是中国故事的形象解读。

也正因为客家人大多是中原大地精华人物的被迫出走，其实从某种意义上说，或许是一种主动选择——因为本身所具有的眼力、实力和智力，才有了“此处不留人，自有留人处”的人生豪迈。而豪迈必定要与“高迈”相链接——不仅要生存下去，而且还要往好里生存，还不是一般的好，要卓然而立，自得风流。所以，土楼才远远地超越了它的实用功能，变成了让世界瞩目的文化地标。就我个人的实地感觉来说，土楼的震撼之处，就在于它的精神之美、智性之美、和谐之美和哲学之美。

土楼的这番意义，不禁让我想到了故乡京西的纳鞋底。儿时的山村，一有时间，妇人们就纳鞋底。纳了一双又一双，且一双比一双针脚细密，一双比一双式样精美。她们全不顾鞋底纳成就会被踩于脚下，美丽顿消。我不解地对母亲说，一个鞋底不过是为了穿，不必徒劳地纳得精。母亲说，山里妇人没有别的，有的只是闲——闲来无事该如何？于是纳鞋底；纳来不精又如何？于是就纳得精。在她们看来，好女人的标准就是勤快，把素常日子过得精致。这种乡村伦理的作用，使她们一如既往，不顾人非。到了现在，京西的纳鞋底竟成了非物质文化遗产，被游人惊赏，也因此，生活之外，她们获得了人生的价值和尊严。

由永定土楼到京西纳鞋底，让我感到：立足故乡，便更能理解客家人；从内地到沿海，才更能看清土楼的内涵。土楼所体现的对生的意志、对历史的执着，对来路的珍藏、对未来的拓展，其核心，是文明对野蛮的区分和主宰。自然而然地，我也看到，人类对崇高生活、精致生活有一种本能的追求，这种追求使人类在时光的湮没和自然万物的遮蔽中，始终都能脱颖而出，留下不朽的人迹。人类对世界之所以拥有不可辩驳的话语权，就在于人能把自然万物统统染上自己的思想色彩和生命艺术。人类之贵，就贵在能给这个看得见、听得见、摸得着的物质世界赋予象征特征和精神属性。

由此，在这个愈来愈物化的时代，在城市的楼宇间进退，我们不能失去对人和人类生活的敬重和信念。对土楼之叹，最终的归结和所指，是对人性之美的心灵之叹。

2014 年 12 月 20 日于北京石板宅

啊，我的刺苣

早饭后，家婆和爱犬都凝视着我，那是巴望的眼神。我领悟到，那是想让我带她们去踏青。

家婆和狗有自然生活该有的状态，对大自然敏感，不似我，整日读写，不敏于四季，对冷热迟暮。我心中一热，说："走。"

爱犬居然能听明白，它箭一样窜到门槛，向上跳跃，它喜悦。

我和家婆每人持一个布袋、一把小铲，自然还有爱犬饮水的用具。因为每年清明前后，我和家人都要去挖一次野菜，今天正好。

驱车向东，到了著名的永定河。那里有河畔公园，公园里依自然的形态，有起伏的丘陵，还有密林、花丛和遍地野菜。

停车远眺，虽然有风，但河水清凌平静，杳无波澜。因为风小而暖，不起风寒。

公园里的花木，因为都是人工养植，且都是名贵品种，其根部都围以土掩，都有浇过的痕迹，所以树恣肆地发芽、花饱满地绽放，有丰饶气概。人工推动了季节，这里更有春天的模样。

起伏的丘陵上，百草风发，野菜丰肥。能入口的野菜不用寻觅，只需挖。

我和家婆有分工，她挖苦荬，我挖刺苣，并且约定，袋满为止。

我和家婆在具体的挖法上有分歧，她只挖茎叶而去根，我是连根挖起。她说，根老难咬。我说，如果是纯粹的野地，你说得有道理，但这是有水浇灌的土地，菜根白嫩。我连根挖出一棵刺苣，在裤腿上擦去泥土，放在嘴里嚼，以证明我的判断。她说，小心，这里打过农药。我说，农药沉积于茎叶，不殃及根。我把嚼剩下的菜根让她品尝，她尝过，笑而曰，果然如你所说，又嫩又甜。

但她还是坚持她的挖法，她说，挖的苦荬与刺苘的不同，它的根有苦性，即便是反复淘洗，也难以入口。她虽然说得很对，但儿时挖苦荬，吃的就是它的苦味，既可充饥又可败火。想到今夕毕竟不同，又想到这是在大自然里踏青，是享受自然之趣，便由着她的心性。

考虑到有爱犬跟随，不能分离，就一左一右，互相照拂。爱犬不停地在两人之间跑来跑去，不知疲倦。在大自然里狗也撒欢儿，眼神明亮。跑累了，就在中间的坡草上打滚，一会儿是背黄，一会儿是肚白，出奇的可爱。我和家婆不时地停下来欣赏，觉得这里有美意，便相视而笑，会心又赏心。

这里的刺苣真多，尤其是在树埯之上，一片接一片接连地长，且一棵接一棵很鲜嫩。那里的土也松软，铲子一下去，整棵野菜自己就蹦出来。这让我兴奋不已。即便是兴奋，也有一份清醒：树埯是用来存水的，一旦挖豁了，浇水时水就会跑，所以野菜挖下就自觉地把土按原样再培起来，不造成破坏。在挖野菜时，一个看林女工就在左右巡视，她见状，笑着说，一看你们就是文明人，既赏春，也惜春。

由于不需要她刻意地监督，她就逗弄爱犬。她说，你们家的狗真好看，背上的毛金黄，肚下的毛雪白，光闪闪地干净。别家的狗会啃树，它从地上叼起小石头，扔出去又捡回来，自己跟自己玩儿。腿也短，又没尾巴，走起路来屁股扭扭的，像个大姑娘，它是什么品种？

我说，他是英国伊丽莎白柯基犬，出奇的温驯。她说，呃，原来它出生于皇家，难怪它这么懂事乖巧。女工从兜里拿出两块曲奇饼干掰给它吃，爱犬不仅吃，还舔人家的手，人家走远，它还尾在身后送，依依不舍。爱犬也知人意，在善者面前，生者也熟。

狗的行止，让人感到它与大自然是那么的融合，阳光之下，一切就应该这样亲切、和好。

本来挖野菜是踏青的一个方式，应该悠闲和随意，但刺苣遍地，是不竭的吸引，让我难以释怀，便拼命地挖。以至于刺苣之外的风景也被完全淡忘，眼里只有刺苣。布袋已经挖满，还不忍停歇。向家婆张望，见她仅挖了半袋，刚漾起的一丝忧伤顷刻烟消云散，又忘情地挖下去。直弄得自己呼吸急促、大喘不止，不得不歇。

我索性把自己瘫倒在草地上，深情地叫了一声：啊，我的刺苣！

奇怪的是，我足不出户，埋头于书写，就想不起大地上的物事，好像大自然里的花草树木都不存在，都跟自己无关。而此时，生长的意识猝然满溢于胸，自然万物不仅存在，而且都跟自己有关，它们是我的！

挖不完的刺苣啊，你让我对你没有办法，我心有不甘！于是，我强烈地感到，书斋里的生活，让我心钝目盲，失去了对大自然的感受能力，身体也有了衰退之相。这类似暗疾，不可不医。我必须时时走出室外，亲近我的刺苣。刺苣不仅可以健身，而且可以医心——它让我敏感，知生命趣味，不再僵硬地活。

为什么蒙田总是追问自己："我知道什么？"

这时候我找到了答案，远离了自然万物，人总是生活在教条和成见中，并且自以为是，抱残守缺。

怀着对家婆和爱犬的感激，且盈盈地爱着她们，我满载而归。

2015 年 4 月 8 日于北京石板宅

看水最是漫雨时

机关工作的刻板和枯燥是人人皆知的。所以，我渴望在室外看风景——最渴望的是在室外看到好得让人平心静气不忍离去的风景。九月是种麦季节，我有幸被派到一个只有250亩种麦任务的小村——后店，协助村里闹“三秋”。有这样的机会，我当然喜不自禁：或许在那个小村里，会看到赏心悦目的好风景。

一进村，却是出人意料的失望：几十户人家七扭八歪地分布在一条烂岗子上，房屋普遍显得低矮破旧；整个村子，没有一条称得上的街道，只是比邻的房屋之间，或山墙或后墙，在错落中留出一条条缝来，人就闪闪仄仄地从这样的一条条“街”来往奔忙。时下，农民富了，村村户户盖新房的、讲村政规划的不少，可这个村却显得“跟不上趟儿”。村前村后，招人喜欢的树木不多，偶尔在哪家院里见到一棵两棵，也是把整个院落都遮得阴阴沉沉的刺槐或洋槐。村子古朴，当然也是一美，可惜村东就是一条铁路：南来北往的火车，轰隆隆震得屋子直颤、房梁直响。要是赶上火车鸣笛或放气，那个刺耳的声音，聒得人直想找个地方躲起来。这样的地方不但没找到好的风景，反而叫人尝到了惹心的不安定。我的情绪也变得不那么安稳，不那么爽快了。

一天，淅淅沥沥地下起了小雨。本该在机关细细地品茶，但头天约好这天要开个村民大会，公布三秋方案，于是不得不进村。快到村子了，道路变得泥泞不堪，车轱辘陷在泥里任你怎么使劲也蹬不出多远。索性下车，推着车在泥里水里摇晃着、蹒跚着。

到了村口，平时无人问津的只有半亩大的一爿水塘四周围满了垂钓的人。这里面有老人、中年人，更有少年。他们有的严严地披着雨衣，有的只简单地在身上绑几片塑料布，有的干脆什么雨具都不穿，把整个身子暴露给绵绵的细雨。他们谁都不讲话，静静地站在那里，专心注视着水面，握鱼竿的手也一动不动，从远处看去就像一座凝重的雕像，好一幅“雨钓图”啊！我的心一下子被这个神圣的氛围攫住了，我把车支在塘边上，问旁边一个叫大庆的瘦高个少年：“这塘里有鱼吗？”“有哇。”“能钓着吗？”“当然能！我家的水泥槽里有我钓的几十条呢。”他的话中有这样一层意思：瞧您问得有多蠢啊。我不再吱声，蹲在他身边，顺着他的鱼竿也把目光凝结在了水面。周围真静，雨声更切了。

突然，我被眼前的景象惊呆了！原来貌似平静的水面却这么不平静：每一个细细的雨脚在水面上都溅起一个圆环，无数个雨脚落在水面上就有无数个圆环兴起。这些圆环都努力地向外扩延着，于是环与环就相互交错了：你中有我，我中有你，一整个水面竟是一张密密环结而成的大网！在此时，这张网是永恒的、牢不可破的：这一茬圆环就要消灭了，那一茬圆环已经兴起，无数次新陈代谢就在这不被人察觉的瞬间进行着。有的跳出水面的鱼儿把这张网撞破了，但网很快就会弥合完整；有时钓者的渔网把这张网扯破了，这张网不一会儿就会密密地缝合……我被这神奇的景象牢牢地钉在了塘边，任秋雨打湿了我的内衣和头发。几缕湿发从额上滑了下来，遮住了我的视线，我使劲地撩上去把它们摁牢。我整个身心都沉到对细雨下的涟漪的观察和研究上去了。

不知不觉间有几缕游丝涌上了我的心头：为什么往日被自己视而不见的水塘今天却逗引了我了?！是因为有雨，哦，是因为有漫漫的细雨，大雨会把人淋跑的。在漫漫的细雨下，塘底的压力骤增，鱼儿就纷纷游到水面，去贪婪地呼吸新鲜空气，于是引来了垂钓的人。而生活的深蕴是否也只有在风风雨雨中才会显露它的无限风光，才惹人去追求它？在漫雨下，水面结成了交错的、缠绵的、牢固的、神奇的网，社会是否也只有在风雨中才更见人与人之间关系的复杂纷连，才更见凝聚和团结的力量？这也许太牵强了，但纯感情的自然和风景，在特定的条件下，一经人的思想过滤，也就有了感情性、社会性和有质感的理性。这漫雨中的收获还算可靠的吧？如果这还不可靠，那么，我们的农民在物质生活日益丰富的今天，有着非凡的从平淡中欣赏和享受神奇的风光的才能，这是不容置疑的。

——看水最是漫雨时……

看到我因陷入沉思而变得痴呆的样子，大庆以为我迷上了钓鱼，把鱼竿轻轻地递给我："叔叔，您来钓吧。"少年的美意是不好推拒的。我接了过来，鱼钩静静地垂在水中，不一会儿，心境也变得异常的恬静、异常的清明。这是在机关里从来没有过的。这个时候，我不是什么下乡干部，而是个怡然自得、返璞归真的垂钓少年。

1984年9月记

百花山小语

当一个朋友抱怨北京的春天短暂时，我毫不犹豫地对他说："去百花山吧，百花山延续了北京的春天！"

百花山，在距京城一百多公里的西北角。山上，有未遭破坏和污染的原始植被，有各种植物和花卉 2000 余种，华北地区所能见到的花种，在山上几乎都能找到，真是一座天然的植物园。当百花山的花期来临，山间、崖畔、垭谷……处处灼灼闪闪，万紫千红。若你有一颗赤子之心，闻着弥漫在整个山间的花香，定会怦然心动，流出汩汩的热泪。

但是，去百花山切莫莽撞，一定要选择最佳的时间。由于百花山海拔高，林密谷深，气候偏凉，与平原有个不小的季节差。当平原花红柳绿，人声熙攘的时候，百花山却春寒料峭，睡意正酣；当爱俏的姑娘纷纷换上轻软的裙装，撩拨市井的时候，百花山的花仙，才从山脚开始，渐次伸展开腰肢，绽出璀璨的笑靥。当你初感夏热的不适，你就启程吧，爬完曲曲弯弯的盘山公路，迎接你的，一定是凉的风、花的海……

百花山，就是这么延续了北京的春天！

当我的那位朋友偕女友从百花山归来，对我说：“百花山的花事好盛啊，明年一定还去。”我笑笑：“莫待明年，夏秋之季你再去吧。如果能住上一段日子，你们的爱情肯定会熟得烂漫了，说不定还会迷而不归。”

百花山的夏季，气候极温和，雨水也极丰沛。百花山上下雨，绝不像平原：天早早地阴得又浓又厚，却光打雷不下雨，凭空浪费人的情绪。这里只要阴下来，雨很快就来了，不声不响地下一两个小时，便霎时晴天了。人们便纷纷涌向一片片的原始松林：那树根旁厚厚的腐殖质被雨淋过，很快就生出一簇簇白白胖胖的鲜蘑。人们把蘑采回，放屋脊上晒干储存，待有远朋来，沸水滚过，煮鸡炖肉，鲜美无比！

秋日的百花山，更是奇景迭出。百花山的沙果甜而面，绝不像平原的又涩又酸。沙果树和山楂树，多生于百花山的沟谷，繁若星斗的果实便映红了谷中那潺湲的小溪。洗衣的村姑坐在卵石之上，裸足搅着清清的溪水，抬手便摘了红色的果实，是幅极诱人的图画。山中的苹果，由于山间暖区的热效应，会从枝桠间开出二重花、结出二茬果来，摘下放在箱柜中，会捂出浓烈的果香。村姑便多用它熏衣，其效果不亚于波斯人的熏衣香。至于那殷红的牛蒡果、脆美的树莓、多纹的山核桃以及因果事繁盛而招来的松鼠、小獐、野兔、山羊、板鸡、狍麂等，更增添了百花山的无限野趣……

有人说，百花山是京华大地上的一颗迷人的珍珠，是北京人无上的骄傲！这话是对的。

1985 年 4 月记

山村夏夜

夜真静啊，好像重新超脱了一个世界！

雨不停地下着。这雨丝细细的，看不到，也摸不到，但听到了，“沙沙，沙沙……”这声音一直沁到人的心灵深处，着实有一种飘逸的轻松和惬意。

细雨中，西山的嘴巴上衔着一轮昏黄的月。薄的云给它镶上了淡淡的晕圈，朦蒙眬胧很是别致。就着微弱的月光，依稀看到浮动着的山岚。这山岚时有时无，若即若离，真让人怀疑有神灵在那里操持：从雾缝里窥视这沉寂的村落。

院前的几棵柿树静静地站在那儿，衬着这晦暝的天，好像兀然长高了许多。却原来它们在伸长了脖子听雨，大概它们把雨声当作最美的音乐了。

远处传来老玉米“咔嚓、咔嚓”的拔节声，夏雨的小手把它们的脚搔得太痒了，它们在拼命地挺身子……

院里的向日葵则羞于夏雨的挑弄，低低地垂着头。我敢说，她们明朝一准怀着饱满的情愫，昂起她们圣洁的头，脉脉地凝视着太阳，献出对太阳最热烈的爱。

雨停了，没了沙沙声。

蝙蝠从它的洞穴里飞出来，大概雨把它闷得够呛，一出来就扑棱着翅膀狂飞。一会儿从树杈上擦身而过，摇一身露水；一会儿又巡回在院落间，叼一只湿漉漉的小鼠……在夜的世界中，它是骄傲的王子，跌宕自由，无拘无束。它给夜长上了眼睛。

院子下淌出的山泉，带着大山的深蕴，发出叮咚的金石之声，奏出这夜色最美的节奏，唱出属于这夜的最曼妙的歌声。这歌声的每一个音符，每一节韵律都是那么的明晰、清朗，那细微的妙理，就像古代少女在挑灯织缣。蟋蟀可能是这泉水的侍从，从主人那里偷来了神韵，躲在土墙的罅缝里"嘚儿，嘚儿……"地唱个不停，想要跟主人比个高低。可是它们没有泉水那么大的气量，只好同伴们轮流争唱：一会儿叫在院里，一会儿叫在院外，一会儿叫在村东头，一会儿叫在村西头。此起彼伏，搞得热热闹闹。

雨又下起来了，仍是沙沙声。凭窗谛听，在沙沙的雨声中，水声、庄稼的拔节声、蟋蟀的"嘚儿，嘚儿"声、夜鸟的啁啾声……

这静寂中的神韵，鼓动得我心里沸沸的，不能入睡。于是我走出屋门，彳亍在静静的村街上。

一阵不易察觉的夜风擦耳而过，多么清凉，多么润美的空气呀！我张开嘴巴，大口大口贪婪地吸吮着。这是山村的灵气！大自然的灵气！吸多了会使人变得精明、智慧。这就是山里人为什么个个出落得灵秀俊气的缘故吧！城里的老夫子要来山里安神养性，不就是看上了这山里清澈得没一丝污染的灵气吗？！

街的东角上，从一间屋里传来一对老夫妻的对话声：

"明早，你可要早些起啊。去城里的早车六点多钟就有一趟，早些和孩儿他丈母娘家商量好结婚的日期，也省得让人老牵挂着。"妻说。

"知道。瞧你嘴碎的，昨晚上就栽培半天了。想必娶个城里媳妇烧的吧。真是的，有钱还愁做不上婆婆。”

……

啊！山村的夏夜不再是寂苦、沉酣、单调、饿肚皮的夜晚，“穷忍着”的苦长夜熬过去了，新生活的甜美安慰了人们的心。这土地上的希望，唤醒了山里人近似麻木的心，他们有了不眠的幸福之夜！

这，又给山村的夏夜增添了更美的一景！

1985 年夏初草

路边的白杨

出门右拐是一段街路。路不宽，只有丈余。但却有树，两排高高的白杨像两排对峙的山峰，撩着人们的眸子。

在北方，白杨是极普通的。但在闹市的甬道上，伴着喧嚣的市声和飞扬的粉尘，能有两排豁然挺立的白杨，那却是极珍贵的。但更珍贵的是白杨下的回忆、期冀、欢乐和思索。

一对情人曾在白杨树下发誓：让我们的爱情像白杨一样纯净、像白杨一样洁白。当悠悠的晚风把这烫人的话语吹送过来的时候，我的心着实被软化了，几滴黏浊的热泪砸响了路面的沙子。不是我的爱情有什么不幸，而是因为白杨使这爱情亘古不变的话题变得异常动人，像雪白的童话世界，把两颗爱心“贴”得天衣无缝！这只是一个理由，那另一个理由只有我和妻子及白杨树知道——夕阳把金子一样的光打在一片片绿叶上，刹那间，绿叶也变成了一块块金子。这金子又把那神圣的晕光折到一张白衣少女的脸上，那少女立即变得比神还要圣洁。这动人的瞬间，被一个少年摄进了捕捉美的镜头，姑娘的身影也就被少年摄进了寻求爱的心。不久，这对青年就倚着那笔直的白杨紧紧地靠在了一起，爱就永远站成了夕阳下那金灿灿的白杨！……

感谢啊，那路边的白杨！

这个市镇随着现代化工业的发展，高层建筑比肩接踵，天变得空蒙蒙一片。云朵下没有“桃云”“杏云”，更没有雀声呢喃。人变得焦虑不安，成帮结队地涌向山里散心。我的心却异常地平静。因为，我拥有那两排挺俊的白杨。白杨的枝枝桠桠像一双双热情的手，把啁啾的山雀从溅玉的山泉边招来，把叽喳的喜鹊从飘香的檀香木门旁招来，把雪白的和平鸽从屋檐下孩子们的笑声中招来……于是，我们的街道就有了被山雀啼破的青悠悠的黎明，就有了被喜鹊叫醉了的梦悠悠的黄昏，就有了被和平鸽护卫着的恬静静的睡乡……

感谢啊，那路边的白杨！

人们需要经济繁荣，需要大规模的建设。但人的心却最耐不住失落和寂寞。人们在孜孜矻矻地寻找着、寻找着，从熙攘的人群、从广袤的原野、从峻嶒的峰巅……街道那两排白杨春夏秋冬都在迎迓着，迎迓着追寻的人们。

老人的拐杖在他们脚下敲出“笃笃”的声音，他们在反思着人生，回顾着历史。白杨树便静静地站在那儿，投下敬慕的目光。遇到挫折的姑娘在它们的脚下蹒跚着，凝脂一样的脸上挂满了晶莹的泪珠。白杨树便也合拢了叶片，把一颗颗凝重的露滴抖下来，帮姑娘洗去芳心的迷惘，让姑娘的笑靥像花儿一样绽开。处女作上了报端的小伙，在它们的脚下、蹦着、跳着，躺在地上哈哈大笑，仰望天空哇哇大叫。白杨树便摇摆着枝儿，千片万片叶子像千只万只快乐的手，拍响了最衷心的祝愿……细雨霏霏时，它们便绵然扯成一张硕大的伞，不让少女的石榴裙被雨水打湿；风沙狂虐时，它们便奋力砌成一堵墙，挺起胸膛，给众人以无限安宁；大雪纷飞时，它们便攒涌上了枝头，用经霜耐寒的筋骨，坠成无数剔透的雪挂，给人类献出那最美的景致……这白杨已成了人类的知己，所以街上的人都叫它们“我们的白杨”！

感谢啊，那路边的白杨！

我爱那路边的白杨。它们风风雨雨伴了我二十三年，把我的感情焐热了，把我的心染得透明了，把我的眼睛拨得更亮了。我久久地注视它们，探究它们的每一根叶脉，每一条须根。我对白杨的观察是极细的，细得超过我看妻子的眼睛。我发现它们也有缺点：茅盾笔下的白杨是“绝没有旁逸斜出”的，但这两排白杨却不是。不但旁逸斜出，而且枝枝交错，杈杈相连。从远处看去，不免有些像未饰晨妆的少妇的头发。但它们的茎干却是棵棵独立，只只挺拔，显示出白杨那种特有的傲骨。并且枝杈的交错也是纵有纵势，横有横态，上下交叠，有致有序。那细密的肌理像音乐的谱线，像素纱的经纬，织成一张韵味十足的立体网络，在树叶的欢歌中，撑起一片诗一样幽深、哲学一样缜密的绿荫。白杨在众人的眼里是洁白如洗、光滑如玉的，但它们的主干上却袒露着累累的伤痕、乌乌的黑瘢——这是经风见雨和抗霜挡沙的见证，它们是在奋争和搏斗中昂然向上的！因而这姿容也是美的，就像成熟了的少女那俊脸上的几点雀斑，美得别致，美得俏皮，美得极有风韵！

感谢啊，那路边的白杨！

更感谢在现代节奏下，那栽下白杨的人！！

1986年秋日记

初识泰山

刚记事，便知道中国的第一名山是泰山。还知道，泰山观日出，是一件激动人心的事。

年纪一年一年增长，也一年一年读到关于泰山的新的文字，听到此彼各异的口碑。即便不去登泰山，亦能写一篇奇美的泰山文字出来，静心想一想，此言不谬。

泰山重重地压在我的心上，能感觉到民族的分量。

但我并不急着去登泰山，因为“泰山”与“伟大”几乎为同义语。积有限的人生经验，伟大是可景仰而不可企及的一种遥远的东西。

遥远些，心里更能承受些。

1992 年，一个偶然的机会，我去了泰安。到了泰安就不能不登泰山。离泰山还很远，一眼就见到了陡立而迤逦的泰山栈道，便心跳起来，自然是兴奋。栈道陡立，且无限延伸，是一种象征。青年喜欢沉浸到象征的意义中去。

但我是随着一个团体去的，几乎是被裹挟着钻进了去南天门的缆车。团体的意志总是不容分说地消解个性的核。十八盘上那崎岖的栈道便被简约。我心中黯然。这种简约似乎在告诉你，你几乎未曾到过泰山。

在缆车上俯视泰山，泰山居然也可以俯视！我发现泰山是由一棵又一棵数不清的树和一块又一块数不尽的岩石构成的。一棵又一棵的树几乎是一个长相，一块又一块的岩石几乎是一个面貌。

树很低矮。

石很细碎。

但你在泰山的脚下仰视整个山体，却是壮伟的一团苍茫、雄浑的一股气势，高也！大也！伟大原来是不记细部的宏观把握。于是，伟大是个无情的东西，由平凡的一点一滴积累而成，却要忘却平凡的一切。所以，一般人与伟大总有些格格不入是可以理解的事。

乘缆车登泰山虽有缺憾，却无意中找到了一个特别的视角，心中便暗喜。主体之于客体，无论什么样的客体，主体能做积极的观照才好。

下了缆车，走过平缓的天街，徒步朝玉皇顶攀登时，才感登山妙趣——风很烈，山际很空茫。人扯嗓吼吼，绝无一丝回音。云低低地走，若天漏而无躲身处……真乃天地人同收矣！

石阶登了数百，与我偕行的老者气喘如牛，倚身而驻，曰不再走。其实离玉皇顶已无多路程，我为他感到遗憾。他说："我乃鲁人的女婿，泰山登了数次，每次均有不同感受，但已无新奇感。老身有心脏病，不可强努，不登也罢。"

便想到汪曾祺的登泰山。汪曾祺说，泰山既不能进入我的内部，我也不能化为泰山。山自山，我自我，不能达到物我同一……汪曾祺与和我同行的老者之说是同一层意思。也许是一种老年人的心境，曾斗过狠，最终是甘于平凡，心情趋于平和。甘于平凡，高山仰止，也许是一种大超然。

终于到了玉皇顶。激情难抑，便用手抚摸那块"泰山极顶"石。许多人攀附这块石头拍照，倚石作辉煌状。赢利的摄影者，拉我也照一张，我突然感到不能接受。这块石头其实与山脚下的没什么两样，无数石头给它垫了脚，它无非占了终极的位置。

下山时，留心一下在石阶上的人，发现登山人大体有四种情态：

其一是青年人或体魄强健的人，靠着一股激情、一股体力，不甚费力地攀到极顶。如果把攀到顶峰称作伟大的话，这种伟大之所依，天分也。

其二是体力平常者，已气喘吁吁，仰望顶峰，面有赧色，但咬一咬牙，强“努”上去了。其伟大之所依，耐性也。

其三是感到心力不支，一屁股坐下，长久地休息后，虽踌躇再三，仍是下山去。

其四是感到吃力后，呸一口唾液，不作片刻思忖，索性回头。

“从某种意义上说，泰山是一面镜子，照出每个人的价值。”汪曾祺说得很好。

1992 年冬日记

良乡漫笔

十四岁以前，在垭里老家，一边读书一边当牧童。书读得刻苦，羊赶得悠慢，不知垭外的城市模样。不期中考时，一下考上了良乡中学，因知道良乡是京都古镇，声名远播，心里异常兴奋。从未出过山，心性尤怯，求父亲送我到学校去。父亲说："正没去过良乡，没见过城市，陪你去一遭，我也开开眼。"

坐了五十多公里的公共汽车，终于到了良乡。下了车，放眼向上，天怎么这么低，怎么这么大，还有几架飞机隆隆地在头上响着，便担心掉下来，掉下来准要砸在行人的脸子上哩；垂眼看地，田畴延伸无垠，若人走丢了，可到哪里找呢？马上感到了空阔对自己的压迫。身子不禁靠紧了父亲的腰腿，但分明感到父亲亦紧紧地靠过来了。我们依偎着朝前走，一条南北大街，好像走了几袋烟的工夫。

良乡城大啊!

一学年下来，对良乡的新异感消失了，竟感到良乡有些土陋。说其土陋，其一，东西大街年代久矣，不过三四百米长，二三米宽，街面上仅两家商店，一家小饭店；南北大街虽有一公里多长，却是坑洼土路，晴天烟尘万丈，雨天则着靴走泥丸，并且街畔空旷，仅几座零星居民楼在那里兀然寥落着。其二，街衢之上，几无市声：几个卖鸡、鸡仔和几样土特产的贩子蹲在路灯底下，不呼不叫，见有人近前便说："一斤鸡蛋三斤粮票哇。"不是收钱币，而是要票证，因城乡差距正明显着，乡下人出门，没有粮票便吃不出饭来。其三，虽有一家书店，亦买不到几本新书。而那座影剧院，外观上像个砖砌的大车间，里边也只有几百个座位。遇到好片子上映，座位上、走廊上，只要有一片空地，均坐满了人。中途若要小解，便踩到席地人的腿，只好退回去。其四，便是城廓之小。学校晨跑，围着整个良乡城跑一圈还不到半个小时。余兴未消，只好在学校的小操场上再跑十圈八圈……

良乡城不过如此！

因为不过如此，便杳了街上逛的兴致，闷头在校园里读书，学习成绩好得很，便考上了一个不错的学校。毕业以后，竟又分回了良乡，晃一晃脑袋，干干地笑一声：活该跟良乡有缘分。那一年，是1983年。

一晃又过去了十年，再在良乡城里走，便不敢再嘲弄它了，因为它真正有了城市的韵味。

捡我感兴趣的说说。

其一，有了两条南北大街，两条东西大街。大街的路面不仅宽阔，且水平如砥，据称为标准的一级路面。街边的楼房一排又一排地朝城外辐射开去，呈无限开放状。居民区亦有了时髦的名号，曰"怡春里"，曰"文化路"……"文化路"在广场上，每晚还有数百人一方阵的"特种舞"人，其实是一班老翁老妪，跳一种蝉跳雀跃般的舞蹈，名为"老年健美操"。老母从垭里来，说："哟，你们城里的老头老太都神经了！"她被垭里的生计压疲惫了，自然不晓得老头老太亦有剩余的那种涌动的青春。

其二，有了几个有名的建筑。一个是良乡影剧院。它是在京郊居榜首的现代化影剧院。不细说它的使用功能，单就它能承接京城大影剧院所有演剧品类这一点，便什么都说明了。俄罗斯芭蕾舞剧团乃世界级演出团体，上演的是纯粹的“阳春白雪”，良乡人亦能在台下温文尔雅地欣赏那尖脚舞娘如梦如幻、如怨如诉的“白天鹅”境界；每到裉节儿，亦整齐地鼓出阵雷般的掌声，以至于主持人不迭地揖谢：“感谢良乡人民的热情，到底是古城居民，有很高的艺术品位。”这自然有奉承当地人的成分，但其真意亦让人盈盈可感。再有一个建筑，便是良乡全聚德烤鸭店。全聚德烤鸭店是倨傲京城的百年老店，全聚德烤鸭是中国饮食文化的经典之作。市场经济的大潮，使全聚德从京城走向郊区，由贵族走向平民，能有这么一家烤鸭店，良乡人激动不已。记得烤鸭店开业剪彩那天，我的老友，当时的良乡农工商总公司总经理张振乾先生，披挂上他最好的那套西装，挺直了脖颈，高声大嗓地宣布烤鸭店开业。由于用力过甚，嗓音竟如劈柴般破裂了。从只有一个一个小吃摊到拥有一个高档大饭店，是一种奇迹性跨越啊。还有一个建筑，是西单商场良乡分店。不可小觑这个分店，它是一个渠道，将大城市的时尚源源地引到小城来。而时尚便是城市韵味。

其三，是有了一个大型的农贸市场。农贸市场上有一个朱红的宏伟门匾，意思是说，即便是一个农贸市场，亦要有大家闺秀之气韵，市场里各类摊位极为齐全，且都扣着铁皮的屋顶，阴、晴、雨、雪，均喑哑不了摊贩嘹亮的叫卖声。从“良乡板栗”到“塘沽水蟹”，吃哪儿有哪儿；从“麻凉木”土烟一斗到某品牌桑拿浴箱，要什么有什么。良乡板栗是驰名世界的名品，但在良乡地面已绝迹几十年。虽然在东京、纽约的街头都有良乡板栗卖，也都是精明的天津人、河北人打出的牌号。良乡人终于纳过闷来，在市场上架起了机动的翻炒锅，烟灰和糖炒栗子的香味，氤氲了好大一片天地。一个怀柔人说：

“你们良乡不产栗子，炒什么炒，我们怀柔栗子产海了去了。”

“哼，吹什么吹，栗子再多，不运到良乡来炒，你挂‘良乡板栗’

的牌子试试？”良乡人说。

“挂又怎的？”

“你挂呀，一挂就告你。”

到底不是昔日的良乡人了，脑袋瓜子很有些意思了。

其四，有了一个公寓林立的西潞园小区。此小区是良乡开发区的一部分，系花园式的商品住宅区。有良乡人称这里是“红楼玉宇”区，概因那楼房喷着红红白白的好颜色，如天中宫阙，不是凡人能住的地方。小区的居民用着“双气”（煤气、暖气）和程控电话，连车库都如殿堂一般。白天小区里静寂无声，一到晚间，各式小车都出溜出溜地钻进来，亮了灯的窗口上，闪出缤纷的颜色。这是个神秘的区域，让人感到物质的美好。奇怪的是，那里的房价较同类的开发区低廉得很，一平方米仅 1500 元，本地人却很少有人能住进去。但并没有多少本地人眼红发怨，从那里本地人看到了未来生活的美好，感到良乡城的建设应该更快一些，致富的步伐应迈得更大一些。

现在是 1994 年秋，良乡城新的建设才仅仅进行了十余年，却真正城市化了。所以一个城市如果赶上好时候，其发展是快得无法想象的，正如一个人。

顺便说一句，良乡人依然保留着一股黄土地的粗豪之气，小伙子们一高兴起来，便吼一声：妹妹你大胆往前走……

1994 年秋匆草

怀柔山水，智性存焉

一

怀柔的王铁瑛兄在当文联主席之前，有一个更令人羡慕的职务。据说，他转任文联主席，是出自他自己的喜欢。后来在一次会议中，我迫不及待地向他核实，他笑而不答。上任之后，他有了大动作，与中国摄影家协会合作，把全国知名的摄影家邀请到怀柔，举办全国性的以山水风光为主题的摄影大赛，而且每年一次，坚持不懈。

在此之后，我的微信朋友圈里就常看到他发的山水摄影，几乎是每天一幅，时间都是在晨起时分。那些摄影风景奇美，构图精妙，撩人眼眸，让人震撼。以为他是转发的大赛的获奖作品。

日前应怀柔作协主席李灵女士之邀，参加他们的一个采风笔会，住在云梦仙境度假山庄，又跟铁瑛兄聚在一起。他居然背个相匣子跑上跑下、跑前跑后，不停地拍摄，既拍景，也拍人，其动作有模有样，像个摄影老手。更出乎意料的是，凌晨四点他就来敲门，让我随他到龙潭涧顶看日出，感受什么是山水经典。

一路跋涉，露浓湿衣，气清润喉，虽气喘吁吁，却也沁人心脾。

到了涧顶，地形呈高耸显豁之势，极目远望，天光乍现，驱云雾袅袅散开，似大水漫漫汤汤。正惊异间，火红的日轮缓缓升起，沉实得雍容，光照得也温柔，能让人久久地凝视。这时的山岚像有了生命的呼吸，无声地荡开，万物便有形，轮廓上都有红晕，既像被感动，又像沾染了禅意。铁瑛兄不停地揿动快门，已弃我不顾。

这倒叫我安心品赏日出，居然有了感触。我发现，龙潭涧倚北京著名的云蒙山，地处北京之东，遥望渤海，虽隐约如惺忪之眼，却也正得日出之先。在这里看日出，与在泰山、黄山、长白山等名胜看日出别无二致，其风景与意韵都是通的。让人不禁生出“早知有龙潭涧，何必去……”的感慨。

日光大明之时，铁瑛兄结束了拍照，对我说：“真的对不起，美的风景都是瞬间的存在，我必须及时捕捉。”说完，便兴冲冲地让我从视窗里看他的拍摄成果。那些成像美轮美奂，宛若天赐，一如“文章本天成，妙手偶得之”。还有，镜头里的风景已模糊了属地，若让不明就里的人欣赏，还以为是来自别处的名山大川，譬如泰山，譬如黄山，还譬如……

这就是经典品质。所谓经典，乃从此地可以看到他地，看到四海之内皆折映于斯，不必远游，不必车马劳顿，也能尽晓天下风景之美。

我突然问道：“你每天在微信里发的照片是不是都来自怀柔的山水？”他点点头。“每幅作品是不是也都是你的手笔？”他笑一笑，还是点点头。“呃，你都成大摄影家了。”我说。他身边的一个小伙子接话说：“我们铁瑛主席是中国摄影家协会的会员，作品屡获大奖。”

这让我恍然有悟——

文联主席在百姓眼里，是官，但在有些人眼里，却是个无权无势无实的名誉职务。铁瑛兄之所以喜做文联主席，或许就是因为怀柔的山水有大美，让他沉醉，因而吸引他寄情于山水之间，而不再计较现实的得失，用镜头去完成他的名山事业。孰不知如果山水不美，可以欺哄镜头，却不能欺哄镜头后的眼睛，眼睛也许会被暂时欺哄，却绝不能欺哄眼睛背后的人心。

把猜测说与他听，他说："到底是作家，懂人。"

于是我想，什么是美的山水？美的山水能让人忘却市井红尘、现实功利，甘愿沉浸其中，陶然无我，且内心盈满，不复他求。

二

观日出，让我联想到景与人，猜想又得以验证，叫我逸兴遄飞，游性大发，索性畅览号称"云梦仙境"的整个景区。

云梦仙境，据当地志书所载，是为姜子牙所命名。景区主要是由两个部分组成：一是龙潭涧，一是鬼谷庐。

龙潭涧涧底所流之河名曰白河，因涧峰高耸，便多悬崖，多巨石，多杂树，有原始风貌，有蛮荒气息，就多了一重神秘。人们被未被过量开发的风景所吸引，纷至沓来，玩水上漂流。因为北京的漂流项目稀少，这里便有了"京北第一漂"的美名。

因是涧底之河，为浅滩，水流缓慢。来往游人，无论男女，无论老幼，便都不生惊惧，攒涌而漂，遂水上人声颇喧哗，似要盖过水声。

我虽素有晕船之疾，也轻蔑水缓，扯一皮筏，贸然漂去。起始的漂流不仅缓慢，还走走停停，不得不借助于桨。这真是慵懒之水，不生激情，只生白日梦。我便闭目冥想，构思一小诗。

诗刚得两句，耳边突然哗然有巨音，筏体也猛地跌下去，有倾覆之感。赶紧睁眼，筏子里已灌进半箱水，腰臀以下均被浸泡，已是名副其实的诗人（湿人）。想到若再进水，真的会倾覆，便陡生惊惧，睁大了双眼，以一万分小心，盯住水面。

再看周遭，一同漂流的人也是一片惊慌失色、大呼小叫。

只听岸上的领筏员大声呼喊：“别怕，坐稳！”

接下来的漂流，人们便都收敛了任性，盯住领筏员的身影，须臾不敢离开。

两岸之上，隔五十米就有一个领筏员，可平定惊魂。他们只穿贴身的短裤，在炽烈的阳光下，睁大了搜寻的眼睛。他们肩胛黝黑，放着炭光，腿上沾满泥水，似从水里长成。他们是当地的农民，有朴素的土地情感。在他们看来，守护游人就像守护庄稼，有着本能的精心。

到了终点，也没有栏杆，也没有其他明显的标志，依然是无涯的大水流向远方，只是领筏员游向你，把你牵上岸去。落地站立，才感到裤湿腿沉，才想到大自然不能轻蔑的道理——缓慢的水流，往往有不察的落差；无声的细浪，往往有潜在的暗漩。最安全处，往往有危机四伏；最平坦处，往往有硌脚的砂砾。

人生也是如此。

由是，所谓“京北第一漂”也是成立的，因为它让你在最不经意处有了最深刻的感觉，让你知道了什么叫平地惊雷、福地惊魂。

带着隐隐的惊魂，续游鬼谷庐。

鬼谷庐是传说中的仙山，战国时期鬼谷子在这里创办道教学院，培养了苏秦、张仪、孙膑、庞涓等一大批得道高人。鬼谷庐因有百神汇聚，对外有大名。

鬼谷庐山口陡峭，山谷显豁，有大纵深。谷内的殿堂均系依山而建，层层递进，气势恢宏。据传是鬼谷子与孙膑等以量天之尺、指南之针，遇阻凿石，逢壑设栈，靠时间的积累修建而成。

鬼谷庐的建构不同于他处，是处处有蕴意的，无不体现着道人的精神人格和哲学思想。

山下的路口建有石牌楼，上绘有鬼谷子与诸友同修的九天玄鸟，阅台地面嵌有“阴阳八卦”图，台阶的不远处，有“厚德亭”，写有“行善事虽无人见，存良心自有天知”的楹联，喻示着登山之时就是修行之始。

因要考验心诚和信念，起始的台阶极其陡峭，跃涧的栈道也湿滑、窄小，攀援而上要有不凡的臂力和足够坚定的意志。这就把玩徒和凡人挡在山下，令其安于市井生活。在我看来，这不是刁难，而是体现着一种善意的悲悯情怀：未必都要得道成仙，只要恪守本分，做普通人、过凡常日子也是好的。

一旦决绝地攀登上去，就见“一线天”，穿过一线天，就豁然阔大起来——有古藤、有猕猴、有溪流、有黑土、有百草、有曲廊、有平畴，气象清幽，人们可以毫不费力气地悠闲行走。这里像个天然的偌大的厅堂，设有坛场、茶楼、对弈亭，也建有三星殿、武圣殿、慈航殿、鬼谷祠。墙体和石碑上都镌有道家的起源、道教的经义和世代高祖的感悟与训喻，字也都是各代的名人书法，让人不禁驻足。在谷中流连半晌，即便是俗人，也有了满腹的道学，也有了飘然若仙的感觉。

窃以为，这正是创建者的本意，告诉使徒：修炼之途，非臆想中的苦事，只要进了堂奥，也大可以从容、恬适地获得道学，其中的法门，是守成、专心，贵在坚持。

但是，最高的殿堂——老祖宫，却在耸入云天的高处，通天的石阶陡立如削，望一眼都心惊目眩，更何况登！经久的仰视，可依稀看到宫殿的照壁上，写有“平步青云”“指日高升”的字样。

这又是一层深刻的寓意：一般的修炼者可以在谷中止步，最后的“登天者”，只属于人格的杰出者、品性的卓越者，即圣徒。

同来的游伴都心怯而止步，在原地品茗，他们说，游历名山，也一如高人比武，点到为止，既然已经看见，也一如游到，没必要为此而拼命。而我忌惮那字面给予的心理暗示，不愿人生的跋涉和事业的拼搏半途而废，便强撑着“爬”上去了。

登顶之后，我看到了米芾的四个字“梦曾游天”。登高至极，依然是“梦”，或许圆梦之举，一如游天，未必是为了目标的终极实现，而是永远在路上而不可须臾懈怠的高远情怀和奋斗精神。我不禁为自己喝彩，仰天大笑，笑过之后，瘫坐在地上，作理直气壮的牛喘。

喘定我想，鬼谷子的哲学，讲阴阳、动静、荣衰、张弛、进退、升沉、捭阖，是纵横术，治国者可以借助，而我乃凡夫俗子，一介小民，何谈纵横，更何须“术”？

何为进退？要知道，人在低处没有更下的低处，往往抬腿就是登高。

何为动静？要知道，寂寞之上没有更上的寂寞，往往发声就是卓见。

其实鬼谷子哲学的核心，是叫人要有懂得“辩证”的人生态度，要有自知之明的理性——知止，知足，自在、自适，在滚滚红尘之中，不要迷失自我，在炎炎功利面前，不竞争、不强求，不要绷断生命的神经。如此持之，就会不生怨气、不生戾气，而是以阳光的心态阅世、处世，便会积极融入生活，并以宽容为怀，厚待众生。或可谓：己心妩媚，则世间妩媚；己心温暖，则世间温暖。

在把“纵横术”转换成“养心术”之后，我从容下山，不急不缓。遇到迎迓而来的铁瑛兄，拍拍他的肩膀，我动情地感叹道：“老兄人在怀柔，真是有福了，因为怀柔的山水不仅是自然的山水，还是智性的山水，涵养人性。”

南湾半岛的生命启示

飞机在三亚降落。降落得极其平稳，不被人觉察，好像天地之间浑然一体，丝毫没有空间的落差。

车行高速，仅四十五分钟的车程，就到了清水湾假日酒店。刚一入住，就给眷属报平安。妻居然惊呼："你们居然住在了清水湾，那是大美之地，那里的海景房都被内地人抢疯了，你快发些照片回来，我想看。"

就去海边散步，攫取镜头。

此时已傍晚，红润的太阳在头顶，整个海湾波光粼粼，似泼洒着遍地赤金。天地间无风，只有迎面的清新。由于平阔，远处的车流与近处的行人都显得无声。夜幕渐垂，兀自托起漫布的万家灯火，加上夕晖的勾勒，人间的海景房，顿然化作一片琼楼玉宇。而眼前的椰树静静地高耸，棕榈也静静地纷披，像遥望星光的使者，因为内心盈满，羞于喧哗，只喁喁低语。

镜头里就多绛色、多剪影、多神秘，类似微醺中的迷醉，照片传到妻那里，她直说心动，怨我不偕她同往，成双成对地浪漫一番。我说，这也无妨，我们已早过知天命之年，占有景色，不如想象景色，在想象中品味，反而体会得深刻。这一如爱情：想象中的爱情热烈，现实中的爱情反而平淡。

翌日破晓，清水湾更是一片广阔的蓝，纵目望远，万物都清晰有形，不似京城，雾霾之下，尽是混沌。广阔的蓝能洗心尘，情绪就高涨，急切地去陵水南十四公里处的南湾半岛。那里三面环海，灌木茂盛，热带果木应有尽有。遂果香浮动开鼻窍，故我这个北地来人顿生春情，不禁大叫，惹游人侧目。叫声未落，有数只猕猴相随而至，蹲伏在我的膝下，凝神仰望。似在发问，你为何而叫？驱也不走，执着地环绕，它们不怕人。正疑惑间，陪同的陵水诗人李其文说："你一叫，猕猴以为是在邀食，所以你必须喂。"便从衣袋里翻出曲奇，给它们分食。曲奇拿在它们的手上，那个吃相居然有人的模样。曲奇分尽，摊手示意，一只猕猴竟然跨前一步，舔食手心里的余屑。直让人感动，联想到敬惜吃食的老祖母，每每食毕，总是吮吸拿过食物的手指，把无有咂出有。更让人动容的是，猕猴们吃过你给的食物，是倒着身子离去的——它们一边退身，一边送上妩媚的表情，让人体会到，那是它们在表达友善，也是在表达感恩。反观当下的人，铺张、排场是时尚，俭省、撙节是落伍。得人好处以为是理所应当，伸手索取以为是天经地义，已不懂拱手示敬——朴实与本心已尽失，人性与猴性堪比？

再往前走，不仅椰树、棕榈、柳株之上，矮山、巨石、廊桥之畔，亦有猕猴奔窜，即便是在棚架、藤蔓、绳索等摇曳物上，也有猕猴攀援。最令人惊异的是，甬道、石径、田埂，这些人来人往的地方，猕猴们也毫无顾忌，穿梭其中，与人结伴而行。它们好像觉得这个地界是猕猴与人共有的，没必要躲避，也没必要谦让，理直气壮地安享，多尽兴、多自在。

李其文告诉我们说，南湾半岛正是名副其实的猴岛，大小猕猴有

1500余只，且都是在日月的自然兴替中自然而然地生长和繁衍，绝不是人工驯养。因为这里天空湛蓝，无迷雾遮掩阳光，所以很温暖。港湾迂曲，海风吹得轻柔徐缓，所以很温润。万物顺时乘势而长，枝繁叶茂，花繁果密，所以很丰饶。温暖、温润、丰饶之下，是生存的福地、生命的乐园，一如“良禽择木而栖，贤臣择主而侍”，猕猴自然要选择在这里休养生息。

这里的猕猴毛发光润，表情鲜明，都有炯炯如灼的眼神。它们坦然地与人对视、凝视，既不躲避，也不暧昧、含糊、迷离。它们似乎能穿透人的包裹，看透人心。不似市井上的人，目中无物，一派迟钝和麻木。人在尔虞我诈中，对一切都持怀疑态度，笃信萨特所说“他人即是地狱”。而猕猴整日里在阳光和海风中行走，性澄澈，对万物和人有不管不顾的信任。

这里的猕猴身姿灵巧、敏捷，自如地突破各种自然障碍，如履平地，即便是从数丈高的山顶和枝头跳下，也能毫发无损，四肢安然。游人逗弄，把食物撒入池水，它们会飞身跃入，怡然自得地进行准确的捕捉。原来它们在水底能睁眼，亲和于水。

最让人感到温情的，是母猴舐犊的情景。刚出生的小猴，紧紧拥在母猴腹下，而母猴虽然负重，却也能飞身上树、翻身跳崖，灵活地寻觅食物。食物到手，母猴会悉数喂给小猴，且温柔地看小猴咀嚼。这还不够，母猴还会蹲坐，喂之以母乳。母猴的乳房是小的，小到只剩下两只向前伸出的乳头，但奶水充沛，使小猴咂出呜哝之声。与之相比，顿显人的孱弱。人在生育之后，产妇要卧床，要厚养，还要警惕产褥病。即便多重护理，也多贫奶，不得不辅之以其他。

猕猴的种种可爱吸引了人，也诱发了人的顽劣。

有人抛之以麻辣食物，考验猴子的辨识能力。猕猴趋前一嗅，就躲之远远，不上圈套。

有人遗之以坚果，看它们如何破解。小坚，它们施以啃咬；大坚，则放之于路中——游车压过，果仁碎出，它们拾而食之。人群惊愕，唏嘘不止。

有人扔之以饮料，却不给打开瓶顶的封盖。猕猴捧起，略作沉吟，便往地上摔。且一边玩味着，一边找它最薄弱的部位，看准就咬破，让饮料自己溢出，然后接饮。可谓，猕猴有智慧，它游戏地取水，庄重地喝。

猕猴的种种机智，不禁让我想到法国唯物主义哲学家拉·梅特里《人是机器》里的经典论述——

> 有哪一种动物会饿死在乳汁流成的河里呢？只有人。一个婴儿，你不把乳头塞进他的嘴里，他也不会吮。同样，他也不会知道哪些食物是可以吃，也不认识水可以把他淹死，火可以把他烧成灰烬。试把烛火放在婴儿面前，他会机械地把手伸进火里；再把他和一只动物一起放在悬崖边上，只有他会跌下山谷，而那只动物，会回头而返。所以，尽管人对于动物有许多优越之处，但是把动物和人列在一类，对人还是一种荣誉的存在。在未到一定年龄以前，在未在大自然中得到相当的教训之前，人实在比动物更是一个动物，因为他生而具有的本能还远不及动物。

于是，拉·梅特里的论断，放在今天，就具有了很强的现实意义——他提醒人们，人类的进化、人类社会的进步，源自动物的本能和大自然的教化，因而不要忘记来路，不要妄自尊大，要时时反思人与动物、人与大自然的关系，把自己放在与动物、与自然相平等的位置上做理性的审视。

依拉·梅特里的逻辑，动物因为一直与大自然融为一体，不做须臾的分离，所以，它们保留着稳定、健全甚至是成熟的生命本能，在它们的活动能力所达到和所允许的范围内，它们能够准确地联系、判断、选择甚至思考，它们有着属于自己的而且足以支撑种群繁衍的行为意识、生存能力。换言之，本能是动物生命的核心部分，它本身就是能力，就是智慧。

所以，当环境和气候不能适应本能需求的时候，动物会选择迁移，到与习性相宜的地方去。这也可以从我自身的经历中得到验证——我是京西土著，在我的家乡周口店的半山腰上，诞生了著名的远古人类“北京人”，且被载入历史教科书中，也被教科文组织评定为世界文物遗存。“北京人”俗称北京猿人。那时的周口店，山色青青，流水潺潺，果木葱葱，清风徐徐，是猿猴的喜乐之地。但那里的山体是石灰岩，易风化，那里的地壳多松动，便森林多陷——风尘飞扬，山就变得锈，水土流失，地就变得秃，气候渐渐恶劣，物产就渐渐寡薄，“北京人”后来就慢慢离开了这里。空留下一个“北京人”遗址，继续经受岁月的腐蚀和风化。

也就是说，与动物相比，人是一株不易移植的植物，一旦移植，就要伤筋动骨，就要承受、承担环境的挑战和挤压，便是一种“to be or not to be(生存还是死亡)”的两难选择，在这一点上，人真的不如动物。如此看来，人对生存地的珍惜和保护是多么的重要!

到了近现代，由于周口店特有的地质结构和地壳变化，多产灰煤，人们急功近利，私挖滥采，环境就愈加恶化，物种退化，粉尘成霾，京西那片本来湛蓝如洗的天空就再也擦不亮了。人们活得脏污，就压抑、愤懑，恨不得立刻逃离。然而土著又不能任性迁移，怎么办？只能靠当地人自觉的涵养。然而环境的涵养，是个漫长的过程，要假以时日。感于生命的有涯，急迫的京西人便觊觎陵水清水湾的海景房，所以他们不计生活成本，争做候鸟。我等文人根性穷酸，既恋旧土，也缺金少银，不忍、也不能置办远遥之地的海景房，便让文学思维发达，从猴山遥望猴岛，品味人与自然的启示。所以妻一听说我住进了清水湾，便命速传照片，她要望梅止渴。

南湾半岛的生态虽然无言，但从猕猴灵巧、敏捷、结实、喜乐、机智、有力、坦然的种种表现不难看出，动物一旦与大自然亲密无间，任由风雨来袭、阳光普照、潮起潮落，即生长、发育、繁衍的过程都依靠自身的进退、磨砺、劳作和摘取，种性就发达，品性就健旺，体质就健壮，就生存得自足、自适、自立、自强、自得。这里蕴含的是“用进废退”的生命哲学。

反观我们人类——

经年蜗居在室内，冷暖均靠空调的调节，便对四季不敏，便不堪冷热；出行靠车，加工靠机械，就退化了步行和动手的能力；电视、电脑和智能手机的使用，让人们坐等画面的生成、对错的分辨和信息的传送，懒得动脑思考，心浮气躁，思维肤浅；食不厌精，不再能吞咽粗糙食物；电子游戏的引入，智能机器人的开发，人们把虚拟当现实，把真实当成了虚妄，生活在本末倒置、真假不分的荒诞世界。

这就告诫人们——

人类并非天然地就具有强健的机能，机能的增益，源于身体各部分的经常使用——腿动健行，手动灵巧，脑动聪慧，心动多思。而“经常使用”的前提条件，就放在山峦、田野、河流之上和日月、天地之间，所以尊重自然、亲近自然、回归自然是人类走向健壮、健全的生命律令。

用拉·梅特里的话说，作为人，一个健全强壮的身体的必要性，是靠整个大自然来保证的。大自然的作用，不仅能使人宝贵的生命本能得以保留和巩固，而且也发育、健旺、巩固和提升人的心灵——人的心灵智慧，包括精神含量、思想能力，正是随着机体的健全与强壮程度而日益获得的。

爱默生在《论自然》中也说：“我们的先辈正视神和自然界，因而跟宇宙建立了一种直接的关系，天启之下，给我们留下了诗歌和哲学，让人类有了丰沛的精神属性……所以，大自然的本质就在于，每一种自然现象都是某种精神现象的象征物……在自然的背后，浸透着自然界的是一种精神的存在。”

2000 年我去九寨沟的时候，得知那里的核心景观——一个又一个深邃、幽蓝而神奇的“海子”，正是地震灾害留下的产物，便得出了一个结论：美丽的风景，是大自然的伤口。这句话被广泛传播，还被许多人视作格言。在沐浴过陵水清水湾和南湾半岛朗月清风之后，在领悟过小小猕猴的无声教化之后，感到，这样的说法貌似深刻，其实是一种自以为是的偏颇与肤浅。现在我要说的是，美丽的风景，是物候天然有序、万物和谐与共，大地道德浑然呈现，能涵养人类的精神和心灵，并给予生命启示的地方。

2016 年 11 月 6 日于北京石板宅

霍城，被托举在山水之间

引子

一处山水对一个人的吸引，应该是有着缘分的规定的。我所在的京畿良乡，之于霍城，是遥途。但良乡是林则徐南下禁烟的起点，他在这里发出了“廉洁为官、清正做人”的禁令传牌，而霍城，则是林则徐身败之后的最终流放地。起点与终点之间，轰轰烈烈，起起伏伏，蕴含着巨大的历史空间和人生百态。而我向往霍城。在霍城的一个哈萨克牧民家里，吃普通的民族小吃，喝发酸的当地土酿，听一个叫阿衣古丽·哈斯木的年轻少妇唱好听的谣曲，身心俱醉。醉眼中，觉哈萨克人的瓜皮小帽有最美的风致，率然说买。主人笑而不语，依然是唱，让我暂时把小帽遗忘。但第二天一早，从驻地要启程时，一推门就见阿衣古丽一家人整齐地站在那里。阿衣古丽笑着对我说，我们给你送小帽来了。她告诉我，他们家的小帽是手工制作，因为不做买卖，所以家里没有存余。他们全家忙了半宿，终于赶做出来了，没有误了我的行程。我心中大热，要知道，从他们的民居到我的驻地，有着二十公里的砂石路，岂止是一句“民风淳朴”能概括他们？那一刻，我爱上了霍城，遂生一愿，我要为霍城真诚而歌。

赛里木湖，冬季里的纯净之湖

到了霍城，第一向往之地，就是有“天山之海”之称的赛里木湖。它是新疆海拔最高、面积最大、风景最别致的高山湖泊，又是大西洋暖湿气流最后眷顾的地方，因此有“大西洋最后一滴眼泪”之说。

赛里木湖古称“净海”，位于北天山山脉之中，紧邻伊犁州霍城县，湖面海拔 2071 米，东西长 30 公里，南北宽 25 公里，面积 453 平方公里，蓄水量达 210 亿立方米，湖水清澈透底，平均透明度也有 12 米之深。关于赛里木湖有着太多的传说，比如湖怪、湖心风洞、旋涡与湖底磁场等。但是，再瑰丽的传说也不如“大西洋最后一滴眼泪”更浪漫、更让人魂牵梦绕!

因为眼泪属于情感，能走进人心。

“眼泪”与“净海”是对应关系，更接近本质，可以让人忽略湖水的世俗功能，譬如赛里木湖景区被人为划分为环湖风光游览区、草原游牧风情区、生态景观保育区、天鹅及其他珍稀鸟类栖息地保护区、旅游综合服务区、原生态环境保持区，只瞩目于湖水，生出意象，生出感慨，甚至做出形而上的揣摩。

据载，赛里木湖原本没有鱼，1998 年从俄罗斯引进高白鲑、凹目白鲑等冷水鱼养殖，2000 年首次捕捞成品鱼，结束了赛里木湖不产鱼的历史，又经过十年的精心培育，赛里木湖已成为新疆重要的冷水鱼生产基地。这是世俗的喜乐，让人在口腹充盈之余，更遥想原始的“无有”之净，猜想造化的初心。

我们是在初冬季节走进赛里木湖的。

属于夏日的游艇静静地停泊在湖岸，凉亭与帐幔的余语，是一根根横杆与钢梁。这些倒让人放纵想象，想象裙裾、花朵、秀草，以及笑靥、红唇和喁喁的情话。而此时的赛里木湖，湖面辽阔，一派静寂，像巨人躺倒了入梦。一如小水喧哗，大水无波，赛里木湖的大象之形由此而被兀兀地展现出来。

天空也辽阔。万里无云，阳光倾泻，温暖得寒风收敛。人们任性地在湖畔徜徉，比对湖光与天色。

天空如洗。

湖水如镜。

二者互相照映、互相折射，能够看到对方的每一缕皱褶、每一叶片羽、每一个角落。它们不修饰、不隐藏、不存心计，互相看透、互相信任。

天地情感无须刻意作用于人——人心顿然生起无遮无拦、毫无理由的澄澈。

澄澈之下，感到大美其实是没有语言的叙说、没有色彩的描画、没有形态的站立，只要能攫住心灵，一切就都在了。我突然想到女画家田迎人的一句话——

美丽是会自己说话的，仰望着她，没有一丝的虚假，无言才是最完美的诠释，那是最初的初衷。喜欢着她的顽皮，欣赏着她的唯美，无边无际的蓝，懒懒地在你眼里蔓延开，阻止不了，甜蜜顿时弥漫全身。

遂生留影的念头，想把天启悬挂于书斋。

正有一个叫思思的白脸长身的才女逡巡在身边，便朝她注目微笑。不用发声，她已会意，快门揿在适宜处，应和着我的心思。

思思也有心思，我便反过来用镜头为她取景。镜头内，天空无边无际的碧，湖水无边无际的蓝，她一袭红色的长围巾披肩而下，不仅有连天接水的亭亭玉立，更有摄人魂魄的天使风标，我失声大叫：“思思，我必须跟你合一张！”

当我们站在一起的时候，在旁人的眼里，我像敦厚朴实的炭盆，她则像灵动摇曳的火焰，有向上燃烧的意象。

因此，当我们合影之后，旁人都簇拥过来，纷纷与她合照。这其中有小平老、刘齐老、陪禹老，都有着花甲之余的年纪。在世俗的观念里，这些人都是阅尽沧桑、胸有古意的人，都是老谋深算、心绪复杂的人，而此刻，却都单纯成童子、纯粹成赤子，只想以纯净为怀、与青春为伍，美在美中。

如此美意，思思难以承受，她不禁失声叹道：“我一小小女生，何德何能承蒙诸老垂青，都是赛里木湖闹的！”

叹罢，她泪流满面，恰似娇羞、圣洁的天山雪莲。

这一切，被诗人彭俐悉数捕捉，他唇角翕动，似要澎湃抒情。沿湖岸踟蹰一番之后，好像觉得脱口的句子略显轻浮，干脆沉默了。但心有不甘，便从身边牧民手里扯过缰绳，飞身上马，围湖放蹄。他双肩宽阔，眉宇疏朗，有雪白的披肩长发，那渐行渐远的身影，似道似仙。我知道，马蹄哒哒，扣动着他的心弦，他胸臆间正涌动着汪洋恣肆的大流。这是一种向内的流淌，被强烈触动后的连绵起伏。一如叔本华所说：“伟大的心灵，在这个世界更喜欢独白，自己与自己说话。”这个白发诗人，已把赞美的诗篇发表在心中的书写板上了——

蓝天
把湛蓝湛蓝的心思
挤成了水
全部滴进塞里木湖

蓝钻
把晶莹透明的爱恋
变成泪珠
全部洒进塞里木湖

在这蓝色的水汪汪
世界
我愿幻化成为一片
湖蓝色的水雾

2016年12月15日于北京石板宅

大西沟，生命在场的福寿之山

登霍城大西沟上的福寿山，我想到了汪曾祺的登泰山。

汪曾祺那年登泰山时，因为体力不支，放弃了，但却留下了一段有趣的叙述——

他和林斤澜来到泰山脚下，仰视整个山体，看到壮伟的一团苍茫、雄浑的一股气势，心中惊呼：高也！大也！先就倒吸了一口凉气，感到伟大真是个无情的存在，它压迫甚至湮灭平凡的人。石阶才登了几节，就气喘如牛，便倚身而住，对林斤澜说，不走了不走了。他说，老夫气短，不可“小鸡吃黄豆——强努”，那样，生命的神经会崩断的。再说，泰山永恒伟大，老身蚁命卑小短暂，我奈何不得它，它亦奈何不了我，不登也罢，便回到山脚，与林斤澜谈阔、喝黄酒。

之后，汪曾祺还把对泰山的感受上升到哲学层面，议论道，泰山既不能进入我的内部，我也不能化为泰山。山自山，我自我，不能达到物我同一，便只有高山仰止，甘于平凡。这不丢脸，或许还是一种超然、睿智的人生态度。

由此联想到，汪曾祺如果还健在，而且凑巧被邀请到霍城，让他游大西沟的福寿山，他肯定会欣然前往，并登完全程。因为与泰山不同，泰山的高拔、雄伟属于壮汉，是峻急之山，而福寿山则属于中老年，乃从容之山。

因为大西沟的福寿山没有高耸入云的巍峨，人只要稍做努力，就能攀爬到山顶。山顶之上才是它的风流与气韵：山体绵延横亘，山势平缓辽阔，既有人工栈道顺势迂曲盘桓，也有羊肠小道钻隙盘绕。人在山脊上行走，如履平地，可以任性地走走停停——俯瞰山川，一派清澈，看得清楚水激水缓；仰望天空，空阔无垠，看得见云卷云舒。赏福寿山，靠的不是过人的体力，而是不舍不弃的坚持和耐力。

因此福寿山的景致，不拒绝小人物，而且还正与凡常人生相契合——

凡常的生活，有丘壑，但没有不可翻越的突兀与惊悚；有坎坷，但没有不可跨越的断裂与阻隔；有活的斜曲的弯路，但没有死的不可到达的穷途与弃绝。只要你耐烦于日子，只要你不心灰意懒、自暴自弃，都能得到终老。

我亲临以后体会到，福寿山的攀援之路，只要你抬腿登了，就没有回程。因为没有太大的起伏，不需要奇绝的意志与毅力，颜面与自尊不由分说地露头，便没有放弃的理由；因为沿途景色繁复、风光奂美，趣味总是邀约着好奇，便被“探个究竟”的心理驱赶着，一直走下去。

大西沟毗邻着果子沟，有相似的内涵，但却没有果子沟那扬遍天下的大名，好像只有果子沟才是天山的“大美之眼”。这全凭著名散文家碧野在著名的《天山景物记》中刻意的渲染：“春天繁花开遍峡谷，秋天果实压满山腰，每当花红果熟，正是鸟雀百兽的乐园。”实际上，与大西沟相比，果子沟是小的，狭窄而短，总体上已被大西沟兼容、消解和覆盖了。堪可谓，江山因美文而荣。

具体到大西沟，它有着无数的涓涓细流，岁月的凝聚，汇成了懂得谦卑内敛的大河品质，缓慢而沉静地流淌，把风光让给了岸上生长的万物。山上有各类野果60余种，共有野生果树39.6万株，以野苹果、野酸梅、杏、山楂为多。而野酸梅林、樱桃李则是亚洲独有的罕见物种，名贵得隐忍，在大西沟境内的逆温带山地上自适地繁衍，以对抗人间的遗忘。

我们到大西沟的时候，正值初冬季节。眼望之处，到处都是五颜六色的树叶，在辽阔的蓝天衬托下，斑斓得漫漫汤汤，美与魅，让人情不自禁地生出联翩遐想。如果是放在春天，肯定是山色烂漫、百花争艳的景致，让人醉与睡，不愿为功名还俗。最惊人处是各种果实都挂在树上，不被采摘。天空如洗，阳光普照，星罗棋布的果实，像一颗颗暖暖的心。我不禁大为动容，果实的不被采摘，昭示的是岁月的余裕、是生活的丰饶、是无用之用的张目，更景上之景、韵上之韵、美上之美，是诗、是传奇、是梦的模样。

大西沟内有个福寿山庙，从不被采摘的果实来看，福寿山的称谓是好的，大有禅意存焉——

庙里的香火总是缥缈的，但却是对福寿的企盼；供桌上的果品从来没有被神仙吃掉，但却充满对神明的敬畏、对伦理的敬重——都作用于世道人心。

在迂曲绵延的栈道上，从容踟蹰、缓缓而行的，多是一对对的老年夫妇。

眼前的这一对，叟精瘦而矍铄，婆富态而清爽。他们各自都背着双肩背包，手里拿着有雕花的登山手杖。背囊饱满，装有干粮、热水壶、酒精炉、瓶装泡菜和方便面。他们告诉我，他们随着太阳的升起而上山，准备伴着薄暮中的日落再回归起点。饿了就煮汤嚼馍，渴了就烧水泡茶，一招一式，从容不迫，都是居停在家的样子。他们说，人一老了，就不愿为了所谓的成功而做辛苦的竞争，而看重福寿。所以，福寿山真好，它是属于我们老年人的地界，它不欺负我们年老行迟，有凉亭可以歇，有木椅可以坐，轻轻松松地就把它的整个山脊用脚量过，不知不觉中就感受到一种征服和成就。

他们还说，你看这山上的设施，多么体贴，栈道就修在羊肠小路旁，可以随时看牛羊吃草、听它们旁若无人地打喷嚏；木椅就建在草丛里、树根上，颜色和自然浑然一体，根本没有人工的痕迹，这就让我们有了天人合一的感觉，而且还满足了我们的虚荣心——我们到这里，不是来休闲的，而的的确确是来攀援的。

在一处梁峁，山草金黄，绵密而茂盛，像从《百年孤独》里飞来的一块厚厚的魔毯，在微风中微微地脉动。以至于随行的白发诗人彭俐顿然有悟，大叫一声把自己扔在上面，身子摊开，双手掩额，接引古今，陷入冥想。

那对老人看见，相视而笑，频频颔首。女的对老伴说，你看这个伙计，就比你懂生活。你年轻的时候，遇到山就猴急猴急地爬，早早地就爬到山顶，见我没跟上，还得停下来等。何必呢，殊不知这个“等”字就是浪费，自己没好好欣赏路上的风景不算，还不得不牵挂，还气喘，还着急。所以，登山不在于登顶的早，在于最后的到，而且还得有人证明你的到。

这一如天赐格言，我不禁被他们吸引了，不露声色地跟在他们身后。

我发现，这是一对有底蕴的老人，因为他们一路见景就抒情、就议论，腹笥充盈，妙语连珠。

男的说，这福寿山咱来对了，因为它暗合着咱的生命旅程，能唤醒记忆，突发感慨。譬如遇到好风景，只想着赶紧欣赏赶紧欣赏——就好像咱回到了青春岁月，觉得眼前尽是好日子，心里只有一个念头，赶紧生活赶紧生活。譬如遇到沟壑，咱们马上想到搀扶——就像生活出现了坎坷和挫折，因为有你的陪伴，就不敢放任怯弱，咬咬牙，往远处挺。譬如遇到荒秃与空旷，咱顺势就坐下来歇息、喝茶、很享受地发呆——就好像在那些寡然无味、平淡无趣日子里，咱正好恳谈、交流、发人生絮语、相互涵养。你看，这福寿山咱已攀爬了大半，俯瞰下去，已能看到山脚下静静的河流，预示着咱这次暖冬之游，就要圆满完成——这在生活中意味着什么，意味着你对我满意也好、不耐烦也好，真心爱我也好、假意逢迎也好，最终还是相伴着走完人生的余途。所以我想，男女之间，无论是甜蜜与苦涩，无论是缠绵与疏离，只要一辈子结伴而行，不言分手，就是爱情了。

我不禁心生感悟，美丽的风景，只有遇到有趣味的人，才金贵，才凸显魅力。

写《梁启超传》的著名学者解玺璋先生因为醉心于拍照，一直落在后边，但这时也赶了上来。他对我说："你年纪轻轻，却但行跬步，亏你还是山里人出身。"

由于那对老人还在近处，个中缘由不好细说，我便调侃道："福寿山的栈道过于平缓，不给疾走的动力。"

他说："你没看到人工栈道的旁边还有羊肠小路。"

我说："羊肠小路狭窄，而且还撒满了牛羊的粪便。"

他说："撒满牛羊粪便的山间小径，正是人类不忘初心、不他迷也不自迷，而得以疾行向前的道路！"

2016 年 12 月 18 日于北京石板宅

西河古镇之圩

著名作家李培禹先生是个珍惜际遇的人。所谓际遇，就是人生所遇，就是以往的经历。他善于从际遇中发现美和温暖的东西，且热情洋溢地向周围传递，让人从卑污和丑陋中逃离，只念生活之好，永葆积极向上的情愫。

所以当他说，芜湖的西河古镇是一处美地，对他有魂牵梦绕的吸引，想再次踏访，并邀我同行时，我毫不犹豫地追随。对这样的一个美和温暖的发现者，我有本能的信任。

西河古镇在芜湖县红杨镇境内。驱车前往，都是石子乡间路，迂曲颠簸，有古道感觉。到了近旁，有一条如丝如带的细江，从天尽头飘落下来，无声地在眼前横亘。当地人说，这条江叫青弋江，江水源远流长，上溯皖南山区泾、旌、太（泾县、旌德、太平）数县，下至芜湖汇入长江。早在明朝隆庆年间，水路交通便极为发达，往来船只常序泊于此打尖歇宿，已成为上游山区竹、木、柴、炭销售和下游粮商进行粮食交易的流通要道。

既然是要道，对面的小镇便是古渡和曾经的商埠。

岸边停着驳船，外形古旧、斑驳，只不过换上了柴油机的引擎，但船行缓慢，不掀大波，水声细碎，入耳之后，不生聒噪，让人疑似走在旧时的江面，颇有趣。水面上有青萍摇曳，船一来，就自动向两边揖让，船过后，又重新复合，不留痕迹。头顶虽艳阳高照，也不觉炽热，反而让人闻到水气，满腔清新。临江的镇脚有石板矮阶，城墙之上有三两个居民向河心眺望，好像他们并不惊讶于有人来，都是很淡定的表情。船工感到过于平静，吼了两声号子，才有一红衣女子从堞口走出来，向这边招手。我心中一热，把自己幻想成学成而归的书生，有万千私语和缠绵，预备在久别重逢之中，便也高声喊号子。

我们拾阶而上，提步轻松，以至于漫画泰斗李滨声老先生虽已年逾九十也捷足而登，无一丝喘息。因为台阶平阔、徐缓，不需大力。那个红衣女子笑着迎下来，径直朝李老的腋下搀扶，原来她是镇上的党委书记，名锦，是古镇的建设者和守护者。李老朝我顽皮一笑，似乎是在说，你虽然情动于中，但是古镇有古风，敬重老者。

从锦那里，我们知道，西河作为江南水乡古镇，已有600多年的悠久历史了，房屋店铺建于圩堤两侧，因逐年防汛加固堤埂，故屋基低于路面1.5米左右，街心青石路面，曲折蜿蜒约1200米，街道南北走向，宽窄不匀，一般为两三米，两旁店铺门面飞檐对峙，窗户比街心低得多。沿河一侧有旧宅，墙高且直，基部麻石驳砌，拔地数丈，壁立而坚，汛期任凭水冲浪击也纹丝不动。外河沿岸青石守护，人行须侧身，摄人魂魄，不敢大声。内侧房屋店铺多为数进串连，从街心踏青石台阶而下，步入室内，可延伸十余米。此外，上街头外侧有章家巷、土地巷，下街头外侧有徐会兰巷、江东巷，中街内侧有芮家巷，均为老街网连，既通往沈公圩内，也可通向沿河水运埠头，四通八达，古朴、通达而富生气。

到了近现代，集镇建设有向圩内扩展之势，七十年代初，新建了一条长约50米、宽约5米的水泥面街道，人称“法制路”，拦腰横穿老街道，东到河沿，西至圩内，与老街交叉处为“十字街”，上架设水泥旱桥连通老街，旱桥高于路面 4 米左右，人们可在旱桥上下往来，也可由旱桥北侧的青石台阶登上登下，步入老街，不生阻隔。1983 年又新铺设一条长 200 米、宽 9 米的水泥路面街道，在圩堤内侧与老街相向平行，人称“民主路”：上到粮站下至芮家巷口，横越“法制路”，是目前最宽阔的一条街，农副产品交易都聚集在此。每当东方露出鱼肚白，这条街就活跃起来，提篮、担筐、拉车的人们从四面八方向此汇集，接引古今，生生不息。

抚今追昔，也查阅文献，我准确地知道，西河古镇乃圩文化的历史产物，建筑的遗存无不呈现着圩文化的经典元素。

大凡江河，既孕育生，也孕育灾难和死亡。于是人们向死而生，兴利除弊，筑圩而居。

所谓圩，是一种在水泽地带或江河淤滩之上通过围堤增高，围田于内，挡水于外的水利设施。圩内，开沟渠、设涵闸，排水灌溉，耕田而食；圩外，则架栈桥、修渡口，与江河相接，坐收湖鱼。简而言之，圩——圩田，是平原地区人们在长期造田治水实践中，进行农田开发的一种独特形式。各地依本地习惯对其有不同称呼：两淮及江南东、西路称“圩田”；浙西路称“围田”，浙东路称“湖田”；两湖平原乃至长江中游地区称“垸田”。可以说，有圩存在的地方，乃自适自足的鱼米之乡也。于是在圩堤上行走，眺望青弋江，我不禁幻化出这样一幅浪漫景象：春雨如酥，躬耕陇亩；白帆探头，背起鱼篓。

这样美好的生活，自然会激起人们的守护意识，他们不停地筑圩，迎着岁月而行，逆着河患而走，以生活为本。

起初的筑圩是在沙岸和淤滩之上，人们为了遮风避雨，抵御曝晒和荒寒，必然要搭起临时的窝棚和草屋。常年不断的筑圩，必然要有稳定、牢固的住处，于是便代以灰瓦砖木的固定建筑。圩堤渐长，而居停之所还在原处，就有了圩高而屋低格局。而有人的地方，就有需求——苦寒，需要酒肆；寂寞，需要笙歌；孤独，需要勾栏……各色设施就应运而生。所以，虽然是人让圩迎水而立，而圩却也呼唤了人的生活。堪可谓，人圩互依，共同成就了西河古镇的历史与文化，其魅力之所在，既是人韵，也是水韵，是圩文化的经典标本。

在西河古镇里行走，我发现，那里的居民有惊人的从容与沉静。有客人来，不管是多大的人物，他们也视若凡人，毫无谄媚之象；不管是成群结队、熙熙攘攘，还是散落独行、茕茕孑立，他们一样的不惊不怪。临街的门板边摆着自家的小商品，人则坐在门后无所谓地等。你随意地翻弄着他的货品，他也不斥责；你拼命地杀价之后却不买，他也无明显的恼意。听着天南地北的芜杂口音，看着东土西洋的缤纷服饰，他们的眼神也不飘忽，好像与自家人没什么两样，一样的信任，任你自由来去。

不禁向女书记锦发出探问，她说，这里既然是古渡和埠头，自然也是战略要塞，是兵家必争之地。千百年来，战事频仍，不停地闪现着刀光剑影。这里的人民饱经了炮火熏染和血泪的洗礼，他们有生死阅历，见过大世面，所以就有了经受世事无常的心理承受能力。生命的神经坚韧了，便处变不惊，见怪不怪。而且，他们也深刻地感到，硝烟的弥漫、战事的惨烈，在生命的长河中，不过是暂时的一瞬，而江河的起伏是永久的存在，牵系着他们横竖要过下去的生活。所以，他们要认真地对待水患，永不停歇地筑圩。久而久之，不灭的生存意志、不迷失本质的生活伦理、不被外力所左右的生命定力，就成了品格和血脉，且蕴含于圩文化之中了。也就是说，是世世代代的西河古镇的居民创造了圩文化，而圩文化又反过来对人发生了作用，涵养和滋润出特有的人性内涵和生存状态。

我不禁感慨道，这里的居民有自我、有本心。这里不仅是文化之乡，也是生存福地，既让人敬佩，也让人向往。

因为有这样的来路，所以西河古镇的民风异常从容、淳朴，居民普遍不慕虚荣，不求名利，也不重物质，而崇尚心灵的喜乐和生活的趣味。

譬如我们来这里，捐赠活动他们显得并不热心，也没有预期的感动，但李滨声老先生的漫画却大受欢迎，人们密密匝匝地围拢着，争相索要，一刻也不叫停歇。这些人里既有村官、摊贩、妇孺，也有僧人、尼姑和伙夫，以至于望百的滨老也被深深感染，像喜乐儿童，不停地画，毫无倦色。

譬如一处坐地户的老宅，有三进院落，是黄金宝地，但宅主绝不租给商家谋利，却廉价租给一个叫朱明德的画家做自己的画室。朱明德画鱼，其画有符号价值，曰“明德鱼”，被当地人珍视。他们觉得，青弋江有自然界里的鱼，西河古镇自然要有纸上的鱼，这样才相映成趣，照亮生活。感于乡里乡亲的美意和恩德，朱明德不仅每天面青弋江临摹写生，还开办美术班，免费教当地子弟画画。画室里有留言簿，孩子们写下的留言很有意思——“朱明德，你讲得还是不错的。”“朱明德，我知道你今天讲得很卖力气，想让我们鼓掌，可我就是不鼓掌。”……可见，师徒之间有很和谐的关系，平等、率性，与古镇遗风相匹配。我还想说的是，朱明德并不仅仅是个画家，他原是北京文联的党组书记，退休之后，游画于江湖，寻找艺术的栖息之地，最后被西河古镇的独特魅力所吸引，遂留在了这里。而且，这里的古朴、厚重与从容、淡定，让他心生谦卑，偌大的画室也不用“馆”“阁”“斋”等字眼命名，而只是在一块简陋的原木上写了几个很平易的字：“朱明德画画的地方”。

2017 年 2 月 6 日于北京石板宅